屈辱と歓喜と真実と

"報道されなかった"
王ジャパン
121日間の舞台裏

石田雄太 著

屈辱と歓喜と真実と

"報道されなかった"
王ジャパン
121日間の舞台裏

Book Design：出田一・白木雄也（TwoThree）
Cover Photo：AFLO

序

二〇〇七年一月。

陽が落ちても小雨が降り続いていた、松の内のとある夜。東京・六本木の狭い路地に、一台の車が入ってきた。

乗っていたのは、イチローである。

待ち合わせの時間よりも二〇分ほど早い到着だったのだが、イチローは店に入ろうとせずにこう言った。

「このまま外で待ってた方がいいんじゃないですか。ちょうど雨も上がったようだし……」

傘を閉じたイチローは、人通りが少なかったとはいえ、それでも人の往来が絶えない六本木のど真ん中に佇む小さな鮨屋の前で、寒風に肩をすぼめた。五分くらい経っただろうか。イチローが突然、素っ頓狂な声をあげた。

「寒ーいっ」

すると、鮨屋の中にいた人から突然、声を掛けられた。

「あれっ、監督はもう中でお待ちですよ」

「えーっ、なんだ、そうだったんですか」

イチローは、慌てて鮨屋の暖簾をくぐった。すると、カウンターの席には、イチローが一〇ヶ月ぶりに会う懐かしい相手が座っていた。

王貞治監督だった。

ＷＢＣの決勝翌日、サンディエゴで握手を交わして別れてから一〇ヶ月。王監督とイチローは、ようやく再会を果たした。胃の全摘手術を受けていた王監督だったが、イチローを馴染みの鮨屋に招いて食事をともにしようということになったのだ。

「ご無沙汰しています」

「やっぱり外にいたのか」

「あの、でかい声が聞こえましたか（苦笑）」

カウンターに並んで座った二人は、ビールのグラスで乾杯した。

「いいから、飲んでよ」

「そういうわけにはいきませんよ（笑）」

「いや、オレも飲めるんだよ、少しならな」

王監督は、ビールのグラスを呷り、美味そうに鮨をつまんでいた。王監督の元気そうな姿に、イチローは嬉しそうだった。

「監督は若い頃、走り屋だったんですか」

「うん、暴走族だよ。ハンドル握ると人間、変わるんだから。ホントの自分になっちゃうんだよ、そこのけそこのけって（笑）」

「へーっ、暴走族なんだぁ。それは、いいこと聞きましたよ（笑）」

イチローは、はしゃいでいた。

いや、正確に言えば、緊張を隠すためにはしゃいでいるように見えた。亡くなった仰木彬さんと一緒のとき、イチローは恩師に対して親愛の情を示すためか、いつも悪態をついて見せた。やはりイチローが尊敬する山田久志さんと一緒のとき、イチローは先輩に敬意を表し、礼を尽くそうと気を配った。王監督と鮨をつまむイチローは、今までに見たことのないイチローだった。


王貞治とイチロー。


おそらくこの二人は、メジャーリーグでもっともその名を知られた日本のフィールドプレイヤーであろう。通算八六八本のホームランを放ってハンク・アーロンの記録を超えたサダハル・オーと、シーズン二六二本のヒットを打って、ジョージ・シスラーの記録を塗り替えたイチロー。イチローにとっての王貞治という野球人は、おそらく高みに上り詰めたものでしかわからない何かを共有できる、稀有な存在なのだ。

イチローはWBCを前にこう言った。

「アメリカの選手からは王監督へのサインが一番多くなるでしょうから、それを見て、日本人としての誇りや王監督の偉大さというものを強く感じると思います」

王監督は、こう言っていた。

「同じ技術屋としてね、僕が見ていて球の捉えが頭抜けてるんだよ。どんなにタイミングを崩されても、打球にちゃんと内野手の頭を越える角度がつくわけ。ホント、不思議なんだよな」

二人の言葉には、世界の頂点を極めた選手に対するリスペクトがある。

王貞治とイチローに共通して感じること――それは、プロとして、決して言い訳をしないということだ。

野球はミスをするスポーツだ。どれほど完璧に見える選手でも、ミスをしない選手はいない。だからこそ、プロ野球の選手はミスを減らすために、一〇〇パーセントに少しでも近づくために、最大限の努力と工夫を重ねている。そういうことを考えれば、ミスを責めようという気持ちにはならない。しかし、ミスをしたあとの仕草や表情については、プロらしさを求めたくなる。

プロらしさとは何か。

それは、弱いところを隠そうとしない、弱い自分を受け入れる強さを持っているかどうかにあるのではないか。潔くミスを認め、次に向かって前を向ける強さ――そんな強さが求められるのは、野球だけに限らないだろう。あらゆる種類の〝プロ〟は、完璧を目指し、その過程でしでかしてしまったミスを受け入れ、それでも前を向く。

自分の弱さを受け入れられるのは、揺るぎない自信の裏返しでもある。

象徴的だったのは、王監督とイチローの会見でのやりとりである。

王監督はＷＢＣに優勝したあと、イチローを三番に抜擢したことが遅きに失したのではないかと問われ、潔くこう言い切っていた。

「僕はマジシャンじゃないんで、イチローくんを三番にしたらチームの得点力が上がるという判断はできませんでした。でも韓国戦に負けて、これだけの打線の割には得点が取れないということと、決勝トーナメントは一つも負けられないということで、一種の賭けでしたけど、やらないよりはやった方がいいと思いました。それが大変うまくいったということです。確信があってやったわけじゃないんですけどね」

王監督の記者会見での受け答えは常に過不足なく、綺麗事でもなく、気遣いもあって、恐れ入る場面がいくつもあった。台湾、中国と対戦する際に国籍のことを問われたとき、誤審について問われたとき、そして戦術について突っ込まれたとき、王監督は毅然と、適切な言葉を紡いだ。

イチローは、アジア各国に対して「日本には向こう三〇年は手を出せないなという勝ち方をしたい」と言ったことの真意が韓国に曲解して受け止められたとき、それを正してはどうかと会見で水を向けられた。しかし彼はキッパリとこう言った。

「僕はしないですよ」

どんな場であっても、どんな誤解を受けようとも、いったん発言したことには責任を持ち、それをどう受け取るかは、受け取る側のセンスだから弁明などは必要ないというのがイチローの考え方だった。

イチローは『一人の男として一〇年後の自分はどうありたいか』と訊かれて、こんなふうに答えたことがある。

「四三歳になったら、お鮨屋さんへ一人で行ってみたいというのが、僕の一つの目標です。お鮨屋さんのカウンターに一人で座るってカッコいいじゃないですか。でも、僕が一人で行ってもまだ納得してもらえない。ああいうところに一人で行くには時間もかかるし、風格とか貫禄が必要だと思うんです。僕はまだまだですけど、四〇歳を越えたら、そういうところへ一人で行けるようになりたいですね」

王監督はその話を聞いたとき、「考えすぎだよ、今でも十分、絵になってるじゃないか」と笑っていた。

「オレがもしイチローくんと同じような年齢だったら、オレはとてもそんなふうには考えられなかったと思うよ。彼には、彼の境地ってものがあるじゃない。自分の考えをハッキリと確立できない年代から、彼は自分の信念をしっかり持ってましたよ。ただ、彼が日本にいるときはその信念が孤高だの何だのと言われて周りからは受け入れられにくかったんだろうけど、オレだって、長嶋さんが陽でオレが陰だって、周りからさんざん言われたからね。そりゃ、長嶋さんほど陽じゃなかったかもしらんが、それほど陰でもなかったと自分では思うんだよ（笑）。それをハッキリ言えるようになったのは、福岡に来てからじゃないかな。あのとき、オレは五〇台の半ばでしょ。彼は今、いくつ？　まだ三〇台の前半か。イチローくんもアメリカに行って、いろんな経験をして荒波を乗り越えてきた自分への自信というものが、彼自身の表現を緩やかにしたんじゃないかな。だから、周りの人からも受け入れやすいものになったのかもしれないし、自分の進んできた道は間違ってなかったんだ、だから世の中から何をつつかれても困ることなんかないという堂々たる自信が生まれて、悠然と発言できるようになったんだと思うよ」

イチローはこう言っていた。

「王監督と一緒のユニフォームを着て、同じグラウンドに立たせてもらって感じたことは、プライベートとパブリックのイメージがまったく違わない、そのことに驚きました。王監督には、常に真っ直ぐ、正直に選手とぶつかっていくイメージがあったんです。あれほどの人でも、自分を抑えて選手を立ててくれる。そういうものに選手は惹かれるんだと思いますよ。王監督の言葉は、心からの言葉に聞こえます」

携帯電話でＷＢＣへの出場を受諾すると伝えてから、サンディエゴで別れの握手を交わすまでの一二一日。登場人物が多岐に渡る中でも、二人は常に、ＷＢＣの主役であり続けた。


これから綴るのは、リアルタイムで進んでいくＷＢＣ日本代表の物語である。


贅を尽くした鮨をたらふく食ったあと、イチローはおもむろに王監督に訊ねた。

「現役時代、選手の時に、自分のためにプレーしていましたか、それともチームのためにプレーしていましたか」

王監督は即答した。

「オレは自分のためだよ。だって、自分のためにやるからこそ、それがチームのためになるんであって、チームのために、なんていうヤツは言い訳するからね。オレは監督としても、自分のためにやってる人が結果的にはチームのためになると思うね。自分のためにやる人がね、一番、自分に厳しいですよ。何々のためにとか言う人は、うまくいかないときの言い訳が生まれてきちゃうものだからな」

イチローは小さな声で「ありがとうございます」と言って、頭を下げた。

カウンターに座ったイチローの右手の薬指には、彼が自分でデザインしたＷＢＣのチャンピオンリングが輝いていた。

二人をやさしく包んだ日の丸は、真っ赤なルビーと、眩いダイヤモンドで描かれていた。

屈辱と歓喜と真実と

〜〝報道されなかった〟王ジャパン121日間の舞台裏〜

1

噂は聞いていた。

いわゆる〝野球のワールドカップ〟が近々、行われそうだという、噂は――。

しかしそれが近い将来の話なのか、遠い未来の話なのか、さっぱりわからなかった。その噂があある日、突然、現実味を帯びた。

二〇〇五年七月一〇日。

このときは、イチローの取材をしていた。

メジャーに来て五年目、イチローは初めてオールスター・ゲームのファン投票から漏れた。それでも監督・選手間投票で選ばれ、イチローはこの年もアメリカン・リーグの一員としてその名を連ねていた。したがって、五年連続でオールスター・ゲームの取材には出向くことにしていた。

アナハイムで行われたエンゼルスとマリナーズの試合を取材した後、ロサンゼルス国際空港を飛び立ったのは、夜の二二時一五分だった。ノースウエスト航空の三三八便、行き先はデトロイト。搭乗客が寝不足で目を赤くしてしまうために〝レッドアイ〟と呼ばれる深夜便である。デトロイトまでの直行便ではあったが、それでも四時間を超えるフライトには体力を消耗させられる。アメリカ国内の時差もあって、デトロイト・メトロポリタン国際空港に到着したときには、翌一一日の午前五時半を回っていた。

早朝からギラギラした陽射しが照りつける、真夏のデトロイト。

メジャーリーグのオールスター・ゲームを取材するのは、これで七回目になる。オールスター・ゲームが開催される街へ着くと、まず申請してあったクレデンシャルを受け取るためにメジャーリーグ・ベースボール（ＭＬＢ）機構の本部が置かれているホテルへ向かうのが通例となっていた。この日も、ダウンタウンから少し離れたところにある、緑の豊かなホテルへと直行した。

そこで、ある記者会見が行われることを聞かされた。

『ワールド・ベースボール・クラシック』。

耳慣れない言葉だった。地球に見立てたボールの周りに、青、黄、赤、緑があしらわれたロゴマークもすでにできあがっていた。ワールド・ベースボール・クラシック（ＷＢＣ）――要するに、これが〝野球のワールドカップ〟のことなのか。

確かに、噂は耳にしていた。本当ならばサッカーのワールドカップが行われる前年、つまり二〇〇五年に第一回を開催し、その後は四年おきに開催したかったらしいという思惑を、ＭＬＢ機構が持っているという話も聞いていた。しかし、ＭＬＢ選手会が、国際オリンピック委員会（ＩＯＣ）の規定している薬物検査のガイドライン導入に反対していることから、結局、この時期まで開催が見送られているというような話だった。

そんな野球のワールドカップが、ついに実現する。それは紛い物なのか、それとも胸躍らせるものなのか――期待半分、不安半分で、記者会見の行われる会場に足を運んだ。ところが、その記者会見の冒頭に流されたプロモーションビデオを見て、腹が立つやら、情けないやらで、ガックリきてしまった。

まったく、舐められたものだ。

参加が予定される各国の野球にまつわる映像に、それぞれの国歌をオーバーラップさせる。そこには、「条件つきで」参加、としていたはずの日本もしっかりと組み込まれている。そして、日本の野球にまつわる映像として、なぜか〝甲子園大会の開会式で行進する横浜高校のナイン〟の映像が使われていたのである。

所詮は、その程度なのだ。

日本がいかに野球大国を自負し、日本プロ野球のレベルの高さを誇りに思っていても、悲しいかな、これが現実だ。傲慢なMLBからしてみれば日本は経済効果を高めるためのパートナーに過ぎず、日本プロ野球の実態を知りたいなどという好奇心は微塵も持ちあわせていないに違いない。日本プロ野球機構（NPB）の関係者が発表会見に出席していなくても、日本が大会に参加するものとしてこれだけ大々的な発表をしてしまうのだから、舐められてるとしか思えないではないか。

日本はグループAの一つとして参加国に組み込まれており、記者発表の時点で、開幕戦は三月三日に、東京か台湾で、ということまで決まっている。MLB機構のコミッショナー、バド・セリグとポール・アーチー副会長（国際担当）、ティム・ブロスナン副会長（ビジネス担当）のトップが並び、選手会からもドナルド・フェアー専務理事、ジーン・オルザ最高執行責任者がズラリと並んだ記者会見。しかし、そこには日本とキューバの関係者の姿はない。

ＭＬＢ側は現状を「日本はすでに招待を快諾しているが、選手会の批准が残されているだけ」と説明した。不参加の可能性があるキューバについても「世界には一二二の野球連盟があり、一六に絞るのは大変な作業だった」と、代わりの国は他にいくらでもあると言わんばかりの態度に終始。国際的な野球の普及に努めるという高邁な看板を掲げながら、キューバの不参加もやむなしとするＭＬＢの見解は、理念よりもまずビジネスありきという、ＷＢＣの実態を窺わせた。

とはいうものの、ではこんなＭＬＢ主導の商売っけたっぷりのイベントには参加するか否かと問われれば、「参加すべき」だと考えていた。

それはなぜか。

日本球界からＭＬＢに流出するプレーヤーが後を絶たない以上、国内リーグの充実だけを柱に、現状のプロ野球人気を維持していくことは難しいと思っていたからだ。二〇一二年に開催されるロンドン五輪から野球が除外されることが決まった以上、野球の国際化と国内リーグの活性化のどちらにとっても国別対抗戦の開催は必要である――この大前提に立った上で、ＮＰＢにも日本プロ野球選手会にも、出ることを前向きに考えて、それぞれの立場で問題と向き合ってもらいたかった。

ＮＰＢには、今回のことがＭＬＢの暴走だとするならば、それを許してしまったことへの責任を感じて欲しかった。舐められてしまったのはＭＬＢの傲慢さだけでなく、ＮＰＢの交渉下手もあったからなのではないか。逆にＮＰＢが呼びかけたとしても、ＭＬＢを巻き込んでこれだけのイベントを立ち上げることなどできっこないのだから、まずは乗っかるより他になかっただろう。

各国によるWBCの組織委員会を立ち上げることには反対しないが、どのみちMLB主導であることに変わりはない。MLBが企んだイベントの運営形態や利益分配に不満があるのはわかるが、要するに舐められているのだから仕方がないのだ。この屈辱を、舐められてたまるかというエネルギーに昇華できるのなら大いに結構、参加しないと意地を張って突っぱねるだけでは、あまりにも情けない。

記者会見には、メジャーリーガーの姿もあった。アメリカ代表としてドントレル・ウイリス（フロリダ・マーリンズ）が、ドミニカを代表してミゲール・テハダ（ボルティモア・オリオールズ）が壇上に上がっていた。もちろん、そこに日本人として唯一、オールスター・ゲームに選ばれていたイチローの姿はない。

日本プロ野球選手会は、この時点でまだ参加に踏み切れていなかった。三月という開催時期に選手がコンディションを整えることは難しいのではないかということから、開催時期の変更を希望した。しかし、いつ開催しようとも世界中の野球選手にとって都合のいい時期など存在しないのではないか。大会の開催意義に賛同した以上、三月でも七月でも一一月でも、決められた時期に合わせて調整するのが選手の務めだろう。

もちろん次回、開催時期を見直すよう求めていくことに異論はないし、メジャーリーグの選手がチームごとの人数制限なしに参加することを確約するよう求めていくのも構わない。それでも今回は、WBCを立ち上げたMLBの主導を認め、三月開催を呑んで、前向きな判断を下すべきだと思った。それがやがては、日本のプロ野球のためになるのだと、そう信じて動いて欲しかったのだ。

記者会見で取材陣に配られたキットの中に、一冊の手帳が含まれていた。メモ帳というには立派な、ノートというには小ぶりな、ハードカバーの使いやすそうな手帳だった。記者発表からわずか八ヶ月後、本当に〝野球のワールドカップ〟が開催されるのだろうか。そして、ジャパンはその大会に参加することになるのだろうか。イチローは、松井秀喜は、上原浩治は、松坂大輔は……日本代表のユニフォームに袖を通すことになるのだろうか。〝ダブル・ビー・シー〟と言われても、ボクシングのことしか浮かばなかったデトロイトで、真っ白な手帳をバッグの中にしまい込んだ。八ヶ月後、もしWBCを取材することになったらこの手帳を使おうと、そんなことを考えていた。

2

それからおよそ三ヶ月後——。

王貞治が、WBCにおける日本代表の監督を正式に受諾した。二〇〇五年一〇月一〇日のことだった。

NPBと日本プロ野球選手会が参加に合意、WBCへの正式参加を発表したのが九月一六日のこと。九月二二日には、NPBの根来泰周コミッショナーがソフトバンクの孫正義オーナーと会って、王監督の日本代表監督就任を正式に要請した。しかし、王に内々の打診があったのはそれよりもずっと前のことだ。そして王は、福岡ソフトバンクホークスの現役監督であることから、その打診を一度、断っている。

「現場の監督っていうのは、やっぱりそこにいる選手たちとの間に利害関係が生まれてしまうからね。しかも、二月、三月というのはチームにとっても大事な時だし、そう考えると、長嶋さんがオリンピックの日本代表の監督をやった時のように、代表の監督に専念できる人がやるべきだって、僕はそう思っているんだ。現役の監督としてやってる人じゃなければ、データ集めも視察も、すべてできるでしょう。指揮官となる人が、納得のいく準備をして、納得のいく人選をして、納得のいく方針を整えた上で、戦いに臨む。これが理想じゃないかな」

しかし、王の正論は、現実の前には無力だった。

〝長嶋ジャパン〟のフレーズは、未だに馴染みがある。二〇〇四年に開催されたアテネ五輪で日本代表を率いることになっていた長嶋茂雄は、病に倒れてなお、日本代表の監督であり続けた。〝長嶋ジャパン〟だからこそのスポンサーもあっただろうし、長嶋の後任を選ぶのが容易でないこともわかる。長嶋不在のままアテネを戦った日本代表は、銅メダルを獲得した。それでも初のオールプロで臨んだアテネ五輪は『全勝で金メダル』を目標に掲げていただけに、銅メダルの結果には敬意を表しても、それで満足するわけにはいかなかった。

才能の長嶋、努力の王。

若き日から、くっきりとしたコントラストで描かれてきた昭和の両雄は、いつしか自由奔放な長嶋、生真面目な王というイメージに縛られてしまった。しかし、実像はそうではない。むしろ長嶋の方が神経が細やかで、王の方が豪放磊落な一面を窺わせたりすることがある。ゴルフでも、手前から刻んでいくのが長嶋で、王は平気でグリーンをオーバーすると、巨人の元監督、藤田元司氏が話してくれたことがあった。

「長嶋君のゴルフを見れば、彼が非常に慎重な男だということがわかりますし、王君は豪快ですよ。見かけとは違うんです。だからお互い、強烈なライバル意識を持ってました。もちろん、表には出しません。技術的には両雄ですから、お互いのことをガッと見て、それでも絶対に譲りませんから。とくに、王君は長嶋君を見て、激しい対抗意識を持って、追い越してやろうという気持ちが強かったと思いますね」

長嶋のあとは、王。

オリンピックとＷＢＣの違いはあっても、日本代表の監督を選ぶとなれば、日本球界に他の選択肢はなかった。長嶋の志を受け継ぎ、舞台を五輪からＷＢＣに変えて、日本代表の監督の座に着くべきは、王しかいない。ホークスのユニフォームを着ていようが、いつまでＯＮに頼っているのかと言われようが、王監督以外、日本野球の世界にはびこる背広を着た〝力持ち〟たちを納得させる人選はありえなかったのである。

王は、日本代表の監督を引き受けることにした。

「この大会がアメリカ中心なのはわかってるよ。ＭＬＢが勝手に進めたとか、商業主義だとか、そういうことも聞いている。でもやると決まって、日本が出ると決めた以上、勝たなきゃならん。僕だって喜んで引き受けた訳じゃないけど、誰かがやらなきゃいけないんだから、『日本のために、日本の野球のために、オレがやるしかないだろう』ということだよ」

いつものようにギョロッとした目で、王は力強く言い切った。やる以上は、全力を尽くす。

「僕も任されて、JAPANのマークがついたユニフォームを着て、第一回大会の指揮を執るわけだから、それは大変、名誉なことですよ。僕が思っていた以上に周りの人は僕が監督に選ばれたことを喜んでくれてるしね。自分としては、受けた以上は自分のできる最大限のことをしなきゃいかんと思ってるよ。なあに、監督なんて、負けたときに一人で責任を負えばいいんだから。それが監督の仕事だからね」

それにしても、皮肉なものだ。

王は日本で生まれ、日本で育った。しかし王の国籍は、日本ではない。王の父親、仕福は中国・浙江省で生まれ、やがて日本に渡り、日本人の母、登美と結婚した。第二次世界大戦が終わって、王の一家は中国籍となった。まだ中華人民共和国はなく、中国といえば中華民国だった時代。したがって王貞治の国籍は中華民国であり、やがて「二つの中国」の時代となってどちらかの選択しなければならなくなったときも、王はそのまま中華民国の国籍を選択し、今日に至っている。もちろんその選択に政治的な意味はなく、巨人の選手として海外キャンプへ行くための手続きが容易だったからだと聞く。

高校時代、国体にただ一人、出場できなかったことから、王の国籍が日本でないことは知られていても、国民栄誉賞を受賞してることから、王が帰化していると思い込んでいる日本人は少なくないようだ。しかし、王はいまだに中国人である。

「親父は中国の山の中の、医者もいない、電気も通っていない、そんな貧しい村の家で生まれて、学校に行っていなかったんだよ。字も書けなかったし、苦労したんだと思う。日本へ来て中華そば屋を始めて、豊かではなくてもそれなりに生活できるようになった。親父は兄貴と僕には医者と電気技師になってもらいたかったんだよね。行く行くは中国へ帰ると言ってたし、僕らに国のために役立ってもらうのが夢だったようだから……だから、僕らも子供心に中国へ帰るのかなとは思っていたんだけどね」

実は、王と一緒に中国大陸を訪問したことがある。

あれは、一九九〇年九月のことだった。NHKの『世界野球紀行』という番組の取材で、王は天津に行くことになっていた。王にとって、父の故郷である中国大陸に降り立つのはこのときが初めてのことだった。北京の空港からの道のり、王が車窓の風景を眺めながら「親父から聞いていた景色に似てるなぁ」と呟いていたのを覚えている。

王は、日本人ではない。

その王が日の丸を身につけて、日本代表の監督として、日本の野球界のために戦う。そのことの重さを忘れるべきではないと思う。

「確かにね、僕の国籍は中国なんだけど、中国語も話せないしね。日本の学校で日本の教育を受けてるから考え方も古臭いし（笑）、保守的ですよ、僕は。年齢もあるけどね、僕らの年代の人はそういう人が多いんじゃないかな。若いときに過激なことを言っている人でも、だんだん年をとってくるとそうなってくるじゃない。僕は、日本にはよりよい国になってほしいし、中国に関しては何も意見を言うつもりもない。国籍は中国ではあるけど、僕が住んでいるのは日本だからね。だから僕は、日本人より日本人、というかな。日本に対しては、自分が一生ここで過ごす国だし、もっといい国になってほしいって思っているよ。そのひとつとして、今度のＷＢＣがね、日本人にすごく夢を与えるとか、そういうふうになってくれればいいと思うけどね」

〝王ホークス〟が六年前に初優勝を飾って以来、工藤公康、小久保裕紀がジャイアンツに移り、村松有人が抜け、井口資仁、城島健司がメジャーに移籍してしまった。それでもホークスは強いチームであり続けている。指揮官の手腕を評価しないわけにはいかない。

王という人物は、とにかく言い訳をしない。いないものは仕方がない、与えられた条件でやるしかないと言い切る潔さは、さすがに世界最高峰まで上り詰めた超一流の存在であるといつも感心させられる。ない袖は振れないというが、ない袖をあきらめずに振り続ける姿勢が、斉藤和巳をエースに成長させ、川﨑宗則を人気ナンバーワンのレギュラーに育てあげた。選手として、監督として、築いてきた実績と自信は、ニッポンの野球人として他の追随を許さないだろう。

「僕は言葉でどうこう言って伝える表現力もあるとは思わんし、言葉よりも生きざまで見てもらうしかないっていう方だからね。野球というのは結果が出る世界だから、結果で判断してもらうしかない。野球人としての評価は、取り組む姿勢も大事だけど、それも結果が良くて初めてプロセスが光ってくるわけでね。僕は福岡で一二年、自分の生きざま、考え、意思を斟酌してもらいながらやってきたんだけど、リーグ優勝をして日本一にもなったから、いくらかほめ言葉も言ってもらえるんだと思うよ。だいたい、自分の方からこういうことをしました、ああいうことをしましたよっていうタイプじゃないからね」

だからこそ、ホークスの監督でありながらＷＢＣの監督も引き受けたのだ。おそらく、喜んで引き受けたわけではないと思う。野球人気の危機、底辺の拡大、子どもたちへの影響……いろんなことに思いを巡らせた結果、商業主義だの、ＭＬＢ主導だの、時期が悪いだのといったさまざまな悪条件を百も承知で、王は日本代表の監督の座についたはずだ。この大役はオレが引き受けざるを得ない、という責任感がそうさせたに違いない。確かに、ニッポンの野球界が私利私欲を捨てて協力態勢を作り上げるために、これ以上の適任者はいない——はずだった。


しかし、事はそう簡単ではなかった。まず、事実を整理しておこう。

最初に王が重視したのは、選手の気持ちだった。二〇〇五年の九月二〇日、千葉マリンスタジアムで王と話す機会があった。まだ正式には監督就任を発表していない段階ではあったが、内々に受諾する意志を固めていた王は、選手選考について、二つのポイントを挙げていた。

「メジャーの選手には力を貸してもらわんと困る選手がいる。だけど、あくまでも中心は日本でプレーしている選手になる。日本の野球のためにこの大会を勝ちにいくんだから、メジャーの選手ばかりで勝っても意味がないし、その方が日本の選手も萎縮しなくて済むだろう。そのためにも、日本の選手は、ぜひ出たいと思う選手の中から選びたい。やる気のある日本の選手を揃えて、助っ人的にメジャーの選手を加える感じかな」

メジャーの選手は何人くらいをイメージしてるのか、と訊ねたら、王は即答した。

「野手二人、ピッチャー一人だな」

この時点で王の頭の中には、イチロー、松井秀喜、大塚晶則の三人の名前があったはずだ。一番イチロー、四番松井、抑えに大塚。チームの軸をメジャーで揃え、肉付けを日本の選手たちでする。

「やる気のない選手を選んでもしょうがないからね。WBCをやることについては、僕は世界の野球の交流ができるんだからいいことだと思っているんだけど、選手たちにとっては時期的な問題もあるし、故障している選手もいるからそう簡単には考えられないんだろう。選手会からの要望（三月、七月の分割開催や故障などによる補償について）もあったし、WBCに対する受け取り方は、我々のような立場と選手たちとでは違った感じはあるね。その中からやる気を大いに持っている人が必要だと言えば、国際舞台に純粋に魅力を感じてくれる若い人が多くなるわね。西岡とか今江とか、川﨑とかね」

イチローと松井が選ばれることは確実だろうと言われる中、事前の打診にいい返事をしない選手は決して少なくはなかった。とりわけ外野手にとっては、ライトにイチロー、レフトかセンターに松井が入れば、残るポジションは一つしか残らない。ましてイチローも松井も左となれば、左バッターの外野手にとってはゲームに出られる機会が少なくなるだろうことは予想できたはずだ。二月下旬から一ヶ月の間、実戦で調整できないという不安はそう簡単には拭い去れるものではない。誰が選ばれるのか、自分はゲームに出られるのか、そのあたりの様子を窺いながら出る、出ないを決めようとした選手が多かったことは確かだ。

それを、王は許さなかったのである。

出たいと積極的に言ってくる選手で戦う。王の意志ははっきりしていた。この年、ホワイトソックスに移籍し、いきなりワールドシリーズに勝ったことで注目を集めた井口資仁も、最初はメディアを通じてWBCに出たいという意志を前面に押し出していた。だからこそ王も、当初は頭になかった井口を招集することにした。

一一月二八日、王は松井を四番に据えることを公の場で口にし、日本人メジャーリーガーの中で、イチロー、井口、大塚に出場を打診したことを明らかにした。

一二月二日、王は雑誌の対談で、帰国した松井と同席した。そこで王は松井に直に出場を要請した。ずっと「何の考えも固まっていない」と言い続けてきた松井が、「WBCの価値は認識しているつもり。王さんにそう言ってもらえるのは光栄なこと。今日の段階ではそれ以上は言えない」とコメント。一方の王監督も、「WBCの主旨と日本野球の将来を考えて、松井選手には一緒にやろうと伝えた。日本を代表する四番だし、出てくれれば当然、彼が四番。僕の真意は伝わっていると思う。彼が参加してくれないと本来の日本の力は出ない」とコメントした。

3

そして一二月九日、日本代表の二九名が発表された。

三〇人目には、参加への態度を保留していた松井の参加が見込まれていた。日本人初のキャッチャーとしてメジャーへの移籍を決めた城島健司や、アテネ五輪で日本代表のキャプテンを務めた宮本慎也、日本新記録の四六セーブをマークしながらも時期的な調整への不安から出場に難色を示していた岩瀬仁紀、外野手として実戦の機会が減少することを危惧していた福留孝介、赤星憲広らがメンバーから外れた。二九名のメンバーは以下の通りだった。

投手
清水　直行（千葉ロッテマリーンズ）
藤田　宗一（千葉ロッテマリーンズ）
黒田　博樹（広島東洋カープ）
松坂　大輔（西武ライオンズ）
上原　浩治（讀賣ジャイアンツ）
藪田　安彦（千葉ロッテマリーンズ）
和田　　毅（福岡ソフトバンクホークス）
藤川　球児（阪神タイガース）
渡辺　俊介（千葉ロッテマリーンズ）
大塚　晶則（テキサス・レンジャーズ）
小林　宏之（千葉ロッテマリーンズ）
杉内　俊哉（福岡ソフトバンクホークス）

石井　弘寿（東京ヤクルトスワローズ）

捕手

里崎　智也（千葉ロッテマリーンズ）
谷繁　元信（中日ドラゴンズ）
阿部慎之助（讀賣ジャイアンツ）

内野手

岩村　明憲（東京ヤクルトスワローズ）
小笠原道大（北海道日本ハムファイターズ）
松中　信彦（福岡ソフトバンクホークス）
西岡　　剛（千葉ロッテマリーンズ）
今江　敏晃（千葉ロッテマリーンズ）
井口　資仁（シカゴ・ホワイトソックス）
新井　貴浩（広島東洋カープ）
川﨑　宗則（福岡ソフトバンクホークス）

外野手

和田　一浩（西武ライオンズ）
多村　仁（横浜ベイスターズ）
金城　龍彦（横浜ベイスターズ）
青木　宣親（東京ヤクルトスワローズ）
イチロー（シアトル・マリナーズ）

三〇人目は松井秀喜——誰もがそう信じていた。

それでも松井は態度を曖昧にしたまま、発表の日を迎えてしまっていた。彼がこの時期まで参加、不参加の意志を表明できなかったのはなぜだったのか。

これは、ボタンの掛け違いがもたらした行き違いだったとしか言いようがない。

松井は当初からＷＢＣへの出場には積極的ではなかった。松井はのちに、その理由をこう語っている。

「三月となれば調整は難しいし、例年と同じような調整はできないでしょう。ただ、それを逆にプラスだと考えることもできるかもしれない。でも僕が懸念したのは、メンバーがガラッと変わるメジャーリーグの、しかもワールドチャンピオンを目指すヤンキースの中で、キャンプ、オープン戦という大事な時期をチームメイトと一緒に過ごせないということでした。それは、僕にとってはものすごくマイナスに感じられるんです。チームということを考えたら、チームメイトと過ごす時間をたっぷり取らなければならなかったということです」

松井は、その意志を早い段階でイチローにも伝えている。そしてイチローも当初はどういうスタンスを取るべきか、戸惑っていた。イチローはWBCについて、こう言っている。

「だって、僕もWBCについて最初に訊かれたとき、『いや、僕は格闘技には詳しくないんで』って言ったくらいですから（笑）。もちろん、メジャーの選手たちがそれぞれの国にわかれてゲームをやるというのはすばらしいことだと思うし、日本の選手たちと一緒にプレーするのはおもしろいと思いますよ。確かに（WBCは）まだ歴史のない大会ですし、選手も運営する側も、どこまで本気で取り組もうとしているのかわからない部分もあります。でも、こういうものは続けることが一番大切ですから、そのためにはまず、始めないとね、という気持ちはあります。サッカーのワールドカップも、続けることで最高の舞台になったんだと思うし、WBCをワールドシリーズと同じくらい重いものにするためには、時間が必要でしょう。今回うまくいかなかったらやめるというのならやるべきではないし、一回目がなければ二回目はないわけで、だからこそ初めというのは大事だと思います。ただ、本当は夏場にシーズンを中断してやってくれれば自分自身も盛り上がるし、大会の重みも全然、違ってくるんでしょうけど……」

イチローと松井秀喜。

メジャーリーガーが参加するWBCで、日本代表が参戦するとなれば、この二人は欠かせない。ヒットとホームラン。マリナーズとヤンキース。スマートな体とでかい体。イチローにあるものは松井になく、松井にあるものはイチローにない。いつも尖っているクラスのガキ大将がイチローなら、何事にも動じずにクラスをまとめる学級委員が松井だ。見た目ももちろん、性格や人当たり、集団の中で果たす役割、物事に対する考え方、プレースタイルから結婚観まで、ことごとく対照的に見える。イチローを好きな日本人にとって松井は物足りないかもしれないし、松井を好きな日本人にとってはイチローが鼻につくだろう。それでも、その両者を合わせたら日本人をすべてカバーしてしまうのではないかと思ってしまうほど、二人の影響力は大きい。

確かに、彼らは海を越えて野球をしている。しかし二人とも、キッパリと「日本からの視線を意識している」と言い切っている。メジャーでプレーしているからこそ、ニッポンの野球が気になるし、意識もしているのだ。才能のメジャー流出はニッポンの野球に危機をもたらすという声を聞くことがあるが、果たしてそうだろうか。彼らの日本人に対する影響力は、ジャイアンツとブルーウェーブにいたときよりも、はるかに大きくなっているではないか。メジャーで活躍するイチローと松井に憧れて野球を始めた子どももずいぶん多いと聞く。

しかしこの時期、WBCに参加すべきかどうかについて、二人は迷っていた。

開催時期が三月だということは、長年のプロ野球選手として当たり前に準備してきたリズムを崩すことになる。さらに、MLBとして合意をしていても、マリナーズやヤンキースの意向に温度差が生じる可能性もあるだろう。メジャーリーガーが出るとはいっても、本当に野球の世界一を争うにふさわしいメンバーが揃うのかも、まだわからない。あまりにも不透明なことが多すぎて、影響力を持つ二人には、容易に結論を出せる問題ではなかった。

あれは、二〇〇五年五月九日のニューヨークでのことだ。

さわやかな初夏を思わせる青空の下、ヤンキー・スタジアムの芝生に座り込んで、二人は話に興じていた。

「さすがにこれだけ打率が低いと参りますねぇ」

「なんで？　そんなのいいじゃん。打率は低くてもホームランを四〇本、五〇本打てばいいんだからさ」

「いやいや、そんなには打てないですよ（苦笑）」

「お前にしかできないことだろ」

断っておくが、イチローが松井よりも一つ年上である。したがってタメ口がイチローの言葉、丁寧な口調が松井の言葉である。二〇〇五年のシーズン、最初の顔合わせとなったヤンキース対マリナーズの三連戦。その初戦の試合前、二人はバッティングケージの横で握手を交わし、ストレッチをしていたイチローの横に松井が座り込んで三、四分の間、二人だけで話をしていた。

見慣れたはずの無邪気な笑顔で話す二人は、ほんの五メートルほど先にいた。しかしその時、その場所は誰も立ち入ることのできない特別な空気に包まれていた。

メジャー史上、シーズンでもっともたくさんのヒットを放ったイチローと、メジャー屈指の名門・ヤンキースで四番に座った松井秀喜。一九九〇年代半ばからニッポンのプロ野球を支えてきた二人が今、メジャーの舞台で堂々と主役を務めている。芝の上にしゃがんで、二人は何やら話し込んでいたのである。

このとき、イチローと松井はＷＢＣについて、最初の意見交換を交わしていた。

もちろん、二人は〝WBC〟なるネーミングについては、まだ知らない。デトロイトで記者発表が行われる、まだ二ヶ月も前のことだ。とはいえ、彼らは、MLBの選手会を通じて、〝野球のワールドカップ〟なるものが計画されていることは知らされていた。もちろん、同時に、出場の意志があるかどうかも問われていた。

実際、この大会には商業主義の匂いがプンプン漂っていた。

果たして、世界が認知するにふさわしい野球の国際的な大会になるのか。いや、それ以前に、主催者側にそういう大会に育てようという気概はあるのか。松井は「これは本当にガチンコなのか」と危惧し、イチローも「メジャーリーグが取り繕わずに『私たちはお金もうけのためにやります』って言ってくれた方がスッキリする」と訝しがっていた。イチローはこの時期、こんな話をしている。

「三月を選んでやるということは、この大会をシーズンよりも軽く見てることになるでしょう。本当にやる気だったらシーズンを止めてやるべきだと僕は思います。でも、それをしないということは、レギュラーシーズン、ワールドシリーズと比べたら、このワールドカップ（WBCのこと）がずっと格下になるわけですよ。それじゃ、選手もやる気が起こらないし、メジャーの選手にとっては、シーズンのためのトレーニングみたいなものになってしまいます」

イチローにも松井にも、この時点でまだ日本代表入りについての正式なオファーはない。それでも互いの影響力を認めあっている二人は、出場するにせよ、辞退するにせよ、とにかく足並みを揃えようと話していた。実際、この時点で二人は現状ではとても出られる方向にはないということを確認しあっている。主な理由は二つ。一つは、三月という開催時期に不安があるから。そしてもう一つは、果たして野球の世界一を決めるような舞台になるのかどうかがわからないから。

しかし、それぞれを取り巻く環境が違っていることも確かだった。チームとして肯定的だったマリナーズに属するイチローは断るだけの材料が揃っていないと考え、チームとして否定的なスタンスを取っていたヤンキースの松井は、受けるだけの材料が揃わないと考えているようだった。

それから四ヶ月後。

周囲の流れは、イチローと松井の気持ちを少しずつ、違う方向へ運んでいた。

二〇〇五年九月一日。

ヤンキースが、シアトルのセーフコ・フィールドでマリナーズとの四連戦を戦い終えた。スーツ姿のヤンキースの選手たちは次の遠征地であるオークランドへ移動するため、空港までのバスに乗り込む。セーフコ・フィールドは、ビジターのチームバスが着く出口とマリナーズの選手用駐車場に通じる出口とが、同じライト側にある。そして、その出口のすぐ脇には、マリナーズの選手の家族のために用意されたファミリールームがある。

その日はイチローの妻、弓子さんが友人を連れて試合を観戦に訪れていたため、試合を終えて駐車場に向かうイチローがしばし足を止めて、出口のところでその友人たちと談笑していた。ちょうどその後ろを松井が通りかかった。最初、松井はイチローに気づかず、いったん外へ出た。ところが、そこでふと振り返った松井は、イチローがいたことに気づき、慌てて戻ってきた。

「イチローさん」

「おお、お疲れ〜」

握手を交わした二人。やおら、イチローがこう切り出した。

「もう、オレらには出ないという選択肢はないぞ」

「ＷＢＣのことですか」

「三月に東京というのはキツいから、アジア予選は免除してもらうとか、そういう可能性はあるかもしれないけど、出ないという選択肢は、なくなるよ」

「ああ、そうか……」

イチローの気持ちは、この時点で参加に傾いていた。ＭＬＢの選手会からは、参加の内諾を得ている選手たちの一覧が届けられていた。デレク・ジーター、アレックス・ロドリゲスといったヤンキース勢や、ペドロ・マルティネス（ニューヨーク・メッツ）、アルバート・プホルス（セントルイス・カージナルス）、デイビッド・オルティス（ボストン・レッドソックス）ら中南米の選手たちを含め、そこには錚々たる顔ぶれが並んでいた。とはいえ、彼らが相次いで直前に辞退することだって考えられる。

第一回大会である以上、仕方のないことではあるが、ＷＢＣがどんな大会なのか、本当に野球の世界一を決めるにふさわしい大会になるのか……松井が疑問視していたのは、まさにこの点だった。真剣勝負というよりも、国際交流を主たる目的としたイベントに過ぎないのではないかという疑念を振り払うことができないでいた。

五月にはイチローも出ない方向に傾いていると思っていた松井にとっては、この言葉は意外だったに違いない。それでもイチローは、九月一日の時点で参加の意志をハッキリと松井に伝えていたのである。

イチローの気持ちは、いたってシンプルなものだった。二〇〇二年のインタビューで、イチローはこう言っている。

「それが本当の世界一を決める舞台になるのならワールドカップでもオリンピックでも喜んで行きますよ。参加するすべての国がその期間に集中して、国のプライドをかけて戦うというのならば、もちろん出てみたい。メジャーの選手がそれぞれの国の代表として出る、そういう本当の世界一を決める舞台ならば、選ばれれば喜んで出ますよ」

イチローの気持ちを参加に傾かせた一つの大きな理由は、王監督の存在だった。イチローはのちにこう話している。

「王さんがＷＢＣの監督を引き受けられた。その決断を下されたことに対して、僕は王監督の気持ちの強さを感じました。監督は『世界の王』と言われ続けた。そういうことの重さとか辛さを、僕もアメリカに来て少しだけ感じられるようになったことが、僕の気持ちを動かしたのかもしれません。だから僕もＷＢＣに出ようと思ったし、（チームをまとめることにも）積極的になれたんだと思います」

九月中旬、迷っていたイチローと松井を何とか参加に傾かせようと、ＷＢＣのアジアラウンドを主催することになっていた読売新聞社の関係者が、王監督に二人宛ての手紙を書いてもらおうとしたことがある。しかし、事前にそのことを知らされたイチローは、王監督に手紙を書かせるなんてことはさせられないと、シーズンが終わったら必ず連絡する旨を共通の知人を通じて伝えた。そのことを伝え聞いた王監督も、手紙を書くのをやめてイチローからの連絡を待った。

そして、イチローは決断した。

一一月二一日の夜。日本でドラマ『古畑任三郎』の撮影を終えてアメリカに帰る直前、イチローは王監督の携帯に電話を入れて、ＷＢＣへの出場の意志を伝えた。

「よろしくお願いします」

「それを聞いて、ホッとしたよ」

「こちらこそ、光栄です」

「キミが出てくれるのが大きいんだ」

この瞬間から、世界にその名を知らしめた二人は、日の丸の重みを分かち合うことになった。

王監督は、イチローに「出るという返事をもらったことをメディアに話してもいいか」と訊ねた。イチローが出場するということが広まれば、迷っている選手たちにいい影響を与えると思ったからだった。イチローの答えは、潔いものだった。

「僕はもう決めましたから。出ると決めた以上、日経新聞の一面に載せてもらっても構いませんよ（笑）」

イチローは、この日以降、ネガティブな部分に目を向けることなく、ポジティブなことを口にし続けた。

「だって、出る以上は前を向くのは当然でしょう」

WBCで見せたテンションの高いイチローは、彼なりの〝計算〟から生まれたものだった。

それでも、松井が参加に傾くことはなかった。

松井にしてみれば、王監督に直接会って話を聞き、直に会って断りたいという思いがあったのかもしれない。一二月二日に雑誌の対談で王監督と同席。この場で直接、出場への要請を受けた。これを初めての正式な要請だとするならば、その場で断るのも失礼だという松井なりの気遣いから、要請をいったん持ち帰ることにする。ところが、それからわずか一週間後の一二月九日がメンバー発表の日だったといわれても、それはNPBの一方的な都合だと、松井も困惑していただろう。受諾の返事もしていない選手のために一枠空けておいたと言われても、松井にとっては外堀を埋められているようで、気分のいいものではなかったはずだ。

結果的に、松井の中では、一度として参加しようという気持ちが不参加に傾いた気持ちを上回った瞬間はなかったように思う。日本代表という実体の見えないチームが、WBCというあやふやな舞台でゲームをやる。そこに自分を組み込む余裕は、二〇〇五年の秋から冬にかけての松井にはなかった。ヤンキースという現実のチームでワールドシリーズを目指すことの方が優先順位が高くなるのは、ある意味、当然のことだった。松井はこうも話していた。

「チーム（ヤンキース）が僕に求めているものも年々、大きくなっているし、チームの中での僕の立場も変わってきていました。期待してもらっていると感じさせるオファーも頂いて、新たな契約を結んだばかりでした。ですからWBCがもしああいう時期じゃなかったら、というのは三月の開催とかそういうことじゃなくて、僕にとってこのチームで三年間やってきて、チームの中心に少しずつ近づいて、新たな契約を結んだという時期じゃなかったら、違った決断を出せたかもしれないとは思います。もう少し余裕のある時期だったらということですよね。個人的にはたまたまタイミングの悪いときにWBCがあったとしか言いようがないんですよ」

一二月二六日の夜、松井の決断が王監督に伝えられた。

直に会うと混乱を招くという気遣いから、松井は辞退に至った彼なりの理由を手紙にしたため、福岡の王監督に届けていた。王監督はその理由をこんなふうに受け止めている。

「松井はWBCの前に大きな契約したでしょう。そういう時期的な問題があって、シーズンに賭ける責任を感じていたんだろうね。やはり出るか出ないかを考えたとき、どうしても出るということが上にいかなかったんじゃないのかな。時間がかかったのは、彼がそれだけ悩んだってことでしょう。あの時点では松井が四番を打つっていうのは決まっていたわけだし、彼を四番にというこことで席を空けて待っている状態だったわけだから、松井にしてみればそれも重荷に感じたのかもしらんしね。でも最終的には、『よし、一丁、やったろう』って思いになった人だけで戦えればいいという考えだったから、松井からああいう手紙をもらって、松井自身の気持ちの中に迷いがありながら出るんだったら、松井自身にとっても、WBCの日本代表チームのためにもよくないんだということでね、理解しました。（手紙は便箋で一五枚あったと伝えられているが……）うん、それくらいありましたよ。理由がいろいろ書いてありました。ずいぶん大きな字だったけどね（笑）」

その翌日、松井はヤンキース広報部を通じて以下のコメントを出した。

「王監督の代表チームへのお誘いを受けてから、私はもう一度、初心に戻ってWBCに対する自分なりの考えを整理し直しました。その結果、今回は大変心苦しいのですが、代表チーム入りを見送らせていただきたいという結論に達しました。(中略)ヤンキースの一員としての仕事と、日本代表としての仕事を両立するのがベストなのは分かっています。また、王監督やファンもそれを望んでいるのも理解しています。しかし、どうしてもどちらか一方が疎かになる不安を拭い去ることができませんでした。ふたつの目標を追うことによって、特にヤンキースでワールドチャンピオンになるんだというアメリカ行きを決断したときの大きな夢が疎かになることを恐れる自分がいました。お話を頂いてから一ヶ月、私なりに迷い、悩み、その結果このように返事が遅れてしまい、チームを編成される王監督、ならびにファンの皆さまに大変なご迷惑をおかけしてしまったことを心より反省しております。松井秀喜」

松井の出した結論には、頷ける。

しかし、結論を出すまでの過程には頷けない。

もちろん、ボタンの掛け違いがあったことは理解している。各方面への気遣いが裏目に出てしまったのだろう。それでも、出場すべきか否か、そこを迷って時間をかけたのならともかく、断るしかないという結論に達していながら、どうやって断るかを考えあぐねて時間をかけてしまったのは、あまりにもったいなかった。イチローが松井にとって予想外の結論を下したとはいえ、それから一ヶ月もかけた挙げ句に、辞退という結論を出さざるを得なかった、そのことが、出ないということ以上に、松井にとって計り知れないマイナスになってしまったのだと思う。

一二月二七日、阿部慎之助も右肩痛の不安を理由に出場を辞退、代わりにアテネ五輪でも貴重な存在となっていた横浜ベイスターズの相川亮二が選出された。そして一月六日、松井の代わりとして出場を打診されていた福留孝介が出場を受諾する。

ところがその日、井口資仁が自主トレーニング中の沖縄県内で出場辞退を表明した。メジャー一年目にいきなりワールドシリーズで勝った井口は、大事な二年目のキャンプでアピールしないといけないことを辞退の理由に挙げたが、それ以外にも、日本代表のメンバーに選ばれたことが発表されたあと、NPBからの連絡が一切なかったことでどうしていいかの対処に困り、大会そのものの運営方式に不信感を強めたこともあったのだという。そういう話は井口だけでなく、他の選手についても耳にした。

井口の代わりとして白羽の矢が立ったのは、中日ドラゴンズの荒木雅博だった。しかし荒木もまた右肩痛に加え、秋季キャンプで頭部にデッドボールを受けた後遺症への不安など、体調面での理由によって辞退。さらなる代替選手の人選に着手した結果、東京ヤクルトスワローズの宮本慎也に出場を打診することになった。

王監督は、宮本については「オレはセ・リーグの選手はあまり見ていないので、コーチに推薦をお願いした」と、大島康徳、辻発彦コーチらに最終的な人選を任せ、宮本の名が挙がってきたところで了承したのだという。王監督は、宮本についてこう話した。

「宮本はオリンピックの時にキャプテンだったし、当初は宮本をチームリーダーにって考えていた時期もあったんだけど、彼の年齢的なこと（当時で三五歳）もあったし、あとは松井秀喜だとか井口だとか、長打力のある選手を求めた経緯もあったから、彼を選ばなかったんだけどね。それが急遽、松井も井口も出場できないとなって、あらためてどういう形のチームを作るべきかを考えたとき、やはり宮本のように経験もあって、どんな形で使っても応えてくれる選手を選ぶべきだという声が上がってね。彼の場合、オリンピックの経験も含めて、選手たちにアドバイスもしてもらえるだろうし……」

宮本は、トレーニングのために松山にいた。代表入りの打診を電話で受けた宮本は、「監督に相談させて下さい」と答えた。とはいえ、古田敦也監督がノーと言うはずはないという確信もあった。宮本は古田監督に、「お前がその気ならこちらは全然構わない。ケガだけは気をつけて頑張ってきてくれ」と言ってもらい、出場を決断した。

「もう、気持ちは即答です。確かに最初は井口、荒木の代役だって言われるかもしれませんけど、何年か先になって『荒木の代役だったんだよ』って言われることもないでしょうしね（笑）。荒木には『すいませんでした』って言われたけど、『いえいえ、こちらこそ、辞退してくれてありがとうございました』って。本当に、日本の三〇人の中に入れたことが素直に嬉しかったんです。知り合いの人にはいろんなこと言われました。出ると決断したことを褒めてくれた人もいますし、代役の代役でなぜ受けたんだという人もいました。でも、僕にはそんな考えはありませんでした。だって、日本代表ですよ。国ですから。一つの国の代表ですから。そんなちっちゃいことはどうでもいいって感じでした」

井口の代役に荒木、その代役に宮本――この巡り合わせが、やがて日本代表にとって、重大な意味を持つことになる。

宮本は、『チームのために、代走でも守備固めでも雑用でも何でもやるつもりで行きます。最後に選ばれていますし、レギュラーも補欠もないと思う。試合に出るとか出ないとかは抜きにして、しっかり準備をして、日本プロ野球のために頑張りたい』と、その後を予見させるようなコメントを出している。

ようやく、日本代表の三〇名が揃った。王監督は言った。

「出場できるという返事をもらった選手の中で、最強メンバーの一員にふさわしい人を選べたと思う。日本のためにやりたいと思って来てくれる選手の方が強いチームができるんだよ」

そうは言っても、現実、王監督の思惑通りにチーム作りは進まなかった。

打診をしたにもかかわらず、色好い返事をもらえていないケースが相次いだのはなぜだったのだろうか。理由はそれぞれだろうが、いかなる理由があっても、今回ばかりは王監督にない袖を振らせるわけにはいかないと思っていた。各チームや選手個々の事情をいちいち考えていてはキリがなくなるし、そもそも王監督自身がホークスの監督兼GMでありながら、大事な時期にアメリカへ渡って戦おうとしているのである。選ばれた選手にも、王監督と同じだけの責任感を持ってもらいたかったのだ。

そういう意味で、リストアップしながら出場を固辞された場合、その選手の名前をNPBはきちんと明らかにすべきだったと思う。その理由も選手個々がメディアを通じて話せばいいというのではなく、NPBとして辞退に足るだけの事情説明を求め、故障が理由の場合はメディカルチェックも行い、最終的に辞退やむなしという判断を下した理由を公にすべきだろう。選手の方にも、辞退するからには説明できるだけの正当な理由があるはずだし、この手続きを踏まれて困る選手はいないはずだ。

正直な話、いろんな選手の本音を聞く限り、三月という開幕直前の時期に日本代表としてWBCに喜んではせ参じようという選手は少なかったように感じた。調整が難しい、ベストのコンディションで臨めない、ケガが怖い、ペナントレースを優先させたい……そういう気持ちを選手が持つことは仕方のない時期に行われる大会だったとは思う。

ただそういう悪条件には、MLB、NPBのすべての選手が同じように直面していたはずだ。ある選手が固辞することで、代わりに他の選手がそのリスクを背負い、舞台に出て行かなくてはならなくなるのである。それでは、自分だけよければいいのかということになってしまう。

曲がりなりにも現時点での最強チームを編成しようとした時点でメンバー入りを求められるほどの選手なのだから、一人一人に、オレが出ないわけにはいかないという責任感を持って欲しいと願うのは行き過ぎだろうか。この大会が、たとえば年齢制限のある大会なら、自分を売り出してやろうという若い選手がいくらでもいるのかもしれない。

しかし、WBCは、国を挙げてのフル代表の戦いなのだ。

しかも、各球団が合意した出場に、選手会としても合意したのだから、選出された選手には出場の義務が生じると考えてもおかしくはなかった。きちんと説明責任を果たさぬまま、出場を固辞した選手だけが得をするようでは不公平になる――幸か不幸か、この〝出なかったヤツらを後悔させてやろう〟という価値観は、出場した選手たちのモチベーションにもなってしまっていた。

とにもかくにも、ＷＢＣへ向けて日本代表は船出を果たした。

王監督は、決意のほどをこう語っている。

「これだけの選手を預けられたんだから、我々の仕事はいかに選手たちのモチベーションを高めて、特別な力ではなく普段通りの力をＷＢＣの舞台で発揮させるかということだと思うんだよね。これだけのメンバーが本来の力を発揮すれば、絶対にいい結果が出ると思っているからね。プレッシャーもあるだろうし、自分自身もそれはありますけど、いざとなったら日本野球のよさを前面に出していく。外国のチーム、特にアメリカのメジャーリーガーが揃うチームと真剣勝負という形でやるのは初めてでなんでね。こちらもやり甲斐があるし、よし、やってやるぞっていう気持ちはあるよ」――。

ＷＢＣを戦う日本代表メンバー、最終エントリーの三〇名は以下の通りだった。

投手
清水　直行（千葉ロッテマリーンズ）
藤田　宗一（千葉ロッテマリーンズ）
黒田　博樹（広島東洋カープ）↓のち辞退、久保田智之（阪神タイガース）

松坂　大輔（西武ライオンズ）
上原　浩治（讀賣ジャイアンツ）
薮田　安彦（千葉ロッテマリーンズ）
和田　　毅（福岡ソフトバンクホークス）
藤川　球児（阪神タイガース）
渡辺　俊介（千葉ロッテマリーンズ）
大塚　晶則（テキサス・レンジャーズ）
小林　宏之（千葉ロッテマリーンズ）
杉内　俊哉（福岡ソフトバンクホークス）
石井　弘寿（東京ヤクルトスワローズ）↓のち辞退、馬原孝浩（福岡ソフトバンクホークス）

捕手
里崎　智也（千葉ロッテマリーンズ）
谷繁　元信（中日ドラゴンズ）
相川　亮二（横浜ベイスターズ）

内野手
岩村　明憲（東京ヤクルトスワローズ）

小笠原道大（北海道日本ハムファイターズ）
松中　信彦（福岡ソフトバンクホークス）
西岡　　剛（千葉ロッテマリーンズ）
今江　敏晃（千葉ロッテマリーンズ）
宮本　慎也（東京ヤクルトスワローズ）
新井　貴浩（広島東洋カープ）
川﨑　宗則（福岡ソフトバンクホークス）

外野手
金城　龍彦（横浜ベイスターズ）
和田　一浩（西武ライオンズ）
多村　　仁（横浜ベイスターズ）
福留　孝介（中日ドラゴンズ）
青木　宣親（東京ヤクルトスワローズ）
イチロー　（シアトル・マリナーズ）

日本代表の集合日は、二〇〇六年二月二一日の午後だった。

4

イチローは、集合日のギリギリまで、神戸で練習を行っていた。

あれは、二月九日の夜のことだ。神戸の街を歩くイチローが、足を引きずっていた。イチローの歩き方に対するこだわりは生半可なものではない。イチローが、こんな話をしてくれたことがある。

「同級生の鼓笛隊の行進があったんですよ、小学生の時でしたね。その鼓笛隊の女の子たちの歩き方がものすごく綺麗で、ビックリしたんです（笑）。あの足を見て、自分が歩く時の足はどう見えているのかって考えたら、全然違う。それで、ヒザとか爪先が開かないように歩いてみた。その頃から、そういう意識はありましたね。小学生の頃、僕は足が細いことがすごくイヤな時期があったんです。でも、同級生の女の子に『カモシカの足みたいね』って言われて、それがすごく嬉しかった（笑）。そうか、これは別に悪くないぞって思うようになったんです。もともと僕はでっかくないのに、投げれば誰よりも速いし、打てば誰よりも飛ばすし、走れば誰よりも速い。でっかくて、いろんなことができるのは普通に見えるじゃないですか。でっかいのにできなければカッコ悪いでしょ。そう思った覚えがはありますね。その時、自分の体に自信を持ちましたね」

そのイチローが、まるで焼けた鉄板の上を歩いているかのように、足を地面に着くことができない。

「イタタタ、アイタタ……」

一歩一歩、歩くたびに悲鳴を上げ、苦笑いを浮かべる。両足のふくらはぎがパンパンに張ってしまっていたのだ。予定外の練習でつい熱くなってしまったことが原因だったのだが、イチローのそんな姿を見るのは初めてだったので正直驚いた。宮古島で行われていたオリックスのキャンプに合流する、わずか二日前のことである。


松坂大輔は、一月上旬から、ハワイ・ホノルルのコンドミニアムに拠点を置いて自主トレを行っていた。

春からは四国アイランドリーグの愛媛マンダリンパイレーツでプレーすることになっていた実弟・恭平を含めた、気のおけない仲間三人での、二週間に渡る共同生活。朝食はいつも自分たちで作って食べていた。

「ダイ、醤油とって」

「目の前にあるじゃん」

兄貴を「ダイ」と呼び、弟を「恭平」と呼ぶ兄弟は実に仲がいい。その恭平を相手に、松坂は肩を作ったことのない時期に、メジャー仕様のボールを使って、強めのキャッチボールを行っていた。

「だって、各国の選手の顔ぶれを見たら、僕の中では間違いなく大会としての価値はナンバーワンですからね」

松坂は嬉しそうに言っていた。

「一度、日米野球でメジャーリーガーを相手に投げましたけど、あのときは途中で帰っちゃった選手もいて、ベストメンバーからは程遠い感じがしましたから。いずれメジャーに行きたいと思っていますが、どの程度、通用するのか感じたことがないので、凄いメンバーを相手に今の自分がどれだけのものを出せるのか、感じてみたいというのはあります」

松坂にとって、WBCはプロに入って三度目の国際舞台だった。


WBCから遡ること、六年。

最初の国際舞台は、二〇〇〇年に開催されたシドニー五輪だった。しかしこのときの松坂は、一つも勝つことはできなかった。史上初のプロ・アマ合同チームで五輪に挑んだ日本代表。松坂はエースとして、初戦のアメリカ戦、予選突破を賭けた韓国戦、メダルを賭けた三位決定戦の三試合に先発した。しかし、その三試合、松坂は一つも勝つことができなかったのである。

最大の敗因は、肝心なところで甘くなってしまったコントロールにあった。世界一を争う舞台に立つほどのスラッガーは、少し浮いた勝負球を見逃してはくれなかったのだ。

「もちろん、すべてのストレートがよくないわけじゃないですよ。でも、よくないヤツがたまま悪いタイミングで、出ちゃいけないっていう時に出ちゃったんですよね……」

いざという時、相手をねじ伏せることができない。もちろん、ピッチャーにたった一球の失投を問うのは酷な話だ。それでも類い稀な勝負運を持つ松坂なら、大事な場面でこそ、そういうミスはしないはずだった。

ところが、その銅メダルを賭けた韓国戦でも、痛恨のミスが出てしまったのだ。

二〇〇〇年九月二七日、三位決定戦。

〇―〇で迎えた八回裏、松坂はツーアウト二、三塁のピンチを背負っていた。打席には、韓国の三番を打つ李承燁。予選リーグの最初の対決こそ手痛い一発を浴びてしまった松坂だったが、その後の六打席の対決ではノーヒット、五つの三振を奪うなど、完璧に抑え込んでいた。

「遠くへ飛ばす力はありますけど、速い球にはついてこれないイメージがありましたしね。あのホームランを打たれたのも、真っすぐだったのに、その球を真っすぐ投げられなかったんですよ（苦笑）。もちろん絶対っていうのはないし、打たれる時もある。でもあの場面、真っすぐでいくか変化球でいくか、自分で決断できなかった。迷ったんです……」

五つの三振のうち、ストレートで奪った三振が一つ、スライダーが一つ、フォークが三つ。とりわけフォークにはまったく合っていなかった。しかし松坂はこの打席、ストレートで空振りを二度取り、李承燁を追い込んでいた。

そして、ツースリーからの勝負球。松坂は捕手の鈴木郁洋（当時、中日ドラゴンズ）のサインに三度も首を振った。裏の裏をかいて配球は元に戻ったのではないかと思わせるほどの光景は、やはりエースの迷いを表していた。鈴木のサインに何度か首を振っているうちに、「それもいいかな」という思いが首をもたげて、第一勘を信じる力が失せてしまったのだ。

ラストボール――変化球を避け、ストレートで高めを狙ったはずの一五三キロが、李承燁の唯一のポイントへ吸い込まれていった。大事な、大事な場面でのコントロールミス。これが左中間へ二点タイムリーとなり、松坂の、日本の銅メダルは、幻となって消えてしまった。

三位決定戦で韓国に敗れた瞬間、真っ先にグラウンドに背を向けたのは、松坂だった。銅メダルを獲得した韓国の選手たちの胴上げが始まると、その光景をしばらくベンチでぼんやりと見つめていた。やがて、泣きじゃくる杉浦正則（日本生命）、黒木知宏（千葉ロッテマリーンズ）、中村紀洋（当時、近鉄バファローズ）らの姿を目にして、松坂もいつしか涙を浮かべていた。

「周りの人、みんな泣いてるし、もらい泣きくらいするじゃないですか……」

一敗の重みを思い知らされた、オリンピック。涙が出るほどの悔しさを味わった日の丸をつけた野球を、彼はこんなふうに表現した。

「言葉的には、『気持ちがいい』というんじゃなくて、『気分がいい』って感じですね」

イニングが終わるたびにベンチの仲間が飛び出してきて、ハイタッチを求める。初めは照れくさそうに応えていた松坂も、いつしか堂々と応じていた。松坂だけを褒め称えているのではなく、みんなで守りきった喜びを一緒に表現しているからこそ、『気持ちがいい』のではなく、『気分がいい』と言える。日本代表のそんな野球は、松坂にとっても久しぶりだった。

メダルなしが決まった夜、松坂はホテルで行われた慰労会で、一杯だけビールを飲んだ。

「いやぁ、最後に飲まされましたよ、ビール一杯だけでしたけどね」

いつもとはいろんな感覚が違ったマウンドの上で、負けられないという思いを振り絞って投げた、三試合。最後に一杯だけ飲まされたビールのように、二〇歳になったばかりの松坂にとっては、ほろ苦い四二八球だったに違いない。悔し涙とともに、松坂大輔のシドニー五輪は終わった。

二度目の国際舞台は、その四年後。

オールプロで挑んだ、アテネ五輪だった。

二〇〇四年八月二五日、決勝のプレーボールは、午後八時。

その瞬間、球場にいるはずだった松坂は、アテネ郊外のグリファダという小さな街にあるホテルのテラスにいた。

日本代表は、準決勝で負けていた。

まだ陽は残っていた。蒼い空、涼しい風が吹き抜ける。セミの声が響いていた。そして松坂の、意外な告白。

「今日、試合が終わるとき、僕、泣きそうになっちゃったんですよ」

その日の昼間、カナダとの三位決定戦に勝った日本は、銅メダルを決めていた。

「四年前は銅メダルも獲れなくて、そのマウンドには自分がいた。それが、メダルがほぼ確実になって、嬉しいはずなのに、ふと横を見たらノリさん（中村紀洋）が泣いてる（苦笑）。その瞬間、この四年間のいろんなことが頭にバーッと浮かんできて、もうダメだ、ヤバい、オレ、泣いちゃうって……」

隣にいた和田毅が、松坂をからかう。

「コイツが泣きそうになってるの、わかったんですよ。でも、なぜか顔は怒ってた（笑）」

松坂が苦笑いを浮かべた。

「そう、泣きそうになったら、急に昨日のことが浮かんできて、オレ、何やってたんだってムカついてきて、そしたら、泣きたかったのに泣けなくなっちゃったんです」

その前日、八月二四日の準決勝。

先発した松坂は八回途中までオーストラリアを一点に抑えていた。その一点は、六回表のツーアウト一、三塁からオーストラリアの五番、ブレンダン・キングマンに打たれたライト前へのタイムリー。相手のピッチャー、クリス・オクスプリングが好投していたとはいえ、まさか、その一点に泣くことになるとは、思いたくもなかった。

「あの一球だけ、あの外へのスライダーだけって思えば思うほど悔しくて、ホテルに帰ってきてしばらくボーっとしてたら、日本の友だちから電話がかかってきたんです。『オレ、泣いたよ』って言うから、泣きてえのはオレの方だよって言ったら、『ごめん』って謝られちゃって（苦笑）。それで、明日がある、明日は毅が投げる、四年前は自分がその立場だったんだから、しっかり応援しなきゃって思って、それで寝ようと思えたんです」

もちろん、右上腕の痛みもあった。

八月一七日、予選リーグのキューバ戦。

先発した松坂の投げたアウトコースやや低め、ベルトあたりの高さに入った一五一キロのストレートを、キューバの三番を打つ二〇歳の主砲、ユリエスキ・グリエルが強振する。フルスイングによって弾き返され、スピードを増した打球が、マウンドの松坂を襲った。

捕れる。

いやっ、ダメだ、間に合わない。

一瞬、グラブが打球に反応したものの、ほぼ同時に体を右に捻って、顔に打球が当たらないよう、打球から逃げようとする。

その、ボールから目線を切ったほんの〇・〇コンマ数秒の時間が、松坂にとっては、とてつもなく長く感じられたのだ。

当たるっ。

あれっ。

打球が、来ない――。

一瞬、そう思うほど、長い間があった。

覚悟して、身を固くした。しかし、打球が来ない。たいした打球じゃなかったのかな。松坂は、打球がセンター前に抜けたのかもしれないと思った。その直後――。

ペシッ。

松坂には、そういう音に聞こえた。

右ヒジの上、右肩の下。

これを不幸中の幸いというのは、あまりにも酷だ。ヒジや肩を直撃していたら、絶対に投げられなかっただろう。もちろん、上腕の筋肉組織を破壊しただけだといっても、普通に考えたら投げられるはずがない。ベンチ裏に下がった松坂の耳には、誰彼なく叫ぶ声だけが響いていた。

「大丈夫か」「大丈夫か」「無理すんな」――。

「大丈夫です」。

そう答えた松坂ではあったが、何が大丈夫なのか、自分でもよくわかっていなかった。

「興奮状態だったから痛みを感じなかったんじゃないかって言われましたけど、そんなはずはない、痛かったです（苦笑）。上腕がマヒして感覚がなかったし、指先もマヒしていたのでだいたいの感じで投げたら、最初はスライダーも抜けたし、インコースのサインが出るの、怖かったですよ」

そう振り返った松坂の右上腕には、紫色のアザがくっきりと残っていた。

「この筋肉は、投げる瞬間には使わない場所ですからね。ボールを投げて、腕が伸びきったときに痛みを感じるんですけど、投げるときには大丈夫でしたから」

二度目のオリンピック。

シドニーの雪辱。

人生初のキューバ戦。

「個人的には投げたいと思ってましたけど、僕じゃないと思ってました。だから僕、あの日は投げる前からなんだかワクワクしてましたね。キューバに投げたことなかったし、楽しみでした。それに、もし他の人が投げて負けた時、自分が投げたらどうなっていたのかなって考えるのもイヤだったし……」

二回、チームメイトの和田一浩が、このオリンピックで初めてのヒットを、この大事なゲームの先制ホームランで決めた。ベンチは「和田さんのためにも、絶対に勝つぞ」と盛り上がった。さらに四回、城島健司（当時、福岡ダイエーホークス）が貴重な追加点となるソロホームランを叩き込み、ベンチに戻って松坂を指さし、叫んだ。

「今度はオレのためにがんばれよ、お前！」

ただでさえ、松坂にはアドレナリンが吹き出す条件が整っていた。ストレートはマックスで一五四キロを記録。インコースは詰まらせ、外のボールには手を出させない。四回のワンアウトまで、松坂はキューバ打線をノーヒットに抑え込んでいた。

「僕、集中してる時ってわりと周りがよく見えるんですよね。そういうときの方がいいんです。あの日も周り、見えまくってました。スタンドの人もなんとなく見てましたし、声もよく聞こえたし……僕のボール？　いつも通り（笑）。キューバのバッターも、球際に強いっていう感じはしましたけど、気を抜かなきゃ大丈夫かなって感じでした」

そういう状況でグリエルの打球を受けてしまった。しかしそれが悲運の降板にならない、いや、そうさせないところが松坂の持つドラマチックな勝負運というヤツなのだろう。逆境という要素が加わり、松坂のピッチングは見るものの心を震わせた。

キューバを相手に八回までゼロに抑えるピッチング。九回には内野ゴロがヒットとエラーになって、その後、二本のタイムリーヒットを浴びて三点を失ったものの、文句のつけようがないピッチングで六ー三の完勝。日本はオリンピックで五戦全敗だったキューバを相手に、初勝利をマークした。ウィニングボールを城島から受け取り、ミックスゾーンに引き上げてきた松坂は「なんとでもなる、なんとでも……」と言って、ニヤッと笑った。

「三番のグリエル、他のバッターの中でも抜けてたんじゃないですか。あの打球、後から聞いたら、メチャクチャ速かったらしいじゃないですか。うーん、おかしいなぁ（笑）」


会心の笑みを浮かべてから一週間後のオーストラリア戦。

ある程度、体が投げることを覚えていた状態で続投した予選リーグのキューバ戦と違って、ゼロからエンジンをかけなければならなかった準決勝のオーストラリア戦では、打球を当てた右腕の痛みが松坂の邪魔をするであろうことはわかっていた。それでも彼は前半から飛ばし、五回までに一〇個の三振を奪った。ストレートはマックスで一六〇キロを叩き出していた。それが五回あたりから、明らかにボールが抜け始めていた。八回、コーチの大野豊がマウンドに向かった。交代――しかし、松坂は激しく抵抗して、城島に救いを求めた。

「なんで代えられなきゃいけないんですか。ジョーさん、どう思いますか」

「オレは行けると思うけど、それがベンチの判断なら仕方ないだろ」

「……わかりました、代わります」

松坂は最後までマウンドにしがみつこうとした。それが彼のプライドであり、日の丸への責任の取り方だった。

決勝をスタンドで観戦し、キューバの金メダルを見届けた松坂は、深夜の表彰式に参加した。唯一の黒星をつけ、ねじ伏せたはずだった相手の国歌を聴きながら、松坂はメインポールの隣に上がる日の丸を見つめていた。

「金メダルが目の前を横切ってったんですよ～。上原さんといいな、いいな、これ取っちゃうかって言ってたんです（笑）。銅メダル、意外に小っちゃいですね。金だと大きく見えたのかなぁ。近くて、遠かったな……」

たった一点、されど一点。

松坂は、その一点を取られてはいけないピッチャーだった。とりわけ結果を求められたオリンピックの二六五球。しかし、松坂は敗れた。伝説に事欠かない反面、ここ一番での結果も残せなかった。


果たして、松坂大輔が日の丸を背負って戦う、三度目の舞台は――。

「シドニーでもアテネでも、もう一つ余裕を持って野球ができなかったなと思いました。シドニーで（〇―〇の八回ツーアウトから）決勝点を取られたこともそうだし、アテネで致命的な一点を取られたこともそうですし、ああいう大事な場面で余裕を持てていれば、結果は違ったかもしれないなというのはありますね。結局、僕はシドニーでもアテネでも同じ間違いをしちゃいました。シーズン中には簡単にできることが、国際舞台では出来ない。もう一つ、あと少しというところで、崩れてしまった。そこへ、また世界で一番になれるチャンスを与えてもらったわけですからね。国の名誉ということからいえば、オリンピックの方が価値は高いのかもしれませんけど、野球選手としての価値が高い大会はどっちかといえば、僕はＷＢＣだと思います」

メジャー志向を公言し続けている松坂にとって、WBCでメジャーリーガーを相手に投げるのは、ひと味もふた味も違うだろう。

「球数制限（一次リーグは六五球、二次リーグは八〇球、決勝トーナメントは九五球）がありますから、ツーシームを試してるんです。メジャーのボールを使える機会なんてそうはありませんから、おもしろいかなと思って……あれは日本のボールだと投げられないんですよ。メジャーのボールは滑りますから、簡単に変化しますね。これだったら楽です。楽ですけど、僕的にはおもしろくないボールです（笑）。ツーシームは打たせて取るピッチャーにとってはいいボールだと思いますけど、三振を取るピッチャーにはおもしろくない。楽なボールだけど、好きなボールじゃないですね」

松中信彦と小笠原道大の二人は、イチローの同級生だ。

片や、北の大地から睨みをきかす居合いの達人、小笠原。機先を制して太刀を振るえば、まさに一撃必殺の切れ味を誇る。北の達人は、淡々と語る。

「確かに、初球を打つと結果がよかったりしますね。甘い球が来たらどんどん打っていこうというのが自分らしさだと思ってますから。初球から打てるというのは気持ちが乗ってるからだと思いますし、そういう自分らしさが出れば結果もついてくると思います」

此方、南の大地から上段の構えで相手を威圧する剣豪、松中。敵の一太刀を跳ね返してからの一刀両断には、風格が漂う。南の剣豪は、熱く語った。

「日の丸がユニフォームに付いてるとね、つい触りたくなるんですよ（笑）。このチームで四番を打つ以上、自分が引っ張らないといけないというのはありますし、日本の野球はすごいんだぞ、パワーもあるんだぞというところを見せてやりたいですね」

まさにニッポンが誇る代表的な存在のふたりであると言っていい。三〇〇〇打数を超えるバッターの中で通算打率が三割を越えている選手は、・三五三のイチローを筆頭に二七人いるのだが、うち日本でプレーしている現役のプレーヤーは七人いる。その中で最高打率を誇っているのが・三二一の小笠原であり、二番目が・三〇九の松中だ。とりわけ小笠原の通算打率は、歴代プレーヤーの中でもイチロー、ロバート・ローズに次ぐ、第三位。小笠原はアテネ五輪で日の丸を背負ってプレーした経験を持ち、松中はアトランタとシドニーの二度の五輪で突出した数字を残している。国際舞台の経験も豊富だ。

ＷＢＣに向けて、小笠原は言った。

「アテネでは悔しい思いをしましたからね。金メダルの可能性も十分ありましたし、もう一つ上に行ければ世界一という場所に立っていたわけですから。まぁ、その一歩が届かないからこそ、それが世界への距離というものなんだろうけど……それでも先は間違いなく見えましたし、ビジョンもできていると思います。その現実とビジョンの差をうまく近づけてシンクロさせれば、今回のＷＢＣでもいい結果が出せると思うし、そのためにシーズンオフからトレーニングをしてきました」

一方、松中の思いはこうだ。

「二〇〇四年、二〇〇五年とプレーオフで打てなかったために、短期決戦に弱いだなんて、この二年だけで言われてしまった悔しさを『ざまあみやがれ』という感じで晴らしてやりたいですね（笑）。僕はアトランタで日の丸のために戦うということの意味を勉強させてもらいましたし、シドニーではプロとして戦うことの意味を考えさせられました。今回のＷＢＣは、王監督に四番を任せていただいているということもあるし、自分が引っ張らないといけないとは思っています。自分の数字も、勝ってこそ評価してもらえるものだと思ってます」

イチローばかりが注目を集める王ジャパンにあって、二人の侍が果たすべき仕事は重要だ。この二人、イチローの同級生ではあるが、高校から社会人を経てプロ入りしているため、プロでの経験年数は短い。二人がプロの世界に入ってきたとき、イチローはすでにスーパースターだった。

小笠原はイチローについて、こう言った。

「素晴らしいですよね。ああやって自分の道を進んで、結果を残して……一緒にプレーしていて気持ちが伝わってきますし、刺激されて自分もやらなくてはいけないと思います。僕らの同級生って、イチローだけじゃなくて（中村）ノリにしても（石井）一久（東京ヤクルトスワローズ）にしても、松中もそうですけど、オリジナリティのある選手ばかりですからね。いい刺激になりますよ」

そして松中はこう言った。

「日の丸を着た者の使命はまず勝つことですから、結果として終わってみてから、あぁ、イチローと一緒くらい打てたなとか、存在を示せたなというように、自分の価値を高められればいいと思うんです。イチローはスモール・ベースボールの象徴として、好き勝手にグラウンドを暴れてもらって、その暴れてるヤツをホームに還っておいでと、飛んでいった鳩を家に帰してあげるような役割を、僕が果たせればいいと思っています」

イチローは海を越えて、メジャーにその存在感を示した。このときのニッポンには、北と南に、小笠原と松中がいた。彼らは、ストイックに自分を追い込み過ぎるがあまり、袋小路に迷い込むこともある。その不器用さゆえに、勝負弱いと誤解されてしまう。しかし残してきた数字は、決してイチローに劣るものではない。イチローが海を越えた龍なら、小笠原は北の狼、松中は南の虎だ。

「いいですねぇ、ただ僕は寒さには弱いんですけど（苦笑）」（小笠原）

「いいんじゃないですか、僕らは丑年生まれですけど（笑）」（松中）

ニッポンに、小笠原と松中あり。

北の狼と南の虎は、WBCへの思いをこんなふうに表現していた。

「まずは身近なものから大事にしていかなくてはと思うんです。僕には北海道への思いもありますし、日本への思いも強い。だからこそ松中と一緒に、端と端から日本の野球を盛り上げていけたらと思います」（小笠原）

「WBCが定着したら、日の丸はプロの先の目標になり得るでしょう。プロで一流にならなければ日の丸をつけられないということになれば、みんなが出てみたいという大会になると思うんです。だからこそ、今回はWBCを盛り上げたいと思っています」（松中）

とりわけ、四番を松中に託す王監督の思いは切実だった。
「四番っていうのはプレッシャーがかかるんですよ。このメンバーの中だと、三番とか五番を打てる選手はいるんだけど、四番を打てるのは松中だけじゃないかな。松中なら普段通りの（四番の）プレッシャーは感じるだろうけど、普段のプレッシャーも知らない選手よりはるかに強いはずだからね。そういうバッターが四番にいるというだけで、相手にもプレッシャーを与えられるんだよ。僕だって、日本シリーズの成績はあんまりよくないけれど、相手に与えたプレッシャーはものすごく大きかったと思うよ。あんなに何度も日本一になって、ホームランも三本、四本打ったシリーズもあったけど、それでも（シリーズMVPは一度も獲得していないため）車一台、もらってない（笑）。それは、目立たなくても四番としての役割を果たして、チームの勝利に貢献できたからだと自分では思ってますから」

松井の辞退で四番を打つのが松中なら、松井の辞退でセンターを守ることになるのが福留孝介だ。

松井の代役として三〇人目の日本代表に選ばれた福留は、ドラゴンズのキャンプ地である沖縄から、空路、福岡へとやってきた。

集合日の前夜、二月二〇日のことだった。

その夜、福留は狭いながらも居心地のいい店で、焼酎を呑みながら、豚のしゃぶしゃぶを堪能していた。

「最初はWBCへの出場を断ったんです。イチローさんがいて、松井秀喜さんがいたら、僕は試合に出られませんからね。でも松井さんが辞退することになって、一度は断った僕にもう一度、声をかけていただいた。もちろん、嬉しかったですよ。よし、やるぞって気にもなりましたからね」

実は福留は二〇〇五年の秋、フォーム改造に着手していた。グリップを引き気味に構え、そこから反動をつけず、シンプルに振り下ろす。二〇〇五年シーズンの打率が三割二分八厘、ホームラン二八本、打点一〇三という十分すぎる数字を残しながら、彼は満足感に浸ることなく、貪欲にバッティングと向き合おうとしたのである。

「変えることはちっとも怖くないですよ。もっとよくなると信じて変えるわけですからね。少しでもムダな動きをなくせばそれだけブレも少なくなるし、確実にボールを捉えられるはずなんです。要するに、確率を上げたかったってことなのかな。つまり、一打席の中に一球ある甘い球を確実に仕留められるように余分な動きをなくす、ということです。反動をつけたら余分な力も入るし、ミスも増えるでしょう。スポーツの世界、自分で上を目指さなくなったら終わりだと思いますよ。だって、十割あるうちの三割しか打てていないんだから、十割を目指さないと」

――十割？（笑）

「だって数字上は十割って、あるじゃないですか。だったら中途半端に四割、五割って言うより、一番上の十割まで行きたいって言った方がいいでしょ。僕はそのためにもっといいものがあるんじゃないかって、常に思い続けてるんです。フォームを変えるっていうと、みんな、『そんなリスクを冒さなくてもいいじゃないか』って言いますよ。でも、自分が上手くなるためにやることですし、僕自身はそれをリスクだと思ってません。まだ二年、三年はかかると思いますけど、自分で信じて決めたことですから……」

福留は、故郷の鹿児島が育んだ芋焼酎をうまそうに呷っていた。

5

日本代表、最初のミーティングは、二月二一日の午後二時。福岡市内のホテルで行われた。イチローだけは神戸から、集合日の当日に移動してきた。その日の朝、神戸にいたイチローは、すでに福岡にいた上原浩治に電話をかけている。

「そっちの様子はどんな感じ?」

これから一ヶ月、ともに戦っていく日本代表の選手たちが果たしてどんな雰囲気なのか、イチローは気にしていた。

初のチーム全員による顔合わせでは、裏方さんの紹介や今後の練習、ミーティングの進め方、WBC独自の特別ルールなどについて話し合うことになっていた。その後、選手たちは福岡ドームで最初の練習を行い、スコアラー、トレーナー、データ解析など、各部門の担当者は王監督の方針を徹底するために話し合う予定を立てていた。

福岡のホテルに着いたイチローは、エレベーターに乗った。降りようとすると、そこには先にミーティングルームに向かおうとしていた日本代表の仲間たちがいた。

今江敏晃は、そこでエレベーターを待っていた。

イチローに会ったことはなかった。いや、もっと正確に言えば、実物を見たこともなかった。

今江にとってのイチローは、想像上の人物だった。

「だから、イチローさんがわーっと出て来たとき、あまりに突然で、思ってたほどムチャクチャな驚きはなかったんです。なんか、もう、『うわっ』みたいな（笑）」

今江は、みんなの流れに乗って挨拶を交わした。

イチローは、「よろしく」と言って、右手を差し出した。

そこに、川﨑宗則もいた。

川﨑も、イチローに会うのは初めてだった。

「エレベーターを待ってて、それに乗ってミーティングの会場に行こうっていうときに、エレベーターから何人か降りてきて……あれっ、誰かいるのかもしれないってオーラを感じまして。ホントです、ホント。そこにイチローさんがいたんですよ（笑）。ミーティングの会場で会うと思ってたんで、ビックリして。そこで『川﨑です』って挨拶をしたんですけど……緊張して真っ白になりました。もう真っ白だったです、本当に」

イチローもまた、戸惑っていた。

「最初はみんなとの距離が難しかったし、空気もね。誰かと車で二人きりになったとき、会話をしなきゃって思う空気ってあるでしょ。要はそういう難しさですよ。本当にいい関係ができていれば会話をしなくてもストレスを感じないはずだし、会話をして楽しいというんじゃなくて、会話をしなくても心地いいというのが一番いい関係だと僕は思ってますから、最初の頃の、どうしようって思わされる空気は……いやぁ、厳しかったですね」

一ヶ月をともにする二九人と初めて顔を合わせたイチローは、短期間でチームを成熟させなければならない難しさを実感していた。しかもその中心には否応なく自らを置かなければならない。

「僕もイヤな年代に入ってきたんですね」とイチローは苦笑いを浮かべていた。

ミーティングは、午後二時から二〇分間、行われた。

冒頭、王監督は全員を集めてこう言った。

「快く参加してくれて、ありがとう。メジャーの選手も一緒に戦う初めての真剣勝負。まずアジアを勝ち抜いて、日本野球の将来のために、気持ちを一つにしてがんばろう」

最前列に座ったイチローは、ミーティングで一緒になった福留とこんな会話を交わしていた。

「おい、孝介。お前、全員の名前言えるのか」

「そりゃ、言えますよ」

「えーっ、背番号も全部わかるのか」

「うん、わかりますよ」

「えーっ、オレ、顔だって半分くらいしかわかんないよ、ヤバいなぁ……」

もちろん、顔見知りの選手も少なくはなかった。

「久しぶりだね」

そうイチローに声をかけたのは、宮本と並んでチーム最年長の谷繁元信だった。

「こうやって一緒のチームで野球やるのは初めてだよな」

「そうですね」

「お前のスタイルはテレビでしか見たことないからなぁ」

イチローが日本を離れて五年が経っていた。日本代表に選ばれた二九名のうち、イチローが渡米した二〇〇一年の時点でまだプロに来ていない選手とレギュラーと呼べなかった選手をあわせれば、おおよそ半分になる。日本代表の選手だとはいっても、イチローが半分知らないというのも無理からぬ話だった。イチローが、チームを束ねるために腐心してきた一ヶ月。その戦いは、ゼロどころか、マイナスから始まっていたのである。

「でも、それぞれの選手に対面したとき、彼らが僕に対して何かしら感じているものがちょっとだけ伝わってきたので、その瞬間かなぁ、少し、安心したのは……」

共有すべきは、勝つことへのこだわりである。一番になることへの強い気持ちを共有できなければ、チームは一つになれない。シーズン前の大事な時期に、WBCの日本代表として招集された選手たちはどんなモチベーションを持ってここに来ているのか。イチローが知りたかったのは、そこだ。年齢から言っても実績から考えても、このチームの中心となるべきは自分であることを自覚していたイチローは、彼の行動や言葉に対して選手たちがどういう感情を抱き、どんな反応を見せるのか——そこに不安を抱いていた。

そんなイチローを救ってくれたのが、青木、川﨑、今江といった、イチローが顔を知らない若い選手たちだった。

一九八三年生まれの今江にとって、イチローは一〇歳も年上になる。イチローがオリックス・ブルーウェーブで二一〇本のヒットを打ったのは一九九四年。今江が小学五年生の秋、一一歳になったばかりのことだ。

その頃から、今江はイチローに似ていると言われていた。

「髪型も刈り上げて、前髪を立てて、上の方は寝かして……そんな感じで顔の表情も作ったりして、マネしてたんですよ。あとはイチローさんの下敷きとかポスターとかも持ってましたし、グッズはいっぱい持ってました。テレビも見てましたし、もう、僕にとってはすごい存在でしたね」

その秘話を、青木宣親がイチローにチクる。

「コイツ、子どもの頃、イチローさんに似てるって言われたらしいんですよ」

「なにぃ、お前、それはオレに失礼だろ」

「すいません～っ」

クラブハウスでは、毎日変わるイチローの隣のロッカーを果たして誰が使うのかと、川﨑、今江、青木の三人が「今日はオレだよ」「ヒットが出なかったら交代だからな」と凌ぎを削って、奪い合いとなっていた。川﨑が言う。

「ロッカーは常に隣を争ってました。僕、けっこう、負けていたような気がするんですけど……今江とか青木とかね、うざっちいヤツらがいましたからね（笑）」

一九八一年生まれの川﨑も、かなりのイチローマニアだ。

一九九六年のことだった。当時、中学生だった川﨑は、四月一六日、鹿児島の鴨池球場にロッテ対オリックスの試合を観に出掛けた。一塁側のベンチのすぐ上の席に座っていた一四歳の川﨑は、その試合でイチローのホームランを目撃する。伊良部秀輝から二本のヒットを放ったあとの第五打席、成本年秀からセンターに運んだそのシーズンの第三号のホームランだった。細身の身体をしならせて特大のホームランを放ったイチローに、川﨑はすっかり魅せられた。

「一人、ランナーが出ないと、イチローさんには回ってこない九回の土壇場で、打ってくれと思っていた通りのホームランでしたからね。感動しましたよ」

今でも鹿児島の川﨑の実家には、イチローの特大ポスターが貼ってあるのだという。鹿児島工時代には細身の体格とバットコントロールの巧みさから、〝サツロー（薩摩のイチロー）〟として名を馳せていた川﨑のプロ入りは、イチローの日本での最後のシーズンとなった二〇〇〇年。しかしルーキーだったこの年、川﨑の公式戦での一軍出場はない。

川﨑、青木、今江の三人は、自分がどれほどイチローに思い入れがあるのか、自慢しあっていた。今江がその様子を説明してくれた。

「とりあえず、イチローさんの近くに行っとこうみたいな感じで、僕のロッカーはイチローさんの目の前やったんですよ。で、川﨑さんが横で、青木さんも近くにいて。三人で話してたら、イチローさんが入ってきて、いろいろしゃべりかけてくれたりしたんですよね。僕と（川﨑）ムネさんがイチローさんの強烈なファンやったんで、イチローさんの昔のこんなん知ってます、みたいな話を二人で言い合ってて。イチローさんは、お前ら、すごいなって言ってくれて、ムチャクチャ嬉しかったですよ」

6

どんなチームでも、なんとなく何人かのかたまりができる。

ＷＢＣの日本代表も例外ではなかった。

野手の場合、大きく分けて三つのかたまりがあった。松中、小笠原、福留、谷繁、和田一といった、日本代表の経験もある実績十分の選手たち。彼らはグループというより、それぞれが独立した一匹狼というイメージの方が近いかもしれない。

多村、金城、岩村、新井、里崎ら、代表経験がない選手たち。アテネ五輪の代表に選ばれていた相川は、チームメイトで同級生の多村、金城がいたため、このグループにいることが多かった。

そして青木、川﨑、今江、西岡といった、若い選手たち。

宮本は全員の選手たちに目を配って、声をかけてまわっていた。

イチローは、選手たちとの距離をどう取るべきか、様子を窺っているようだった。

チーム最年少、一九八四年生まれの西岡剛は、初日のミーティングの様子をこんなふうに受け止めていた。

「僕は初日でこのチームはまとまれるなと思いましたね。選手だけのミーティングがあったりもしたんですけど、そのとき、イチローさん、宮本さんがチームの先頭となって、二人で僕らを引っ張ってくれる感じがしたので、この人らについて行ったら、大丈夫なんだなっていうのは思いました。それは僕だけじゃなくて、イチローさんが発する言葉はみんなが興味を持ってましたから、全員が集中してましたしね。チームっていうのは、やっぱりそういう人が一人いたら、まとまるんです」

ミーティングで最前列に座ったイチローは、こう言った。

「選手一人一人が集中して、この日の丸の重みを感じて試合に臨まないと勝てないから」

宮本はミーティングでの発言を控え、選手に直接、声をかけた。一人一人の顔を見て、何か悩んでいると思ったら声をかける。たとえば、西岡にはこう声をかけている。

「日の丸は重たいけど、緊張していてはプレーに差支えがあるからな。お前の持ち味は思い切りだから、お前の思い切りを出して試合に臨めよ」

福岡合宿に集まった初日の練習。

初めて代表入りを果たした選手たちの動きがぎこちない。

多村仁は、どう動いていいのかわからず、戸惑っていた。

「オリンピックに出た選手もいましたけど、代表は初めてという選手が多かったので、みんな勝手がわからず、どうしていいのかって思っていたんです。それが動きに出ていたのかな（苦笑）。次にどうすればいいのかとか、そういうことがわからなかったんで、戸惑いましたね」

イチローは同い年の松中に会うと、開口一番、こう言った。

「おおっ、マツ、頑張ってるなあ」

同級生とはいえ、プロに入ったときにはすでにスーパースターだったイチローから気さくに声をかけられたことは、松中にとっては誇らしくもあった。

「イチローは、三冠王を獲った松中がどういうバッティングをするんだろうって見てくれたと思うんです。僕もイチローのことを見ていたし、そういう意味で、スーパースターに少しでも近づけた自分がいるっていうのは嬉しかったですね。僕がプロに入団したとき、同級生だってことは知っていても、彼は相手にもしていなかったでしょうし（苦笑）。だから彼に『頑張ってるなぁ』って言ってもらったことで、自分も成長してるんだなというふうに思えましたね」

とはいえ、それだけで終わらないところがイチローの真骨頂だ。

「マツ、イップス（野手が投げられなくなってしまうこと）なんだって（笑）」

「えっ、うん、そうなんよ」

傍らでやりとりを聞いていた川﨑は、このイチローの一言に仰天した。ホークスの至宝に向かってこれだけの直球を投げ込むイチローというのは、いったい何者なのかと――。

「イチローさん、何を言うんだって、マジ、ビビりましたよ（笑）」

そうやって選手たちとの距離を縮めようとする一方で、イチローは、まず〝動き〟で選手たちの目を釘付けにした。

王監督にとって驚きだったのは、初日のランニングだった。

「福岡ドームで集まって、みんなで頑張ろうと話をして、外野へ行ってウォーミングアップをしたあと、さぁ、揃ってランニングってときだったかな。普通、あれだけのメンバーが集まれば、なんとなく走りそうなものだけど、いきなりイチローが全力疾走だったんだよ。選手たちは度肝を抜かれたんじゃないか。僕はそれを見て、ああ、リーダーは決まったなと思ったよね」

川﨑はアップから全力で走るイチローに向かって、「全力で走るなんて、あり得ないっすよ」と驚きの声をあげていた。

イチローはチームで集合するたびに、「今日もみんなで気合い入れていこう」と声を発した。どんな大会かもわからない、選手の能力もイメージできない、まして顔も知らない選手が半分もいる――そんな不安を払拭し、チームをまとめるためにイチローが仲間に示そうとしたことは、いたってシンプルなことだったのだ。

「アップのときには全力で走るとか、早く来て個人で練習しているとか、そんなことは僕にとって当ったり前のことで、特別でもなんでもないんですけど、それをみんなが特別視してくれたことは大きかったような気がします。ムネ（川﨑）も驚いてましたけど（笑）、僕にとって、すべては野球が好きだからってことなんですよね。何かしらの責任感から練習をやる人とか、野球を仕事だと割り切ってやっている人もいるとは思いますけど、僕は『野球、好きだから』ってところが原動力になっているんです」

王監督は、そんなイチローの姿を頼もしく見つめていた。

「あの初日の全力疾走も、そのときに思いついたんじゃなくて、ずいぶん前からそうやって自分がこのチームを存在そのもので引っ張ろうという意識を持ってたからなんだろうね。あれで川崎とか西岡とか、ビックリしてビューって全力疾走してたからね（笑）。あのとき、チームの勢いは決まっちゃったし、チームリーダーもイチローだって決まったよね。こっちから、イチローをキャプテンにとか、リーダーとしてって話をしようと思っていたけど、言う必要がなくなっちゃったんだよ。彼が自分であの一本のヨーイ、ドンのスタートをして決めちゃったんだから。他の選手も自然とそれを受け入れたしね」

王監督は、イチローにある頼み事をしていた。

「メジャーのストライクゾーンはアウトコースが広いのか」

「（審判によって）個人差がありますよ。ツーストライクを取られたら、ボールと思ってもストライクを取られますから、追い込まれるまでが大事になりますね」

「アメリカで五年やって、メジャーの連中はやっぱりすごいと感じるのか」

「すごい選手もいますけど、そういう選手は少ないですね」

「我々はどうしてもメジャーリーガーに対しては過大評価しちゃうところがあるからな。そうやって、イチローが見て感じたアメリカの野球像っていうのをできるだけみんなに話してやってくれないか」

「わかりました」

日本代表に選ばれた選手とはいえ、アメリカでプレーしたことのない選手たちにとっては、メジャーリーガーを見上げてしまう風潮は依然として根強い。日本代表の選手たちのなかにはオリンピックで国際舞台を経験してきた選手がいたとはいえ、メジャーリーガーとの真剣勝負は初めてのことになる。そういう意味で、野手陣にイチロー、投手陣に大塚晶則という、メジャーリーガーを肌で知り尽くしている二人がいてくれたことは心強いことだった。

大塚は、投手陣に対してアメリカの環境、とりわけアメリカのボールの扱い方からメジャーのバッターの特徴、ストライクゾーンやロージンバッグ、マウンドの違いまで、いろんなことに気を配ってアドバイスしていた。

「僕はいつもメジャーの強打者と戦っているので、彼らのことを憧れとかすごいという目では見ていません。だから、敵としてどう抑えるかという気持ちで対等に戦っていけると思います」

大塚が福岡ドームのトレーニングルームに顔を出したときのことだ。そこに、和田毅がいた。大塚と和田毅はそれまで話したことがなかった。しかし大塚は、細身の和田毅の体格を見て、開口一番、こう言った。

「和田君、そんな身体でよく投げられるね（笑）」

苦笑いをしながら挨拶を返した和田毅に、大塚はこう続けた。

「和田君はどんな練習、してるの」

和田毅は、メジャーリーガーの貪欲な姿勢に仰天したのだという。

「大塚さんって険しい表情で投げてるし、もっと寡黙で厳しい人だと思っていたんですけど、すごく和やかな雰囲気の方でビックリしました。スギ（杉内俊哉）にも『どうしてあんなにリラックスして投げてるのにコントロールがいいの』って聞いて、それをさっそく取り入れてたり、ストレッチとかサプリメントにも研究熱心で、さすがだなと思いました。僕も、メジャーのボールは日本のボールよりも滑るんで、滑らない方法を教えてもらったりしました。とにかく、僕らが困っているのを見たら、すぐにいろいろなアドバイスをくれましたね。僕らに気を遣わせないように一生懸命、周りとコミュニケーションをとって、ピッチャー陣をまとめようとしてくれました」

大塚は、その意図をこう話してくれた。

「僕は知ってることは教えてあげられるんで、何も隠すことなく、彼らが聞きに来れば教えましたし、聞きに来る前にも気がつけば『これはこうした方がいいぞ』ってことをアドバイスしました。だって、初めてアメリカで野球の試合するわけですし、メジャーの選手に対して投げるわけですからね。しかもあのアメリカ特有の硬いマウンドでは、絶対に違和感があると思うんですよ。僕も最初はそうでしたから。慣れない環境で、自分の一〇〇パーセントの力を出し切るのは難しいと思ったんです。上原とか松坂は国際経験もありますから大丈夫だと思ったんですけど、他のピッチャー、とくに（渡辺）俊介なんかはアメリカで投げたことがなかったでしょう。きっと、ビックリすると思ったんです」

そして、大塚は松坂にもこんなアドバイスをしていた。

「内角はベースの上にボールが完全に乗っかっていればストライクだけど、半分だけだったらボールになるからね。かといって、甘く入ったら一発打たれるコースになっちゃうから……まぁ、大輔なら大丈夫だな。レンジャーズで待ってるよ（笑）」

そして、ランニングでは先頭に立ったイチローは、ダッシュも最初の組に入り、フリーバッティングでは福岡ドームのライトスタンドへ立て続けに叩き込んだ。外野の守備練習では、いくつかの約束事も確認しあった。

このチームでのイチローの立ち位置をもっとも象徴していたのは、イチローがライトからホームへ送球したときのことだった。その球質を見た選手たちからどよめきが起こったのである。プロの選手がプロの選手のプレーを見て起こるどよめきを、初めて聞いた。谷繁でさえ、こうだった。

「イチローは（送球の）球足が長いよなぁ。ボールがなかなか落ちてこない。なぜかというと、ヒジの使い方や肩の回りが柔らかいからだよね。あれは持って生まれたものだな。なかなかあそこまでヒジを使ってスローイングできる選手はいないからね」

松中、宮本、谷繁あたりが、イチローのバットを持って何やら話している。

「どういう感覚で打っているの」

「日本でプレーしているときは芯だけで打たなくてはいけないと思ってましたけど、アメリカに行くとそれではダメですね。バット全部を使って打たなきゃいけないんで……」

今江は、イチローのバッティング練習での打球がほとんど右方向に飛んでいることを意外に思って、イチローに訊ねた。

「今までの考えだと、日本では逆方向（右バッターなら右、左バッターなら左方向）に打った方がバットが内から出てることになるからいいって聞いてたんですけど、イチローさん、ほとんど引っ張りますよね」

「自分のポイントで打ってるだけだけどね。インサイドアウト（ヘッドが遅れて出てくるために、ボールの内側を叩けるバットの使い方）のスイングは基本だから、あとはコースによって右に打つこともあるし、左に打つこともあるし……バッティング練習だったら、ほとんどは引っ張ってるよ。そういうボールを無理矢理、左方向へ打とうという意識はないからね」

やがてイチローは、松坂を見つけるとこう言った。

「お前、ナメてるだろう」

苦笑いを浮かべながらも、唐突な言葉にどぎまぎしている松坂に、イチローは追い打ちをかける。

「お前、わかるぞ。深いところでナメてやってるだろ。自分の気づかないところでナメてるな」

この言葉、イチローが松坂に対して、「お前は野球をナメてる」と指摘したように受け取られているが、実際はそうではない。イチローが松坂にナメてるだろ、と言ったのは、野球のことではなく、日本のあるバッターのことだった。

松坂が言う。

「僕、確か『ナメてませんよ』って言ったと思うんですけど、イチローさん、『いや、お前と上原は絶対にナメてる』って言われちゃって。しきりに『ナメてんだろ』って言われましたね。上原さんは言い返してましたけど（笑）、僕は言い返せませんでした。だって、ああ、そういうふうに見えるのかなぁってところはあったし、確かにそうだなっていうか、そう思われても仕方ないところもあったし……イチローさん、さすがだなぁって思いました。でも、ナメてるっていうのはバカにしてるとかそういうことじゃないですよ。もちろん、野球をナメてるってことでもないんです。僕は野球はナメてやってませんから」

イチローが松坂や上原に言いたかったことは、上を見るがあまり足元が見えなくなってはいけない、ということだった。メジャーを目標にするのはいい、でも目の前の目標を一つずつ、クリアした結果としてメジャーに辿り着くのが理想であって、一足飛びに先を見ていてはろくなことがない、と言いたかったのだ。イチローはこの言葉の意味を、こんなふうに話していた。

「何かを目的にやることと、結果的にそうなったということは違うんですよ。（テレビドラマ『白い巨塔』の）里見と財前じゃないですけど、財前は教授になるということを目的にして、そのためにはこういう医療は効果的だとか、そういうふうに考えていましたよね。里見は医療そのものが目的で、現場での経験を積み重ねていくことで結果的に教授になる、そういうふうに考えていたでしょう。僕は財前のことは好きですけど、他人のこととなると、財前ではなくて里見を求めちゃう（笑）。財前のようなやり方をすると周りはギスギスしてきますよ。里見が言うように、教授になるのは目的じゃなくて、結果だと。それは確かにその通りで、そうなって初めて人間的な魅力がついてくるという順番なんじゃないかと思いますね。だから大輔も、メジャーに行きたいという結果だけを求めるんじゃなくて、ちゃんと足元を固めたらそうなったと感じていて欲しいと思っていました。もちろん、メジャーを意識していれば、ＷＢＣをステップアップにと考えてもおかしくないとは思います。でも、結果的にステップアップになればいいという気持ちを持っておかないと足元が見えてないことになってしまう。大輔に『お前、メジャーにアピるつもりか』と言ったときのアイツの反応、自然でしたよ。足元が見えているような振る舞いはできるようになったんだな、と思いましたね（笑）」

松坂は、そんなところを見抜いてしまうイチローに恐れ入っていた。

「日本ではもう一つ、モチベーションが上がらない状態で投げてたのは確かですから、そこを見抜かれてたのかなぁ。イチローさんがいたことによって保つことができていたモチベーションが、あの人がいなくなったことによってなくなってしまった。チームで優勝すること以外、別の楽しみがなくなってしまったから、どこかおもしろくないなって気持ちはありました。もちろん、野球は好きで、楽しくてやってるんですけど、なんかどっか、おもしろくないなっていう……だから、（日本の）バッターをナメているような雰囲気を感じられてしまったんじゃないですか」

ほんのわずかの間にイチローが蒔いた種は、どれも土のなかに確実に根を張り始めているようだった。

素直にイチローに甘えてくる選手もいれば、なかなか飛び込んでこない選手もいる。その理由がただ素直になれないだけだからという選手もいれば、明らかに斜に構えた選手もいた。たとえば、福留にイチローをどう思うか、聞いてみたことがあった。すると彼は「実はどこが凄いのか、あまりよくわかんないんですよね」と、言ってのけた。

「そういえば、そんなふうに言いましたね（笑）。確かにイチローさんの投げるボールは回転もきれいだし、強い球を投げるんですけど、でも、僕らも同じプロ野球選手ですから、ビックリするほどじゃないってことが言いたかったんですよ。だって、僕にもああいうプレーはできると思いましたし、自分にできることを凄いとは思わないでしょ。だから一つ一つのプレーが特別に凄いというのではなくて、プレーの中でイチローさんが持ち続けるモチベーションとか、そういうメンタル面の凄さはよくわかるし、確実だというのも間違いないと思うんです。ただ、練習のワンプレーを見ただけで凄い凄いっていうんじゃ、あまりにも悲しいじゃないですか」

年齢を問わず、日本代表の選手たちはイチローを意識した。素直に何かを聞いてくる選手もいれば、遠巻きに見ている選手もいた。メジャーのスーパースターが放つオーラを、彼らは否が応でも意識させられた。だからこそ、イチローの放った眩いばかりの輝きは両刃の剣でもあった。そのことをよくわかっていたのは、アテネ五輪でキャプテンを務めた宮本慎也だ。

宮本は、福岡でイチローを食事に招いた。宮本には意図があった。

「今回のチームは、彼がどういうふうに行動を取るかで決まると思っていました。もし彼が雲の上のイチローであり続けたらダメだろうし、雲の上から降りてきてくれれば、まとまるかもしれないと……正直、僕でも目の前にイチローがいたら『あっ、イチローだ』って思いますから（笑）、若い選手はもっと思いますよ。それをね、話しておきたかったんです。実力的にも申し分のないイチローがその役をやってくれれば、みんなも聞くでしょうし。イチローも普通に話してみたら、その辺のあんちゃんじゃないですか（笑）。だから僕は、一緒に食事をしたあとは、そういう不安はなくなりましたね」

宮本は、食事の席でイチローにそんな話をした。

「だから、イチローの方からみんなのところへ降りてきてほしいんだよな」

「でも、僕は今まで全部、〝副〟でしたから……副キャプテンとか、副委員長とか。そんなのばっかりでしたから、それは宮本さんがやってくださいよ」

「オレは無理だよ。監督からは何も言われてないし、アテネ（五輪）のときのメンバーのままだったらやりやすいけど、半分以上、違うわけだし。オレがそうやって勝手に発言することで、いくらイチローがやってくださいって言ってくれたとしても、『調子に乗ってやってるよ、ここはオリンピックじゃないぞ』って思う人も出てくるからな。オレと谷繁と、あとはベンちゃん（和田一）なんかがお前をサポートするから……」

しかし、イチローは宮本の話に曖昧な返事をしただけだった。

「だって、僕にはそんな（降りていくという）発想はありませんでしたから。別に降りていくとか、そんなふうに考えなくても、どう考えたって僕が（リーダー役を）やんなきゃいけないという雰囲気はあったじゃないですか。だから僕は、このチームがまとまっていくために、全体の流れに何となく入っていくことだけはやってはいけないと思っていたんです」

普通に振る舞えば目立つことを承知の上で、イチローはあえてアクセルをゆるめることをしなかった。日頃は表に出そうとしない一面を隠そうとしなかったのだ。だから、イチローは変わった——そう言われた。自信を持って振る舞えたのは、宮本がイチローの背中を押してくれたからだった。宮本は言う。

「イチローの行動を見ていたら、意識を持ってやってくれていたと思います。練習態度もそうですけど、選手たちに話をするタイミングにしても、僕が『みんなを集めて話した方がいいんじゃないか』って言ったとき、『じゃあ、宮本さんが言ってください』っていうようなことは一度も言いませんでしたから。そこで自分が言うってことは、自覚してやってくれたってことですよね」

王監督、チームリーダーのイチロー、それを支える宮本。そして、投手陣をまとめる大塚。日本代表の骨格はできつつあった。福岡での一週間、イチローは何人かの選手と食事をして、その距離を縮めようとしていた。否応なくイチローが主語になってしまうチームで、他の選手たちもそれぞれの距離をどういうふうにとったらいいのか、様子を窺いながらも、徐々にイチローに引っ張り上げられているようだった。飛び散って、細かい粒になってしまった水銀が、イチローという大きな粒に吸い寄せられるように、次第に一つになっていく。しかしこの頃はまだ、イチローはこのチームが一つにまとまっていく実感を抱くことはできないでいた。

「どうしようもないですよ。練習では限界がありましたし、本番のゲームでしか縮まらないものなんだと思いました。それは、しょうがないですね」

7

意外な落とし穴があった。

コーチの存在である。

日本代表のコーチは、鹿取義隆、大島康徳、辻発彦、武田一浩、弘田澄男の五人が務めていた。鹿取が投手、大島が打撃、辻が内野守備・走塁、弘田が外野守備・走塁、そして武田がブルペンを任されていた。大島はファイターズの監督経験もあり、鹿取はジャイアンツでヘッドコーチを務めていたこともある。しかし、日本代表コーチの経験を持つ者は皆無、武田はコーチの経験もなかった。

驚くべきシーンに遭遇したのは、福岡合宿の初日だった。

選手たちが一通りのメニューを終えたあと、イチローがフィールドの上にふたたび姿を現した。居残りのバッティング練習を行うためだった。バッティングピッチャーがスタンバイして、ボール拾いの学生が外野に散る。イチローは、柵越えを連発。選手たちもイチローの迫力あるバッティング練習に見惚れていた。

「ありがとうございました」

イチローがそう言って頭を下げた瞬間、大島コーチが大声で叫んだのだ。

「お疲れさーん、みんなーっ、やっと終わったぞ〜っ、これで帰れるぞーっ」

耳を疑った。

これは、日本代表の練習だ。まして、打っていたのはイチローである。やっと終わったとは何事か。まして、これで帰れるというのはどういう発想なのか。

大島コーチだけではない。イチローに記念写真を求め、山積みのサイン色紙をお願いしていたのは、紛れもなく日本代表のコーチたちだった。

なぜ、彼らはそんな振る舞いをしていたのだろうか。王監督はこう話していた。

「まだ僕が想像つかない緊張感なんだけど、いざアジア予選、アメリカでの本戦に行ったときの緊張感というのはペナントとは全然、違うと思うんだよね。そういうプレッシャーの中で、選手たちに悔いを残させたくない、思い切りやってほしいということで、アメリカだとかドミニカが相手だから力が出なかったというようなことにならないための環境作りをしたかったんだ。そういう意味を含めてね、今度のコーチ陣にはムードをうまく盛り上げてほしいということで彼らを選んだんだよ。あの段階で、しかもいろんな制約を受けた中ではベストのコーチを選べたと思うよ。大島は明るいし、選手に冗談言ったりね。イチローあたりはずいぶん取り込んでたんじゃないかな。イチローがどう思っていたかは知らんけど（笑）。そもそも技術を教える必要はない選手たちなんだから、むしろ、ムードメーカーが必要なんだよ」

しかし、もしコーチたちの振る舞いが演出だったとしても、監督が背負っていた責任、選手たちが背負わされたプレッシャーに比べれば、明らかに場違いのムードを演出しようとしているようにしか見えなかった。

誤解しないで欲しいのだがコーチたちの人格を否定しているわけではない。彼らにも相応のプレッシャーはあったに違いない。王監督から「チームの雰囲気を和やかにしてくれ」という要求もあっただろうし、そうやって選手たちをリラックスさせようとしていたのも確かだろう。ただ、ここは日の丸を背負った日本代表の戦いだ。コーチ経験のない武田コーチをブルペンに配していたのも正直、疑問に感じたし、他は指導者としての経験も豊富な面々であるが、国際舞台での経験者はいなかった。ユニフォームを着ていないOBの中から選ばなければならないという限られた中での人選だったことはわかるが、せめて選手としてでもいい、もちろんコーチとしてでもいいから、国際舞台の経験がある人材を据えるべきではなかったか。

今の選手たちは、国際舞台の経験が豊富だ。

たとえば、今回のWBCでオリンピックの日本代表に入った経験のある選手が何人いるかといえば、実に半分の一五人に上る。彼らは、プロ野球のペナントレースとは違う、もちろん日本シリーズなどの短期決戦とも違う、絶対に負けられない日本代表の試合の独特の緊張感を体験してきている。

そういう世代の選手たちに比べて、一九五〇年代に生まれた（弘田コーチは一九四九年、武田コーチは一九六五年生まれではあるが）コーチ陣にはそういう経験が皆無だった。

もう一世代下の一九六〇年代生まれとなると、たとえば公開競技として初めて野球が開催されたロサンゼルス五輪の代表に選ばれた選手たちが出てくる。当時は社会人もしくは大学生だった伊東昭光や宮本和知、正田耕三、和田豊、広沢克己、秦真司らはすべて一九六〇年代の生まれだ。さらにソウル五輪の代表にアマチュア時代に選ばれた野茂英雄、潮崎哲也、吉田修司、古田敦也、野村謙二郎、苫篠賢治らも、揃って一九六〇年代生まれである。杉浦正則、伊藤智仁、杉山賢人、大島公一らが名を連ねたバルセロナ五輪には、一九七〇年代に生まれた小久保裕紀も入ってきた。アマチュアだけでチームを組んだ最後のオリンピックとなったアトランタ五輪の主力は、ほとんどが一九七〇年代の選手たちだ。WBCの日本代表にも選ばれている松中、福留はアマチュア時代にアトランタ五輪に出ているし、三澤興一、川村丈夫、今岡誠、井口資仁、谷佳知といった七〇年代の選手たちが並んでいた。

そして、今回のメンバーも、松中、福留の他に、上原、松坂、和田毅、黒田、清水直、渡辺俊、杉内、石井弘、相川、谷繁、小笠原、和田一、そして宮本と、実に一五人がアトランタ、シドニー、アテネ五輪の、本戦もしくはアジア予選のいずれかを経験していた。

彼らは、国際舞台の難しさを熟知している。実際、宮本が日本代表の心構えについて、「代表戦にリラックスはいらない」と話していたことがあった。

「みんな、追い詰められて、プレッシャーをなんとか自分で消化しながらやっていくしかないということを知っているんです。リラックスなんて、できませんから。みんな、何かしらの不安を抱えながら試合に臨むんです。僕らには、代表戦は入り込んで戦うものだっていう経験がありますからね」

この話をコーチたちが醸し出そうとしていた雰囲気に照らし合わせてみると、日の丸を背負うプレッシャーと対峙して、それを乗り越えようと戦っているときに、変にリラックスさせようと茶化されても、調子が狂うだけだろう。国際舞台の経験、立ち向かおうとしている相手の大きさ、負けられない気持ち——背負っているものの重さが、王監督や選手たちに比べて、コーチからは感じられなかった。

忘れられない光景がある。

あれは、アテネ五輪で銅メダルを獲得した直後、日本代表が宿泊するホテルでのことだった。長嶋茂雄監督が病に倒れ、監督代行を務めた中畑清ヘッドコーチが報道陣の集まるテラスへ下りてきた。中畑コーチは開口一番、こう言った。

「いやぁ、全勝しなくてもよかったんだよな……」

このときも、耳を疑った。

いや、もう少し正確に言えば、やっぱり、そうだったのか、と全身の力が抜けた。予選から全勝を狙って無理をした挙げ句、銅メダルに終わったことを後悔しているとしたら、あまりにオリンピックの戦い方を知らなさすぎる。シドニー、アトランタ、バルセロナの指揮を執ったアマチュアの首脳陣に、国際舞台の戦略、戦術を訊きに行くという勇気があれば、そんな悔いを残さなくても済んだはずだった。

具体的に振り返ってみよう。

もっとも異を唱えたかったのは、予選最後となったギリシャ戦だった。先発が中三日の清水直行。これは三浦大輔（横浜ベイスターズ）の状態、岩隈久志（当時、近鉄バファローズ）の体調を考えれば他に選択肢はなかっただろう。問題は、それまでの六試合と同じ不動のオーダーを組んできた打線である。

この時点で、日本とキューバは五勝一敗、カナダとオーストラリアが四勝二敗。この二チームは直接対決を控えていたため、どちらかが必ず三敗目を喫する。つまり日本の予選三位以上はすでに決定していた。キューバの最終戦の相手が格下のイタリアであることを考えると、日本が予選を一位で通過するためにはギリシャに勝たなければならない。

しかし予選を一位で通過した場合の準決勝は酷暑のデーゲームで、相手はカナダかオーストラリア。日本がギリシャに敗れて二敗目を喫しても、準決勝の相手は変わらずカナダかオーストラリアではあったが、涼しいナイトゲームで戦える。

もちろん、わざと負けるべきだったと言っているのではない。準決勝からナイトゲームが二試合続けば、リズムとしては楽だろうが、デーゲームで勝って先に決勝進出を決めれば、第二試合で戦う本気の相手をじっくり分析できる。どちらにもメリットはあった。

問題は、ベンチが二四人の戦力をどう生かそうとしていたのかというところにある。国際舞台では、負けてもいい試合というものが存在するのだ。そういう試合でレギュラーを休ませ、控えの選手をスタメンに起用することは、常套手段である。たとえば城島健司、中村紀洋、高橋由伸の三人を、相川亮二、金子誠、村松有人に代えてもよかった。それで勝てばいいし、負けても準決勝はナイトゲームで、キューバ以外の相手と戦える。

結局、「九戦全勝」を掲げたプロのプライドが邪魔をしたのである。

オーストラリアは準決勝で日本と戦いたいがためにカナダに大敗を喫した。日本の選手はナメられたと怒りさえ覚えた。こんなチームに負けてたまるかという気負いが、準決勝での完封負けにつながってしまったのだ。中畑ヘッドは大会後、二つのことで悔いを残したと言った。

一つは予選一位通過のメリットが何もなかったのにそれにこだわってしまったこと、もう一つは九戦全勝を掲げたことで準決勝の時点でかなりの疲弊を招いてしまったこと。

長嶋監督が倒れたことで突然、指揮を執れといわれ、最後まで立場が曖昧だった中畑ヘッドには同情すべき点は多かったが、それでもオリンピックの戦い方という点に関して、日本は明らかにプロではなかった。

WBCの日本代表が練習していた福岡ドームに、中畑清が取材に来ていたことがあった。その中畑に、アテネでの経験を今回の首脳陣に話したりしないのかと訊ねてみた。すると、中畑は「彼らは王ジャパンのコーチだから。もちろん、聞きに来てくれればいくらでも話せるけど、こちらから話に行くということはできないよ」と言っていた。アテネでコーチを務めた大野豊、高木豊にも同じような質問をぶつけてみたが、やはり同じような答えが返ってきた。国際舞台の豊富な選手たちが、国際舞台の経験のないコーチたちの、場違いな演出に戸惑うのも、無理はない状況だった。

実際、選手たちにも危機感は広がっていた。

最初に声をあげたのは、アマチュアとしてアトランタ五輪に、そしてプロとしてシドニー五輪に出場している松中だった。

「福岡の合宿で、危機感がないのを感じたんです。申し訳ないんですけど、笑いを取ろうとする雰囲気なんかいらないのに、なかにはそういう空気もあった。日の丸を背負って戦うには厳しさが必要なのに、和やかさというか、緊張感の感じられない雰囲気があったんです。だから宮本さんが僕に、『松ちゃん、どう思う』と訊いてこられたので、僕も『あんまり雰囲気はよくないですね』という話はしました」

松中は宮本に声を上げるように頼んだ。宮本は言った。

「オレが行動することはできないけど、最善は尽くすよ」

宮本は、イチローを前面に立てるしかないと考えた。そこで、イチローにこう言った。

「イチロー、お前から話してくれ」

同じような危機感を持っていたイチローは、ミーティングで選手たちの前に立つことにした。谷繁も、イチローの背中を押していた。

「宮本とイチローを前に出してやっていこうと話をして、後ろで助けられることがあったら助けてやろうということです。何かあったらいつでも言えよ、と」

福岡でイチローが最初に選手たちを集めて話したのは、このことだった。

二月二四日、日本代表が挑んだ最初の実戦。一二球団から選ばれた日本代表選抜との試合前、イチローは選手の前でこう言った。

「今日から行こう。今日から真剣に行こう」

イチローは、緊張感の欠けるコーチに引きずられないよう、自覚を持ってやろうという主旨の話を選手たちにした。松中が言う。

「イチローが選手を集めて話してくれたことで、チームとしてはギュッと締まった感じがしました。あのあと、『よし、やるぞ』ってことを再確認できましたし、このチームはイチローが先頭に立って、宮本さんがサポートする、さらにその後ろで谷繁さん、和田（一浩）さん、もちろん僕もサポートするという共通認識を持てましたね。やっぱり、イチローのことを憧れの目で見ている若い選手にしてみれば、イチローから言われれば『そうだ』っていうことになるし、影響力が違いますから」

サポート役に徹していた和田一は、アテネ五輪を経験している。和田一はオリンピックのときとの違いをこんなふうに感じていた。

「アテネのときは、日本が横綱でしたから。キューバか日本が東西の横綱でしょう。でも今回のWBCっていうのは、メジャーの凄い選手がいて、僕らは横綱というより、憧れのようなものが入っていたかなっていう、精神的な部分で違うところがありましたね」

宮本も、同じような思いを抱いていた。

「何が足りなかったのか、何が必要だったのかというと、やっぱり日の丸をつけて、日本の代表として戦う気持ちが薄いように感じたんですね。WBCの場合は世界中から本物が出てくる試合でしたし、日本代表としても、負けても言い訳がつく試合とでも言いますか……例えば今回で言うと、クレメンスあたりがもし日本戦で投げて、ピシャッと抑えられたら、『しょうがなかった』で済んだと思うんですよ。だから、どこかに逃げ道があったのかもしれませんし、そこが全部勝たないと文句言われると思わされていたオリンピックでの緊張感とは違うところでしたね。自然と追い詰められた状況とか環境が、最初の頃は薄かったように思います」

皮肉なことに、そんなコーチ陣への危機感が、バラバラだった選手たちを一つにまとめる最初の導火線となったのである。このことを通じて、イチローは自他ともに認める日本代表の中心に立つことになった。

日の丸を背負った、イチロー——最初にそのユニフォーム姿を目撃したのはフィールドの上ではなかった。二月二〇日、福岡合宿の直前、神戸での最後の練習のときのことだ。練習を始める前、ウエイトルームにいたイチローは、届いたばかりのジャパンのユニフォームに袖を通してみた。ユニフォームの上下を揃って身につけたのは、これが初めてのことだった。イチローは嬉しそうに鏡の前に立って、「どうかな」とはしゃいでいた。ストッキングをヒザのすぐ下まで出すクラシックなスタイルも新鮮だ。そうしようと思いついてから、ユニフォームの丈の長さをいくつも試してみたというのも、いかにもイチローらしい。

「ジャパンのユニフォームを見る前から、自分の中でイメージしていたんですけど、それがクラシックなスタイルだったんです。僕の中で、日の丸を背負うというのは日本の心を持って臨むということだと思っていましたし、意識の中から薄まっていく大事なものを思い返したいという気持ちはあったかもしれません。それがあのスタイルであり、日の丸の重さだったんじゃないかと思います」

プロ野球選手として、勝つだけではなく、綺麗だなとか凄いなと感じてもらえるようなプレーをしたい——イチローはそう話していた。意識の中から薄まっていく大事なものというのは、そういう美意識のことを指しているのだろう。彼は「日本人はこの方が似合うと思いますよ」とも話していたが、ダボダボのパンツが流行ったり、ストッキングどころかスパイクのカカトまでが隠れてしまうような履き方をしている選手が増え、日本のプロ野球選手のユニフォーム姿がスタイリッシュでなくなっていたことを、イチローはどこかで嘆いていたような気がする。

「野球の人気ということを考えるのならば、そこで選手たちがどういう立ち振る舞いをするかというのは大事だと思います。子どもたちに対しては、勝つだけじゃなくて、カッコいいなぁと思ってもらえなければダメなんです。真摯に野球のことを考えている選手たちが集まって、それでさらに勝てれば、子どもたちが野球に向いてくれるきっかけになる可能性は十分にあると思いますからね」

王監督は、日の丸への思いをこう語った。

「国っていうのは一つにはならんからね。言語も違う、文化、風習も気候も違って、それがよさだと思うんですよ。人によっては生きるにあたって自分の中で『よしっ』と思えるものが必要で、それがときには国であるというのはいいことじゃないですか。こんな時代だからこそ、日の丸のもとに一つになれるのはいいことですよね。監督としてもね、センターポールに日の丸が上がるところを見たいんです。選手たちがビールかけをするときの嬉しい顔を、見たいんですよ。それだけです。選手たちが喜んで抱き合って、ビールをかけてる顔をニコニコしながら見ていたいって、それが監督としての最高の夢なんですよ」

日の丸のもとに集まった三〇人の選手と、監督以下のチームスタッフ。その数だけ存在したであろう、さまざまな想いを内包したまま、日本代表がＷＢＣへ向けてようやくスタートを切ることになった。いよいよ、実践が始まる。

8

半年前、デトロイトの記者会見で配られたWBCの手帳を使う日がやってきた。

書棚の片隅から取り出して、まず最初のページには、日本代表のメンバーとWBCの試合日程が記載された新聞記事を貼りつけた。そして二ページ目には、WBCの特別ルールが記載された記事をスクラップした。そこには投手陣の起用法に影響を与える球数制限と登板間隔の規定、さらにはこのWBCで日本代表の行く末を大きく左右することになる同率チームの順位決定方法と、コールドゲームの規定が明記されていた。そして、三ページ目からは、A組からD組までの組分けと、各国の代表選手のメンバー表を貼りつけて、WBCの本番に備えた。

取材メモの一行目には、こう記してある。

『日本代表に選ばれた選手たちがどういう立ち居振る舞いをするか』

これはイチローの言葉である。

イチローはファンの声援に応えるとき、決して頭を下げず、必ず手を高々と掲げる。胸を張ったまま堂々と、手を掲げる。

「スタンドを全部見て、見上げて、自分の方がファンを見ているというイメージを持つようにしています。ファンから見られているのではなくて、僕がファンを見ている。声をかけてもらって頭を下げるか、それとも胸を張って右手を上げるか。この違いは大きいですよ。手を上げた方が、ファンからすればカッコいい存在に映るんじゃないかと僕は思います」

イチローは、球場のロッカーに入っても携帯でメールチェックをしている日本代表の若い選手たちに、少しばかり驚かされた。

「時代が違うとはいってもね、球場のエリアにいる間はねぇ。アメリカじゃあり得ないし、僕は携帯は球場には持っていかないからね。そういうところは違和感、あるなぁ。みんな、すごく気持ちがいいし、いい子なんだけど、もっとエネルギーを感じさせてほしいよね。野球のパフォーマンスとは別に、見られている意識というか、見られていることを跳ね返そうとする力を感じさせる選手は少ないかな。手を振られる、それで帽子を取って、頭を下げちゃ、つまらない。堂々と胸を張って、手を上げるだけの方が見る方を圧倒できるでしょう」

はたしてそういうオーラを放つ選手が、今の日本にどのくらいいるだろうか。そして、このWBCの舞台で、日本代表はどんな野球を披露することができるのか。

サンディエゴでの決勝戦を想像してみた。

キューバ、ドミニカ、プエルトリコといった中南米の強豪国から勝ち上がってきた敵を相手に、ここ一番でバッターボックスに立つ松中信彦や福留孝介。メジャーリーガーを相手にマウンドに立つ松坂大輔や上原浩治。西岡剛、川﨑宗則、今江敏晃、青木宣親といった若い選手が大舞台でどんなプレーを見せてくれるのか。そして、日の丸を背負ったイチローの立ち居振る舞い――どのシーンも見たことがないだけに、想像がつかない。

ＷＢＣは、二〇〇六年三月、ＭＬＢとＭＬＢ選手会の主催で、一六の国と地域が参加して行われる、メジャーのトップクラスの選手たちが初めて参加する初の国別対抗戦だ。

一六ヶ国が四つの組に分かれて総当たりのリーグ戦を行うのだが、日本はまず、東京ドームで韓国、台湾、中国と対戦することになっていた。この一次リーグ、アジアラウンドの上位二ヶ国が、カリフォルニア州アナハイムで行われる二次リーグへと進む。ここで上位二ヶ国に残れば、サンディエゴで開催される三月一八日の準決勝、三月二〇日の決勝へと進んでいくことになる。

日本代表、最初の実戦は二月二四日だった。

王監督は昼間、福岡の街へ出た。三月一四日はアメリカにいることがわかっていたため、バレンタインデーのお返しとしてホワイトデーの贈り物を手配しようとデパートへ足を運んだのである。律儀な王監督らしい気遣いだった。

この日の相手は、ＷＢＣの日本代表と壮行試合を行うために、一二球団から選ばれた選抜チーム。先発はダルビッシュ有（北海道日本ハムファイターズ）、スターティング・ラインアップには仁志敏久、清水隆行（読売ジャイアンツ）、井上一樹（中日ドラゴンズ）、ベニー・アグバヤニ（千葉ロッテマリーンズ）、村田修一（横浜ベイスターズ）らが名を連ねていた。

一方の日本代表は、スターティング・ラインアップをこのように組んできた。

一（右）イチロー

二（二）西岡　剛
三（三）岩村明憲
四（指）松中信彦
五（中）福留孝介
六（左）多村　仁
七（一）小笠原道大
八（捕）里崎智也
九（遊）川﨑宗則
（投）上原浩治

オーダーを組む上で、王監督はまず、一番のイチローと四番の松中を固定したいという考えを持っていた。

「こちらが思っていた人が全部出ているわけではないというのは残念だけど、今の日本の野球界のトップクラスが出てるわけですから、彼らの特徴を生かすということだよね。イチローのように塁に出る確率がものすごく高い選手を一番に置く。チームでも四番を打っている松中に四番を任せる。あとは、打率も高い、ホームランも打てる和田一と多村のどちらをレフトで使うか。川﨑、青木、西岡という足の使える選手をどう組み合わせるか。キャッチャーをどうするか……」

その観点から考えると、王監督はまず二番に西岡を、九番に川﨑を配して、足の速い二人でイチローを挟む形を作った。そして三番に岩村、五番に福留を持ってきたのだが、これではクリーンアップに左が三枚、並んでしまう。この日はレフトに多村を起用して六番に置いたが、理想的には右の多村か和田一を五番に置きたかったはずだ。

二番に入った西岡は、明確なイメージを持っていた。

「普通、二番バッターっていうのは、チームを支える存在ですよね。一番バッターが塁に出て、二番がバントでスコアリングポジションに送って、三番バッターが返して、四番がバーンと大きいのを打つ。それが野球の理想ですよ。でも、僕はそれ、全然、考えてません。一番が二塁打を打ちました、僕はセカンドゴロを打って、三塁へ送るっていう気持ちは全くありませんでしたから。一番が二塁打を打ったとしたら、僕はそのランナーをヒットで返したい。で、すぐに僕が盗塁を決めて二塁へ行って、三番に打ってもらって、僕がホームに還ってくる。僕は二番については、そういう攻撃的なイメージしか考えていませんでした」

日本代表、初めての実戦で、さっそくイチローと西岡の一、二番が機能する。

一回裏、イチローがダルビッシュのファーストストライクを打って出て、ライト前へ弾き返す。久々の日本での実戦で見せたイチローのあまりの打球の速さに、改めてナインは度肝を抜かれた。二番の西岡が初球をすかさずサードの前にセーフティバント。ノーアウト一、二塁とチャンスを広げて、三番の岩村のサードゴロで、それぞれが進塁。一死二、三塁で四番の松中。当然、前進守備の場面で、松中が放ったセカンドゴロに、三塁にいたイチローは躊躇なくスタートを切る。ホームへ滑り込んで、まず一点を先制。

さらに二死三塁となって、五番の福留のショートゴロがエラーを誘い、西岡がホームイン。イチローの音速ヒット、西岡のバントヒットのあと、クリーンアップが三本の内野ゴロを放って奪った二点は、王監督の目指した日本代表の持ち味を象徴していた得点だった。

さらに二回裏、小笠原、里崎が立て続けにヒットを放って、ノーアウト一、三塁で、バッターは九番の川﨑。川﨑は、一番を打つイチローの前に打席に立つ九番という打順を、こんなふうに捉えていた。

「イチローさんの前で僕が塁に出るというのは、ピッチャーにとって嫌だと思います。ランナーを置いてイチローさんに回るというのは、僕が内野手だったら一番、嫌なんです。イチローさんはバントはそう簡単にはしてこないし、打ってきたとしたらゲッツーを取れる位置を考えなければならないし……もし内野の間を抜けたら一、三塁になるリスクもあって、かといって一、二塁にしてしまうのはもっと嫌でしょうし。だから、イチローさんの後ろを打つ二番ももちろん大変なんでしょうけど、イチローさんの前を打つ九番という打順は、僕にとってはきついなぁって思ってました。ピッチャーにプレッシャーをかけないといけないし、でも、だからこそどんどん攻めていけるのは九番なのかなって思ったりもしたんですけど……」

その言葉通り、川﨑も初球を叩きつけるバッティングでショートの右を抜く。小笠原を返して、ノーアウト一、二塁で、一番のイチローにつなぐ。ダルビッシュはノースリーからファウル、空振りでツースリーまで追い込んだものの、結局、イチローを歩かせる。さらにワイルドピッチでノーアウト二、三塁となって、二番の西岡が左中間を破るスリーベースヒットを放った。ハイレベルなバッティング技術とスピードに、攻撃的な気持ちが生んだ積極性を加えて、日本代表の攻めのスタイルが、イチロー、西岡、川﨑の三人に凝縮されているようだった。

実はイチローは自分のあとを打つ二番のイメージを、西岡にこんなふうに伝えている。

「オレが一塁にいても気にしないで、初球からドンドン行ってくれ」

西岡は、この一言に救われた。ＷＢＣの序盤、西岡が勢いに乗れたのは、イチローのこの言葉があったからだったと言っていい。

「僕は、イチローさんがヒットで出たら、そのあとは盗塁することを考えなくちゃいけないと思っていました。だから、イチローさんが塁に出たらノーアウト二塁とか、ワンアウト二塁で回ってくるくらいのつもりで、イチローさんが一塁にいる時は待った方がいいのかなと気にしていたんです。でも、僕の持ち味っていうのはシーズン中でもそうなんですけど、ガンガン打っていく、いい球が来たら振るっていうスタイルなんです。調子が悪くなってくると僕はそれができなくなる。初球が打てなくなると、結果が出なくなるんですよ。だから、イチローさんのあの一言なしやったら、シーズン中のスタイルをそのまま日本代表に持ち込めなかったと思います」

そしてイチローは、試合後、こんなコメントを残している。

「西岡？　いやぁ、いい選手ですねぇ。やっぱり二番は日本人がいいなぁ」

実はその試合後、会見に臨んだイチローの声に仰天させられた。このときのことが、取材ノートにはこう記されている。

『かすれた声、あんなの初めて聞いた、ビックリ、「昨日、張り切り過ぎちゃってさ。今朝起きたらこんなんなってってビックリしましたよ。マツナカーッとか言ってたからかなぁ。ムネ、ムネ、ムネ〜って三回言っても、アイツ、聞こえないからさ。（部屋の乾燥が原因？）でも、加湿器は入れてましたよ。まぁ、僕は加湿器で捕まりましたからね（笑）。歌って踊れる野球選手を目指してたのに、これじゃ歌えないよ〜」とイチロー。声の出し過ぎと言ってたけど、疲れはあったはず』

なんと、イチローの声が、かすれていたのである。

選挙直後の候補者じゃあるまいし、あんな声になったイチローは初めてだった。しかも、試合後のイチローのコメントにしては、あまりにもテンションが高い。早い段階から体作りを始めていたせいで疲れがピークに達していたのか、それとも自然に入れ込んでいたのか——。

「でもね、もっと入れ込んでもよかったと思いますよ。緩い状態で入っていって、だんだん、これは違うぞ、というふうになるのが一番まずいですからね。でも、あの声には僕も驚きました。普段、声を出さないからなんでしょうけど、ちょっと、好きになりましたね。ああいう声になる自分のことを（笑）」

後日、イチローはこう話していた。ちなみに「僕は加湿器で捕まった」というのは、その二ヶ月前に放送されたドラマ『古畑任三郎』のことを指している。犯人役のイチローが、刑事の古畑に疑われるきっかけとなったのが部屋に置いた加湿器だったというわけだ。

ところでこの一二球団選抜との壮行試合の初戦、日本代表にとって重大な事件が勃発していた。

黒田博樹がケガをしたのである。

先発の上原浩治が五回を、二番手の清水直行が二回を抑え、八回からは黒田博樹がマウンドに上がった。黒田はノーアウト一塁で迎えた代打の大村直之（福岡ソフトバンクホークス）が放ったピッチャーへの打球を、右手の人差し指の付け根のところに横から当ててしまったのである。黒田はそのときのことをこう振り返った。

「グラブを出したんですけど、もう間に合わなくて……とりあえず打ったバッターをアウトにしなきゃってことで、そのままボールを探して一塁に投げたことは覚えてます。試合のときはボールが当たっても痛いという感覚はあまりないんですけど、場所が場所でしたし、腫れもあって内出血もしていたんで、ちょっとヤバイかなぁって気持ちはありました」

マウンドを降りる黒田の姿に、背筋が凍る思いをしていたのは首脳陣だけではなかった。ブルペンから黒田を送り出した相川もその一人だった。

「僕が知っているピッチャーの中で、あれだけ熱いピッチャーって他にいないんですよ。野球に対してもそうだし、私生活でもそうだし、ものすごく熱い思いを持ってプレーしているという点で、僕はプロ野球界で一番だと思っている人がクロさん（黒田）なんです。クロさんがいれば、ものすごく締まった感じになるし、一人だけ、クッとした感じの人ですから、こりゃ、ヤバいなと思いましたね」

試合後、黒田は福岡市内の病院でレントゲン検査を受けた。その結果、骨に異常はなく、右手人さし指内側付近の打撲と診断された。しかし、指にはボールの縫い目がクッキリと残り、投球再開までには二週間を要するということもつけ加えられた。普通に考えれば、一次リーグとなるアジアラウンドはおろか、アメリカでの二次リーグにも間に合わないことになる。王監督は言った。

「まずは様子を見よう」

しかし黒田は鹿取コーチに「中途半端なことはできません」と伝えた。

「右手はピッチャーにとっては命ですし、指というだけで恐怖感はありますよね。実は病院に行った後、『固定してくれ』と言われたんです。固定するってことは指を動かせませんし、ボールも使えない。当然、肩の筋肉も落ちてしまいますし、キャンプからピッチを上げてきて、体もできつつある段階でしたから、そこでボールを投げられなければ、また一からやり直しになってしまいます。そんな状態でWBCに参加させてもらっても、周りのピッチャーに迷惑をかけてしまいますし、自分で納得できるピッチングができる自信もありませんでした」

黒田の気持ちを確かめた鹿取コーチは、トレーナーとも相談した結果、黒田にこう伝えた。

「野球人生はこれだけじゃない、先のことを考えても、その方がいいんじゃないか。これから王監督のところへ一緒にそう言いに行こう」

黒田は辞退を決断し、鹿取コーチとともに夜、王監督の部屋を訪ねた。鹿取コーチは、同じピッチャーの立場から、不安を抱く黒田の気持ちを代弁した。

「監督、ピッチャーにとって右手は大切なものだし、そこにボールが当たってしまったというだけでしばらくは神経質になってしまいます。そこで投げさせてしまうと、この一年を棒に振る危険性だってありますし、先のある選手ですから、僕としても無理をさせたくないんです」

王監督は「わかった」とその申し出を了承した。もちろん、黒田は忸怩たる思いを抱えていた。

「そりゃ、簡単には割り切れませんでしたよ。行きたい気持ちは強かったので、甘えてしまいそうにもなりましたけど、日本代表に選ばれている以上は中途半端なことはできません。前回、アテネに行かせてもらった経験から考えても、二週間、まったくボールを握らずにあの場にいるのは辛かったと思いますし、そんなピッチャーを同行させておけるほど余裕のある大会じゃないと思ってましたから、そういう選手が一人でもいるとチームにとってマイナスになってしまうことは間違いありませんでした。しかも、そのチームは日本を代表するチームです。それだったら代わりの選手に一日も早く来てもらって、調整してもらわなければならないという気持ちもありましたし……だから短期間で思い切って決断できたんだと思います」

そんな黒田の部屋を、宮本が訪ねてきた。アテネ五輪でキャプテンを務めていた宮本は、黒田の存在感を十分に熟知していた。だからこそ誰よりも黒田の戦線離脱に危機感を抱いていたのだが、それでも宮本は黒田にこんな話をした。

「ケガだから仕方がないよ。お前が決断したことなんだから、オレたちは何も言うことはない。ただ、一緒にアテネに行った仲間として、一緒に戦えないのは残念だな」

「僕の気持ちも同じです。一緒にアテネで戦ってきて、日の丸を背負う辛さはわかっているつもりですし、やっぱりそんな中途半端なピッチングはできない大会だと思ってますから、残念ですけど、そう決断しました」

「わかってるよ、頑張ってくるからな」

宮本の言葉で吹っ切れた黒田は、野手ミーティング、投手ミーティングのそれぞれに出て、一言ずつ、仲間たちに言葉をかけた。

「こういう形でチームを離れることになってしまい、僕も無念です。投げられるかどうかもわからないのにチームにいちゃいけないんじゃないかと思うし、みんなに迷惑はかけられない。でも、絶対に世界一になって帰ってくると信じているので、期待して見ています」


この黒田の離脱は、戦術的にも精神的にも、日本代表にとっては大きな痛手となった。

戦術的な部分で言うと、まず黒田が期待されていたのは簡単に代えが効かない役回りだった。

王監督は福岡ドームで行うことになっていた壮行試合の三試合の先発を、上原、松坂、渡辺俊の順番でこの三人に託すと話していた。同時に、アジアラウンドも、この順番で先発させると公言していた。WBCの日程を見ると、試合の間隔から考えて先発投手は三人でまかなえる。

ただ、球数制限という特別ルールがあるため、いわゆる〝第二先発〟が必要となる。つまり、一三人のうち、先発は第一、第二あわせて六人。抑えが一人、残りの六人が中継ぎということになる。ただし、第一先発と第二先発の間は、イニングをまたげない場合、リリーフを挟むということなので、勝負どころでの中継ぎの人数も限られてくる。当初のメンバーから、それぞれの役割はこんなふうに予想された。

第一先発、上原浩治、松坂大輔、渡辺俊介。

第二先発、清水直行、和田毅、杉内俊哉。

中継ぎ、右が薮田安彦、藤川球児、左が藤田宗一、石井弘寿。

抑え、大塚晶則。

そして小林宏之と黒田博樹が、第一先発、第二先発、短いイニングのリリーフ、ロングリリーフと、なんでもこなすユーティリティの役割を担うはずだった。先発の代えはいても、ユーティリティの代えはそうそういるものではない。小林宏はマリーンズでは両方の経験があったものの、日本代表での経験はなかったし、黒田の代わりに黒田が果たすべき役割を担えるピッチャーは、一二球団を見渡しても、なかなか見つからない。黒田は自らが担っていた立場を、こう説明した。

「僕は、今回のWBCでは、壮行試合の段階で中継ぎだって言われていました。自分の中では、選ばれた以上は与えられた場所で誇りを持ってやりたいと思ってましたよ。カープのエースである以上、プライドは持ってますし、日本代表に選ばれた以上、本当に必要な選手でいたいじゃないですか。この選手がいたからよかったって思われる選手になりたい。日本代表には力のあるピッチャーがたくさんいますし、犠牲になるっていったらおかしいですけど、そういう役割も必要だと思うんです。全員が全員、先発ができるわけでもないし、全員が毎試合、いい場面で投げさせてもらえるわけでもない。短期決戦なんで、誰か一人でもそういう不満を態度に出してしまえば、チームとしてうまくいくわけないんです。言われたところで投げるというのもチームにとって大事だと思いますし、このピッチャーがいたら本当に助かるっていうピッチャーがいれば、チームにとってはすごくプラスになる。アテネではそういう存在になれたのかなっていう満足感はありましたからね。一発勝負の舞台では、意気に感じる使い方をしてもらった方が、僕も『よし、やってやろう』って思えるんです」

初のオールプロで臨んだオリンピックは、アテネ五輪だった。そのとき、日本代表は三〇歳前後のわりと年齢の近い選手たちで構成されていた。そのため、誰もがモノを言いやすい空気がすでにチームの中にできあがっている上、黒田博樹と木村拓也が実に重要な役割を果たしていた。

当時は五人で組んでいた先発ローテーションからは外れ、ロングリリーフ対応の難しい立場を余儀なくされていた黒田は、誰もが慕う誠実さで投手陣のリーダーとして盛り上げ役を務めていた。また、故障で出遅れた木村も、ユーティリティ・プレーヤーとして控えに回る地味な存在でありながら、裏方の仕事を進んで買って出るなど、チームには欠かせない雰囲気作りを担っていたのだ。

黒田には、WBCでも同じような役割が求められていた。それは黒田がタフであり、先発でもリリーフでもこなせる能力があるからに他ならないのだが、他に精神的な支えになってほしいという狙いもあった。実際、和田毅はこう話している。

「こういう大会で投手陣がまとまらないとしたら、普段は先発をしている人が中継ぎに回ったり、普段は抑えだけど中継ぎやセットアップをやったりする難しさがあるからでしょう。本当は勝ちパターンでいくはずのピッチャーが劣勢のところでいくとか、普段はロングリリーフで投げるのに左だけのワンポイントで投げるとか、世界大会ならではの使われ方ってあるじゃないですか。で僕だって、いつもは先発だけど、左バッターだけのワンポイントはあると思ってますからね。でも、普段はこうなのにっていう余計なプライドが邪魔して、ふて腐れたりっていう可能性もあったと思うんです。普段はこうなのにとか、いつもはこういうところで使ってもらえるのにとか、それはピッチャーに限らず、野手もそうですよ。そういうとき、じゃあ、オレはもういいわっていうふうに、絶対になっちゃいけないんです」

アテネ五輪では黒田と、三浦大輔がその任を果たした。普段は先発なのに、中継ぎに回った二人は、一切の文句を言うこともなく、ブルペンで黙々と準備をした。黒田はそのときの難しさをこう話している。

「アテネのときも中継ぎだったんですけど、大事な所で使ってもらえましたし、僕は意気に感じて投げさせてもらえました。このピッチャーがいてくれて本当に助かるなぁって思ってもらえるのなら、勝たなきゃならない試合の中で短いイニングを投げる役割っていうのは僕にとって光栄な事じゃないかなって、最近になって、思ってます（笑）。そう、最近ですね。やっぱり本職は先発なんで、先発でって気持ちはありましたから、悔しさはありました。やってるうちに、こういうメンバーに入っても先発させてもらえるくらいのピッチャーじゃないとダメだっていう気持ちが次第に強くなったんです。それまでは自分のチームの中だけを見て満足する部分があったんですけど、それからは他球団のピッチャーにも負けたくない、その中でも一番、二番になりたいって思うようになりました。だから僕にとっては、アテネの時の中継ぎはいい経験になったと思います」

アテネで内心、忸怩たる思いを抱えていた黒田が、その悔しさをエネルギーに昇華できたのは、実は宮本の言葉がきっかけだった。初めてのプロだけのチームで絶対に負けられないプレッシャーを、キャプテンの宮本はミーティングでこんなふうに伝えていた。

「一生懸命やったから仕方がないっていうのは許されない。プロである以上は結果を求められる。一生懸命やって、それで負けたっていう戦いはできないぞ」

黒田はその言葉を聞いて、この場に集う選手たちが背負う日の丸の重みを痛感させられたのだと言った。

「やっぱり日の丸ですよ。日の丸を背負うから、何でもできる。日本代表はプロの中でも一流の集団だし、誰でも選ばれるものじゃない。だから選んでもらったことに誇りを持てると思いますし、日本代表へ行くとカープのエースでもこういう役割をするんだというところに日の丸の価値があるんだと思います。その方が日本代表の凄さをみんなにわかってもらえますしね」

そんな黒田の姿を、和田毅はいつも間近で見ていた。

「黒田さんは、カープでも先発でバリバリ投げてましたよね。僕よりも球は速いし、球威もある。そんな黒田さんが中継ぎで、僕が先発だったなんて、黒田さんも納得できなかったと思うんです。でも、僕がピンチになったらその黒田さんがしっかり抑えてくれて、黒田さんのおかげで勝てた試合はいくつもありました。ピンチのときに黒田さんが出ていって、相手をねじ伏せた。これほど頼もしいピッチャーはいませんでした」

黒田はチームを離れるにあたって、カープの後輩でもある新井にアテネでの経験をどうしても伝えたかった。

「負けられない戦いで、みんなが集中してベンチにいると、熱くなるものがある。もし控えに回ることになっても、帰ってきたらカープのみんなにそういう経験を話してやってくれ。そうやって、お前が外で見てきたものを伝えていけば、カープも自然と強くなっていくと思うよ」

実際、普段、それぞれのチームでは先発を任されるピッチャーでも、日本代表では違う役割もあり得る。WBCでは普段通り、先発する予定だった上原、松坂、渡辺俊の三人には、もちろんそれなりのプレッシャーがかかっていたはずだ。

しかし、WBC特有の第二先発を伝えられていた三人、清水、和田毅、杉内もまた、普段とは違う役割に戸惑っていたに違いない。ブルペンで準備しなければならなくなるし、何回からいくかもわからない。先発の球数を窺いながら、準備するタイミングを見極めなければならない難しさは、経験がないだけに想像がつかなかったはずだ。

だからこそ、ベンチはどのバッターで球数を超えてしまうかわからない分、もしイニングの途中で制限数を超えた場合は中継ぎを挟んで、第二先発は次のイニングの頭から投げさせようという配慮をしていたのである。

実際、第二先発の一人、和田毅はこう話していた。

「試合が始まって、先発の人の球数を見ながら準備を始めるわけですし、最初は戸惑うかもしれませんね。最近は試合中にブルペンで待機することもありませんから……」

福岡での壮行試合、日本代表は一二球団選抜と二試合、ロッテと一試合を戦った。

成果といえば、先発として好投した上原、渡辺俊のピッチングに手応えをつかめたことと、イチローを挟む二番の西岡と九番の川﨑を固定できそうなことが挙げられる。誤算は、黒田の離脱と、一二球団選抜との二試合目に先発しながら、六五球という球数制限のカベに阻まれ、わずか四回途中、四失点で降板せざるを得なくなった松坂のピッチングだったろう。

その松坂、一二球団選抜との試合で、六二球目に投げたカットボールが、真ん中高めに浮いた。四回のワンアウト一、二塁。ストレートが抜けたデッドボールと、高めに浮いたストレートをセンター前に弾き返されたピンチで、バッターは村田。同級生は、甘いカットボールをレフトスタンドへと運んだ。試合後の松坂はこんなコメントを残している。

「この時期はオープン戦でも打たれるんですが、打たれるときの悪いものがすべて出てしまった。（ホームランも）僕のミス。投げ急ぐ僕の悪いクセが出た。こういう試合でよかった。しっかり悪いところを修正したい」

六五球の制限がある中で、六二球目を打たれた。

三回を投げ終えた時点で五二球を要していた松坂にしてみれば、先発を任された自覚から、四回は投げ切りたいと考えていたのだろう。しかし、センターのスコアボードに映し出されていた球数は、本人の目に入ってしまっていた。気にするなと言っても、所詮は無理な話である。そしてこの日の松坂には、もう一つの誤算があった。

「上原さんが、思ったよりボールが滑るというので、ロージンを多めにつけていたら、逆にボールが引っ掛かるようになってしまった。本番まで一週間あれば、準備はできます」

驚かされたのは、二月二五日の試合で思うような結果を残せなかった松坂が、東京へ移動した三月一日、わずか中三日でジャイアンツとの練習試合に志願して先発したことだった。この試合に投げれば、WBC一次リーグの台湾戦まで、中二日ということになる。

「そんなの、全然、平気です。台湾が相手だったら、（打線は）絶対に打ってくれるだろうって思ってましたし、僕自身、あの時点でコンディションはまだよくはなかったですけど、台湾は得意っていうか、僕の場合、投げてて楽なんですよね」

ケロッとそう言い放った松坂は、ジャイアンツを相手に二イニングスで三二球を投げた。ともに得点圏にランナーを置きながらも、なんとかゼロに抑えた松坂は試合後、黙々と外野を走っていた。照明が落ち、グラウンド整備の音が鳴り響いても、松坂は走り続けた。福岡ドームで投げたあとも、試合後に走る松坂の姿を見た。明らかな突貫工事――それでも松坂は、本番には間に合わせてくるに違いないと思っていた。それは、松坂が以前、こんなことを口にしていたからだった。

「国際舞台の雰囲気がいい状態に持っていってくれるんです。ジャパンのユニフォームを着て、日の丸を背負えばそれだけの責任も感じますからね」

日の丸をつけた松坂を見ながら、ふと思い出したことがあった。

かつて、撮影のために松坂の実家から、一着のユニフォームを借りたことがある。

胸に日の丸のついたユニフォーム。これは一九九五年の夏、当時一四歳の松坂が着ていたものだった。〝ＪＡＰＡＮ〟の文字のデザインが、フル代表のものと少し違ってはいたが、基本的にはオリンピックを戦う日本代表のユニフォームと同じデザインのものである。金の刺繍で縁取られた背番号は、なぜか二番だった。

これは、松坂が袖を通した、初めての日本代表のユニフォームだ。野茂英雄が海を越えてドジャースのユニフォームを着た一九九五年の夏に、一四歳の松坂も海を越えて世界の舞台に立っていた。ブラジルで行われたＩＢＡＦ（国際野球連盟）主催の「第二回ワールドユースチャンピオンシップ」。いわゆるＡＡクラス（一四歳〜一六歳）の世界大会に参加した日本代表のメンバー一八名は、オリンピックを戦う日本代表の選手たちと同じユニフォームで、七試合を戦っていたのである。

ブラジルで松坂が着ていたこの日本代表のユニフォームは、今も彼の実家に大切に保管されている。ずっとカベに貼ってあったからすっかりホコリまみれになっちゃって、という松坂の母、由美子さんはこんな話をしていた。

「ブラジルから帰ってきた時、『お母さん、ボク、もう一回このユニフォームを着て、世界を相手に投げたい』って、言ってましたね」

そして一四歳の夏の想いは、一九歳の秋に実現する。松坂が四年ぶりの日本代表のユニフォームに袖を通したのは、シドニー五輪のアジア地区予選だった。メンバーに選ばれたとき、松坂は憧れのユニフォームに久しぶりに袖を通して、こう言った。

「凄く気持ちがよかった。全日本（オリンピックのときはこういう表現を使っていた）のユニフォームに袖を通して初めて、オリンピックを目指すんだという実感が沸いてきました」

松坂の世界への想いは、ことのほか強いものがある。

より高いレベルを求めて、より強い相手を探して、松坂の視野は早くから海を越えていた。シドニー五輪に向けたアジア地区予選への出場が決まった時も、彼は真っ先にこんな話をしていた。

「中学校の時、全日本に選ばれて、あのタテ縞のＪＡＰＡＮのユニフォームを着たんです。すごく楽しかった。あのユニフォームをもう一度着られるかと思うと、それがいちばん嬉しいですね」

松坂が楽しかったと振り返る、中学三年の時の、全国のシニアリーグから選抜された日本代表。選ばれた一八人の中には、それぞれのチームに戻れば投手を任されていた選手が九人もいたため、その九人の投手に一番から九番までの背番号が割り当てられた。松坂の背番号が二番だったのはこのためだ。

松坂が所属していた江戸川南シニアが、その直前の関東大会で越谷シニアに敗れたため、背番号一は越谷のエース、小板佑樹（浦和学院の外野手として春の選抜に出場、のちに東洋大からホンダ）に譲っていた。他のチームメイトには、のちに横浜高校でともに戦うことになる捕手の小山良男（亜大～ＪＲ東日本～中日ドラゴンズ）、ＰＬ戦の延長一七回に決勝ツーランを放った常磐良太（東海大）、外野を守っていた小池正晃（横浜ベイスターズ）らがいた。この時のユース日本代表には、のちに甲子園を沸かせることになる蒼々たる顔ぶれが揃っていた。

しかし松坂は、その球の速さでは注目されてはいたものの、ピッチャーとしての総合力では今のように一人だけ抜きん出ていたわけではなかった。当時、松坂が所属していた江戸川南シニアの監督、大枝茂明は、このブラジル遠征にも日本代表のコーチとして参加していたのだが、その大枝が当時の松坂をこう語る。

「確かに、みんなが驚くような球は投げてました。力んでアゴの高さにいっても、バッターが振っちゃうんです。見送れないんですよ、球が速くて。でも、コントロールが悪かった。正直言って、全日本の中では二番手もしくは三番手のピッチャーでしたね。速い球と、二種類の鋭いカーブを持ってました。落差のあるスローカーブと、今のスライダーに近い速いカーブ。とにかくヒジの使い方がうまくて、腕の振りも速いけど、ヒザが固くて下半身で支えきれないから、体が倒れる。下半身が弱いのは、サボリ癖のせいかな（笑）。真面目で、おとなしいヤツだったけど、サボるのは好きだった。うまいんだよ、サボるのが……」

この世界大会には、キューバ、アメリカ、台湾、韓国、オーストラリア、メキシコ、グアテマラ、アルゼンチン、ブラジル、そして日本の計一〇ヶ国が参加していた。IBAF主催の国際大会である以上、各国ともに優勝を意識したチームを派遣してくる。

開催国のブラジルは半年前からナショナルチームを結成して他国への遠征を行ってきたし、台湾も一ヶ月の強化合宿を行ってきた。アメリカ、キューバは大会の一週間前にブラジルに入って、何試合もオープン戦を重ねてきた。とりわけ、キューバ、アメリカ、台湾のパワーには目を見張るものがあり、選手たちの度肝を抜いた。日本代表の監督を務めていた故・渡辺忠は、当時をこんなふうに話していた。

「キューバや台湾のフリーバッティングなんて、打球の飛び方が全然違うでしょ。みんな、おおー、すげえって感じでしたね（笑）。このくらいの年代でも、国を代表して優勝を狙ってきてますから力は凄いんですよ。でもね、こういう力の差を見せつけられて、『凄いな』で終わっちゃう選手もいれば、『よし、何が何でも勝ってやる』って思う選手もいる。松坂君は、一番、目が輝いていましたね。これ、すごく大切なことなんですよ。彼は、野球に関しては、人の言葉を聞く時も行動する時も、非常に目が輝いてた。外国のチームから何かを吸収したいという気持ちが強かったんでしょう。普段は度の外れたような事をする子じゃないんですけど、ユニフォームを着ると、目の輝きが変わる。これはすごく印象に残ってます。野球が好きな子だったんですね」

初めて世界のレベルを目の当たりにした松坂だったが、それでも、日本代表にこれだけのメンバーが揃えば世界を相手にしても負けるはずがないと信じていた。それほどの選手が集まっていたし、まだキューバや台湾のパワーを体感したことがなかったため、その実力を知らなかった。ところが、その自信は初戦で吹っ飛んでしまった。松坂が言う。

「世界のカベというものを思い知らされましたね。全日本に何度も入っているヤツもこのメンバーは凄いって言ってたし、僕もこれだけのメンバーがいたら絶対に勝てるって思ってたんですけど、初戦でブラジルとやったら、これが予想外に強くて、びっくりしました」

予選リーグ、日本の初戦の相手はブラジルだった。先発は背番号一の小板で、松坂に登板の機会はなく、八番打者として三打数ノーヒット。ブラジルには日系の選手も多く体格差もなかったが、キューバからコーチを招いて強化に力を入れており、小さい頃からサッカーに慣れ親しんできた高い運動能力とスピード差が顕著だったという。日本は三人の投手が七イニングスで一二安打と打ち込まれ、打ってはわずか三安打。結局、二―七とブラジルには完敗してしまった。

松坂の初登板は二試合目。アメリカを相手に二番手として登板、五回途中からマウンドに上がり、延長一〇回に一―二でサヨナラ負けを喫するまで五〇球を投げた。内容は被安打三、与四死球四。敗戦投手にはなったものの、自責点は〇。エラーが出て、パスボールでランナーが三塁に進み、最後はレフトへ犠牲フライを打ち上げられてのサヨナラ負けだった。

続く三試合目のオーストラリア戦にも三番手として登板、三イニングスをノーヒットに抑えて勝利投手となり、決勝トーナメント進出の原動力として、予選リーグの成績を対象に贈られる最優秀防御率賞（〇・〇〇の投手がキューバ、米国、豪州に一人ずつ、計四人）を獲得した。

そして、決勝トーナメントを迎えたのである。相手は、台湾――。

実は、この台湾戦、松坂は散々な結果に終わる。大枝が心配していた、フォアボールの連発。しかも、ただの連発ではなく、五つものフォアボールを出して、押し出しを連発してしまったのだ。

台湾戦の先発、沢口健士（札幌新琴似シニア、北照のエースとして春の選抜に出場、のちに國學院大）は、立ち上がりエラーに泣いた。ワンアウトをとってからフォアボールとヒットで、一、二塁。四番打者にサードゴロを打たせてゲッツー、と思いきや、サードの坂本徳臣（杉並シニア、帝京の一番センターで夏の甲子園に出場）がエラー。このミスで一点を失ってからはリズムが崩れ、台湾のパワフルな打線を怖がって沢口は四球を連発してしまった。大枝は言う。

「一回途中でしたけど、急遽、松坂をリリーフに出して、その回は何とか締めくくったんです。

でも二回、また坂本がエラーして、で、そこから松坂が四球を連発した。台湾は一つ間違えば一発というパワフルなチームなんですよ。だから、沢口にしても松坂にしてもストライクを投げられない、怖くて。すごく動揺はしてましたね。なんでストライクが入らないんだって。一、二回だけで、二人あわせて一二、一三個の四球を出したんじゃないかなぁ。アイツ、僕がベンチにいたから、怖くなっちゃって、ヤバイ、どうしよう、どうしようって余計力んじゃったんでしょうね。僕がカッカ、カッカ来ちゃってたから（笑）」

一イニング、四五球。被安打〇、与四球五、失点六。まさに自滅である。ショートを守っていた横浜ベイスターズの小池も言う。

「後ろから見てても、これじゃ勝てないっていうあまりにひどいピッチングでした。やっぱり国際試合の雰囲気にもマウンドにも慣れてないということもあっただろうし……ただ、アイツ、中学の時はもともとコントロールが悪かったんで、ただ単にノーコンだっただけなのかもしれませんけど（笑）」

一一―一六。台湾に敗れた日本は準決勝進出を逃し、この時点で五位以下が決定してしまった。大切な試合で独り相撲を演じてしまった台湾戦のピッチングをどんなふうに記憶しているのか、松坂にぶつけてみた。すると、さすが負けず嫌い。こんな答えが返ってきた。

「えーっ、審判に潰されたんですよ、あれは（笑）。だって全然取ってくれないんですもん、ストライク。あれね、女性の審判でしたよ、確か。それに審判がきちんと取ってくれた試合はちゃんと抑えてるでしょ。ストライクさえ取ってもらえれば勝てるって感じでしたよ」

優勝がキューバ。二位が開催国のブラジル。三位が台湾、アメリカが四位。日本は五位だった。

強がってはいても、やっぱり上には上がいる。松坂は確かに世界のカベを感じていた。そのカベの高さを窺い知ることができたのは、松坂がある言葉をサラッと口にしたからだった。

「僕、世界一というものにすごくこだわっているんです。やっぱり世界へ出て、凄いものを見れば、自分も負けられないと思って、やる気になりますから。凄い選手を見たからといって、力の差を感じてあきらめるとか、自分のレベルはこんなもんだって思う方じゃないんで（笑）。絶対、できないとは思わないですね。思いたくもないし、上に向かって努力するだけです、行けるところまでね。世界の壁を思い知らされたあの夏と同じユニフォームを着て、強いチームとやって世界一になりたいって思ってました。そういう、リベンジができればいいと思ってます、ハイ」

松坂は一九歳の時から、こんな言葉を口にしていたのだ。

そして、プロに進んでから経験してきた数々の国際舞台――ソウルで行われたシドニー五輪のアジア予選、シドニー五輪の本戦、札幌で行われたアテネ五輪のアジア予選、アテネ五輪の本戦。プロとして参加できたオリンピックにフル参戦していたのは、松坂ただ一人だけだ。

「やっぱり日の丸には重みを感じますね。試合前に『君が代』を歌うじゃないですか。ブラジルでも歌ったんですよ。ユニフォームの日の丸に手を当てて歌ってたら、サッカーのワールドカップみたいでしょ。おーっ、オレ、カッコいいって、思ってましたからね（笑）」

チームメイトの部屋に集まってカップヌードルを食べるのが楽しみだったという一四歳のやん

ちゃな少年は、ブラジル遠征の思い出に、と書いた寄せ書きに「最強のエース、松坂大輔」とサインしていた。その言葉を、世界に示すときがやってきたのである。ＷＢＣについて、松坂はこう言っていた。

「アメリカに勝ち進めた場合は、ドミニカとやってみたいなぁ。あれっ、ドミニカは決勝でしか当たらないんでしたっけ。だとすれば、一次リーグの三試合が上原さん、僕、俊介さんで、二次リーグも同じ順番で三試合、準決勝が上原さんで、決勝は……そりゃ、投げて優勝投手になりたいけど、その前を任されたとしても重要性は理解しています。シドニーでは僕は決勝に備えて、黒木（知宏）さんが準決勝に行って、そこで負けて僕が投げたのは3位決定戦だったし、アテネでは準決勝を任されたのに、負けてしまって（和田）毅を決勝で投げさせてやれなかったですからね。だから準決勝がどれだけ重要なポジションなのか、よくわかってるし……もちろん、これはアメリカに勝ち進めた場合の話ですからね。とりあえず、アジア……あっ、言ってないですよ。とりあえずなんて、言ってない（笑）」

東京へ移動した日本代表は、三月一日、アメリカ大使館へ出向いてビザの取得を済ませた。王監督はその日、雑誌で気にしていた神田のとんかつ屋の暖簾をくぐり、舌鼓を打った。勝つことにこだわっていた指揮官に、縁起を担ぐ気持ちはあったのだろうか。

9

二〇〇六年三月三日、WBC開幕――。

アメリカ、カナダ、メキシコ、南アフリカが属するB組はアリゾナで、プエルトリコ、キューバ、パナマ、オランダのいるC組はプエルトリコで、ドミニカ、ベネズエラ、オーストラリア、イタリアが入ったD組はフロリダで、いずれも三月七日に開幕することになっていた。

日本、韓国、台湾、中国の四ヶ国が戦うA組は、東京で一足早く始まった。日本代表の初戦となる中国戦を任されたのは、上原だ。

アイツはジャイアンツっぽくないんだよね――奇しくも二人のメジャーリーガーが、揃って同じ言葉を口にしていた。それが、上原のことだった。

押しも押されもせぬジャイアンツのエースを掴まえて『ジャイアンツっぽくない』というのもどうかと思うが、何しろそう言っていたのがイチローと松井稼頭央だったから、そんな表現も妙な説得力を持ってしまう。

「それ、みんなに言われますよ」

上原はサラッと言った。

「ジャイアンツのイメージって、〝おぼっちゃま〟だと思うんですよ。思っていても口に出さない。そういう選手にはジャイアンツっぽいというイメージがついてくるんじゃないですか。僕はどんどん口に出しますから、イチローさんや稼頭央が言うのもそういうところだと思います。もちろん、悪い気はしないですよ。社会人として言ってはいけないことをわかった上でなら、黙っている方がおかしいでしょう」

上原は、新聞や雑誌の取材、テレビやラジオへの出演も、可能な限り受けようとするし、球場ではファンの元に歩み寄ってまでサインをする。上原のそういう姿勢には衒いも照れも感じない。おそらく、揺るぎない自信があるからなのだろう。

「野球選手って、変なところで遠慮したり、一生懸命やることが恥ずかしいと思っているところがあるじゃないですか。みんなそうですよ、野球界だけじゃない。でも僕は、一生懸命やることが恥ずかしいはずはない、一生懸命やることはすごいことだと思ってますから。ジャイアンツだってそうですよ。ジャイアンツが一生懸命にならなくちゃいけないし、野球界を見直さなきゃいけない。ジャイアンツだというだけで生き残っていける時代は終わったんです。僕たち選手も含めて、営業努力ということを本気で考えるべきなんです。ジャイアンツが変わらなければ、日本の野球界も変わらない。だって、ジャイアンツが日本ではナンバーワンなんですから」

ジャイアンツでの七シーズンで九四勝四五敗、防御率二・九九という安定した数字を残してきた上原は、アテネ五輪のアジア予選、本大会のいずれにおいても開幕投手を務めた。今回のWBCでも、抜群のコントロールやテンポのいいピッチング、安定感を考えたら、負けられない戦いの先陣を切るのは、やはり上原をおいて他には考えられない。上原はこう話していた。

「ずっと最初っていうのは、精神的にはきついですよね。チームの開幕投手もずっとやってるし、国際大会も全部そうでしょ。正直、しんどいですよ。野手も緊張してますし、そこで自分が変なピッチングをしたらチームに影響が出ちゃいますから。僕が不安を感じていたとしても、それを見せたら絶対にダメですね。守ってる野手にも伝わりますし……まぁ、僕はどんな試合でも開始の一時間前まではいつも通りに生活してますし、緊張してたとしてもそれを悟られない性格なんで、それがいいのかもしれませんね（笑）」

上原はまだアマチュアだった一九九七年、インターコンチネンタル・カップの日本代表に選ばれた。そのとき、六回の途中までキューバ打線をオマー・リナレスのソロホームランだけに抑え、キューバの国際大会での連勝記録を一五一で止めた経験を持っている。

「あの時のキューバは、全員がホームランを打つ感じでしたね。当時はまだ金属バットでしたから。でも、木のバットを持ったキューバはそんなに怖くないですよ。それに、今の選手たちにはキューバに対する怖さや先入観もなくなっているでしょうし、レベルの高い選手が次々と出てくる国ですから、当然、もう一度投げてみたいという気持ちはありますね」

その後も上原は、アテネ五輪なども含めて国際大会は一八試合に登板し、なんと負けなしの一〇連勝、防御率は二・〇四という記録を引っ提げて、このＷＢＣに挑んでいた。

「それは、対戦相手に恵まれてただけですから（笑）。アテネでは金メダルという思いだけで戦って、銅メダルで終わってしまいましたけど、僕の中ではあれで野球への気持ちが変わりましたね。プロで投げていると、正直、一回負けても次に頑張ればいいやという気持ちがどこかに出てしまうんですよ。でも、アテネではどんな一試合も、どんな一球も、ムダにしちゃいけないということを思い知らされましたね」

ニッポンの野球が危機に晒されているという危惧は、Ｊリーグ発足の時も、日韓共催のワールドカップが行われた時も、声高に叫ばれていた。しかし、三〇代後半より上の世代に残る根強いジャイアンツファンと、メジャーに憧れる子どもたちと、国際舞台で実現する〝最強のジャパン〟へのムーブメントが、かろうじて日本の野球を支えてきた。ジャイアンツ、ジャパン、メジャー——そのすべてに関わる可能性の高いのが上原だ。球界の盟主・ジャイアンツの選手でありながら、そのブランドに媚びることなく言うべきことは発言してきた上原は、人一倍、野球人気凋落への危機感を抱いている。そんな中で開催される今回のＷＢＣ。日本代表の選手たちが背負わされている責任は、決して軽くない。

「だから、僕が今回、ＷＢＣに出るのは野球界のためにという気持ちからなんです。もちろん勝ちたいという思いはありますけど、勝つことがすべてじゃないと思います。見てくれる人によかったと言ってもらって、この大会がずっと続くように、やがては毎年でも開かれるようになっていくなら、自分が世界一になりたいなんて気持ちはちっぽけなことですよ。僕だけじゃなく、選手みんなが野球界のためにという気持ちにならないとダメだと思っています。小、中学校で野球をやってる子どもたちに、野球をどう伝えていけるか。それが大事だと思いますからね」

上原が物怖じも妥協もせず、〝ジャイアンツっぽくない〟言葉を発し続けているのは、トッププレーヤーが現状維持を受け入れてしまったら何も変わらないということを、肌で感じ取っているからなのかもしれない。

「そんなん、僕だけじゃないでしょ。一二球団から選ばれてきた日本代表の選手というのは、みんな上のレベルを目指しているわけですからね。そういう選手たちと一緒にいられる時に、黙っているようでは上には行けないと僕は思うんです。だから、みんなに質問したり、されたり、そういう雰囲気が楽しいし、誰かのいいところを盗めるチャンスでもありますから、より高いレベルでプレーできるということはすごいことだと思いますよね」

日本球界のトップクラスが集まった投手陣にあって、まず上原が真っ先に、ＷＢＣのマウンドに上がる。

三月三日、一次リーグ初戦は、日本対中国。

イチローは、東京ドームのライトフェンスに駆け上がって、いざというときの準備をしていた。突然、フェンスへ向かって走っていったかと思ったら、そのフェンスにひょいと駆け上がったのである。勝手知ったる東京ドームとはいえ、ファウルゾーンに作られたエキサイトシートは初めてだったし、メジャーで芽生えた守備への新たな意識がこれまでには見せたことのなかった練習へとイチローを駆り立てたのだろう。エキサイトシートへ乗り出してみたり、フェンスによじ上ってボールを捕るイメージを確認したり、何年かに一度、あるかないかのプレーへの準備をイチローは怠らなかった。イチローに〝あの動きは〟という意識で、『あのパフォーマンスは……』と質問したところ、〝形だけの演技〟といった意味に受け取られてしまい、「パフォーマンスじゃないですよ（苦笑）、練習してるんですから」と返されてしまった。

川﨑は、緊張してガタガタと震えていた。それを見た宮本は、川﨑にこう声をかけた。

「中途半端に緊張を取り除こうとするな。緊張して、震えて、いってこい。いい経験になるから」

そんな宮本の言葉に、川﨑は「ああ、そうだよな」と、吹っ切ることができたのだという。

選手たちがそこまで入れ込んでいた日本代表の舞台だというのに、東京ドームのスタンドはガラガラだった。福岡ではWBCの壮行試合が行われるという地元での認知度があまり高くなく、入りが悪いのはやむを得ないという雰囲気も感じられたが、東京ドームではそうもいかない。メジャーリーガーが参加して行われる初の国際舞台であり、イチローが東京ドームでプレーするというのに、わずか一万五八六九人という観衆は、あまりにも寂しすぎた。

試合前、フィールドに整列して国歌の演奏を聴いたあと、イチローはダグアウトに引き上げるとき、ガラガラのスタンドを見上げた。左から右へ、グルリと見渡してから、視線を落とした。今でこそ、誰もが耳慣れた〝WBC〟のフレーズも、一次リーグのアジアラウンドではまだ世間には浸透していなかったのだ。

チーム最年少の西岡は、このことで腹を立てていた。後日、彼はこう話している。

「だって、WBCは世界を相手に戦う舞台なんですから、もっと宣伝して、日本中で盛り上げて欲しかったんです。トリノ五輪もあったし、サッカーもドイツのワールドカップで盛り上がってましたし、野球だって日本中で一致団結してほしいじゃないですか。僕らに一〇〇パーセントの力があったとして、一二〇パーセントの力が出るとすれば、それは応援の力だって僕の中では思ってるんで……アメリカへ行ってから、僕のタッチアップのこととかで騒ぎになって、その次の日に日本からガンガン電話がかかってきたんです。『日本はすごいことになってるよ』『すごい盛り上がってるよ』って。でも、僕の中では、もう遅い、と（怒）。その前には日本で、それも東京ドームで、中国、台湾、韓国とやってたわけですよ。その時には、東京ドームは満席どころかガラガラでしたからね。あのときは僕、やってても全然、面白くなかったっスもん」

確かにあの頃、よく聞かれた。

「ＷＢＣ、本当に盛り上がるんですか」

そうやって聞かれる場合は、「もちろん、盛り上がると思いますよ」と答えるチャンスがある分、まだ救われる。もっと多いのが、こんなフレーズだった。

「ＷＢＣ、盛り上がるといいですね」

そう言われてしまった場合、相手はほとんど盛り上がるとは思っていない。だからこちらも、ええ、と相槌を打つしかなくなる。

開幕するまでのＷＢＣにはドタバタのイメージがつきまとっていた。

当初、経済封鎖をしているキューバのナショナルチームのアメリカへの入国が、大会の分配金を受け取る可能性があるからとアメリカ財務省によって拒絶されていた。国際野球連盟（ＩＢＡＦ）のアルド・ノタリ会長は、キューバの参加が叶わなければ公認を取り消し、加盟国に不参加を命じる可能性もある旨の発言をした。

東京ドームで行われる一次リーグの運営面でも不透明なことが多く、世界中で、誰々は出るだの出ないだの、発表されたはずの出場選手の辞退が相次ぎ、大会に向けた気運の高まりに水を差してしまっていた。

日本の場合、オリンピックやサッカーのワールドカップが国民的なイベントと言われるのは、普段、オリンピック競技やサッカーを見ない層まで取り込んで盛り上がるからだ。そういう国民的なイベントに昇華させるためには、松井秀喜の参加は手っ取り早い方法論だったのかもしれない。

しかし、まずは野球人気の足元を固めるために、野球の好きなファンに訴えかけるようなプレー、対決が見られれば、WBCは、第一回としては大成功だと言っていいのではないかと思っていた。この時点では、やがてWBCのブームに火がつくということは、想像すらできないことだった。

中国戦で日本代表が初戦で組んだスターティング・ラインアップは、ピッチャーを除けば一次リーグの三試合、このメンバーはずっと変わることはなかった。

一（右）イチロー
二（二）西岡　剛
三（中）福留孝介
四（指）松中信彦
五（左）多村　仁
六（三）岩村明憲
七（一）小笠原道大
八（捕）里崎智也

九（遊）川﨑宗則
（投）上原浩治

日本は初戦、格下の中国を相手に序盤、苦しんだ。

二回表、岩村の左中間への浅いフライで三塁にいた松中が激走を見せ、これが犠牲フライとなって一点を先制した日本は、三回、イチローのセカンドゴロで一点を追加した。しかし、四回まで中国を突き放す決定的な一打が出ない。

上原は外角のストライクゾーンの広さを探った初回こそ、一七球を要したものの、そこで「ボール二個分は外に広い」という確信をつかむと、二回からは一一球、三回をたったの九球で抑え、リズムに乗る。しかし、これが逆に上原の欲を生んでしまった。

「正直、（球数制限については）意識しました。いい感じできていたんで、六回くらいまではいけるんじゃないかと。でも、四回、五回はストライクばかり投げてしまって……」

日本が二点をリードした四回裏、上原は先頭の四番、張玉峰を三球三振に打ち取った。しかし続く五番の張洪波にはフォークで空振りを取った後の二球目、ストライクを取りにいったストレートをライト前に弾き返され、ワンアウト一塁。

ここで六番、王偉にまたもストライクを揃えてしまう。初球からアウトコースに三つ、ストレートを投げて、ツーストライク、ワンボールと追い込んだ上原は、四球目にフォークをファウルさせ、五球目、またもアウトコースのストライクゾーンへストレートを投げ込んだ。

王偉はそのボールを右中間のスタンドへ運ぶ。まさかの同点ツーランホームラン。四回を終えて、二ー二という予想もしなかった展開に、東京ドームの空気が凍りつく。上原は、そのときの心境をこんなふうに話していた。

「同点に追いつかれたとき、どうなるんだろうというマイナスな気持ちになったのがよくなかったのかなっていうのはありました。心の中では、泣きそうなくらいの悔しい思いをしています」

そんな凍てつく冷気を吹き飛ばしたのが、川﨑、イチロー、西岡の三人だった。

五回表、ワンアウトから川﨑がデッドボールで一塁に出ると、イチローのときにセカンドへ走る。さらにイチローがショートへ転がし、足でヒットにして、ワンアウト一、三塁。

バッターボックスに入る西岡は「正直、ホームランでも打ったらヒーローだと思いました」と、色気を出していた。その言葉通り、西岡は初球の甘いボールをフルスイングして、空振り。「これじゃいけないと思った」という西岡は、「ファーストが下がっていたので前に転がせばいける」と意識を切り替え、セーフティバントを仕掛けようとした。それが二球続けてボールとなって、今度は「外野フライなら」と、四球目の高めにきたストレートを捉えると、打球はレフトスタンドに飛び込む勝ち越しのスリーランホームランとなる。さらに三番の福留もライトスタンドにアーチをかけ、日本は四点を勝ち越した。

上原は五回の裏もストライクを揃えすぎたことでシングルヒットを三本も許し、ワンアウト満塁のピンチを背負ってしまう。しかし球数制限ギリギリのジャスト六五球目、四番の張玉峰をショートゴロのダブルプレーに打ち取って、何とか五回を投げ切った。

六回からは清水が三イニングスを九人で抑えるパーフェクトリリーフを見せれば、火のついた打線は八回までに一八点を奪って、七回以降の一〇点差はコールドの規定通り、日本は八回コールドで中国に圧勝した。西岡はホームランのあと、犠牲フライ、ライトへのスリーベースヒットを打って、五打点の大暴れ。西岡と並んでお立ち台に立った松中は、こう言った。

「国と国の戦いっていうのは何が起こるかわかりませんから、イヤな雰囲気だったんですけど、西岡クンがいいところで打ってくれて、ホント、今日は西岡クンのおかげじゃないかと思います」

そして王監督は試合後、こう話した。

「同点でしたから、慌てることはなかったですね。あの（王偉の）ホームランでウチの選手は目が覚めたのかな。バッターも緊張していたのがほぐれて、本来のバッティングができたんじゃないかと思います。スモール・ベースボールというのは、アメリカに行ってからはそう考えないと勝てないという話で、アジアラウンドでは考えていません。アジアではパワーも我々が一番だと考えています」

日本（一勝）　一八　―　二　中国（一敗）＜八回コールド＞

実は、中国戦の試合中にこんなことがあった。

「おい、後ろにちょっと来い」

谷繁が、多村をベンチの裏に呼び出したのである。

この試合、五番に入っていた多村は、第一打席、ピッチャーゴロに倒れ、第二打席のフォアボールのあと、五回の第三打席では三振を喫していた。インサイドのボールを左に引っ掛け、アウトサイドの変化球にはタイミングを合わせることができなかったからである。谷繁は、多村にこう言った。

「お前、シーズン中と打ち方が違うぞ。もうちょっとタメを作って打ってみろ」

多村は「よく見てるし、すごい観察力だなぁ」と、谷繁の言葉に驚かされた。

タメを作れ——つまりは中国のピッチャーのレベルが低すぎたため、ボールを待ち切れなかったのだろう。多村には、思い当たるフシがあった。

「プレッシャーを感じると、やらなくちゃっていう方向に気持ちを持っていってしまうんで、どうにかして結果を出さないとっていう力みが出てしまうんですね。中国戦の最初はそういう感じになっていたみたいで、自分の当たりが打てなかった。そこに、谷繁さんからアドバイスをもらって……」

谷繁は、ベンチから見ていて多村のタイミングの取り方がシーズン中と違うことに気づいたのである。谷繁が粋な台詞をサラッと口にした。

「アテネでのオリンピックを目指して戦った札幌でのアジア予選の時は、ずっと城島がマスクをかぶっていたんで、僕はベンチからサポートしてました。そのときまではベンチがあれほど大事だということを考えたことがなかったし、日本代表の試合があそこまで一球一球を大事にしなければならないんだということも初めて知りました。そういう意味で、これまで経験したことのないところで仕事をしたということが札幌で得た僕の財産ですね。ベンチにいても試合に出てる選手たちと一緒に戦ってる感覚でいられるんです。やっぱり、試合が始まれば僕らは野球人であり、勝負師ですから。あの三時間は、何としても勝ちたいんです。何があっても勝ちたい……それだけです」

そして谷繁のアドバイスを受けた多村が、第四打席に向かう。

七回表、松中が歩いたノーアウト一塁。

二球目、三球目とまっすぐを空振りした多村が、四球目、外のストレートにドンピシャでタイミングを合わせた。打球は高々と舞い上がり、レフトスタンドへ飛び込む。

ベンチへ戻ってきた多村に、すかさず谷繁が声をかける。

「お前、教えてすぐに結果、出すな（笑）」

三月四日、台湾との一戦。

日本代表が中国を破る前、韓国と対戦していた台湾は、韓国の繰り出した徐在応（ロサンゼルス・ドジャース）、金炳賢（コロラド・ロッキーズ）、具臺晟（ニューヨーク・メッツ）、朴賛浩（サンディエゴ・パドレス）というメジャーリーガーの豪華リレーに打線が沈黙。〇―二で敗れ、この日本戦を落とせば、一次リーグの敗退が決まるという崖っぷちに立たされていた。

その台湾戦でまず口火を切ったのが、谷繁のアドバイスで波に乗った多村だった。

初回、好調を維持する西岡のヒット、松中のデッドボールでつかんだツーアウト一、三塁のチャンスに、多村がバッターボックスに立った。台湾の先発、許竹見（誠泰コブラズ）が投じた外寄り、やや高く浮いたストレートを多村のバットが綺麗に捉える。長距離砲ならではの美しい放物線を描いて、多村の打球はレフトスタンド中段に消えていった。先制のスリーランホームランである。

お祭り騒ぎのベンチに戻った多村は、ナインとハイタッチを交わす。最後に手を合わせた先発の松坂に、多村は「がんばれっ」と声をかけた。うなずきながら口を真一文字に結んだ松坂は、WBC、最初のマウンドに上がる。

台湾の一番、陳鏞基（シアトル・マリナーズ2A）に対峙した松坂は、追い込んでからファウルで粘られる。最後、高めのまっすぐで空振り三振に打ち取ったものの、明らかに抑えが利いていない。さらに変化球を引っ掛けすぎて、二番、左バッターの張建銘（興農ブルズ）にもデッドボールを与えてしまった。

初回こそ、四番の林威助（阪神タイガース）をショートゴロのダブルプレーに抑えてピンチを凌いだものの、ボールが暴れる松坂は二回、五番の張泰山（興農ブルズ）にスライダーをセンター前へ、六番の謝佳賢（誠泰コブラズ）にストレートをライト前へ弾き返され、ツーアウト一、三塁のピンチを背負う。

ここで九番、鄭昌明（中信ホエールズ）を迎えた松坂は、初球を投げようとして、よもやのボークを取られてしまう。右腕を後ろへ引いて、グッと持ち上げようとした瞬間、ボールがスポッと抜けてしまったのだ。あれっという顔をした松坂は、よもやの一失点に苦笑いを浮かべる。

「ああいうボークは、今まで野球をやってきてあり得ませんでした。ボールが変わったことでカットボールがすっぽ抜けるので、投げる前からイヤな予感はしていたんですけど、対処できずにボークになってしまいました。相手が強くなってくると、こういう小さなミスが大きなミスになってしまいますから、命取りになる簡単なミスをしないように意識しなきゃと思いました」

日本のプロ野球が使っているボールは表面の皮がしっとりしているのだが、メジャーの使用球は表面が乾燥していてツルツルしている。そのために日本と同じような感覚で投げると、どうしてもボールが滑ってしまう。ならばメジャーで使われている滑り止めの効果が高いロージンバッグを使ってみようということになったのだが、今度は滑り止めが効きすぎてボールを引っ掛けてしまう。

しかもボールが滑ると、どうしても指先に余計な力がかかり、それでヒジに違和感を感じるピッチャーも出てしまっていた。実際、この日に登板が予定されていた和田毅は、試合中のキャッチボールで左ヒジに違和感を覚え、登板を回避している。

「キャンプ中からヒジは張っていたんですけどね。ピッチングで強く腕を振ると出るようなハリで、温まって腕を振っていけば消えると思っていたんです。でも、投げていくうちにハリが強くなってきて、練習量を落とせば治るだろうなと思っていたのに、治らなかった。やっぱりボールが滑りやすいんで、変な力が掛かってるのかもしれませんね。どうしても抜けたくないという気持ちがあって、抜けそうになると逆に引っ掛けようとしちゃいますから……」

松坂や和田毅に限らず、ボールの違いは開幕直前のピッチャーたちを悩ませていた。そのためロージンバッグをどのくらいの感じで使うかという微妙なバランスをつかむために、松坂も時間をかけていた。志願して投げたジャイアンツとの練習試合もそのバランスを確かめたいという狙いがあった。

それでもこの場面では、親指のところにほどよくロージンバッグの粉がついていなかったことでボールが滑ってしまったのだという。ベンチに戻った松坂は、イチローにからかわれた。

「さすが、魅せるねぇ（笑）。点の取られ方が違うよなぁ」

もちろん、フォローも忘れない。

「まぁ、いいじゃん。ここで一点、取られただけで、あとは取られなきゃいいんだよ」

松坂は三回は三人で抑えたものの、四回、先頭の林威助にヒットを許し、張泰山にデッドボールを与えてしまう。なんとかツーアウトにまではこぎつけたものの、ランナーは一、三塁。その時点で球数は六一球に達していた。

続く八番の葉君璋（興農ブルズ）にもファウルで粘られ、その間に一塁ランナーに二塁へ走られる。一塁が空いていることと、次が九番であることから歩かせてもさしたる支障はないようにも思われたが、ＷＢＣには球数制限がある。ツースリーのフルカウントに持ち込まれた時点で球数は六五球を越えてしまい、もしこのバッターを塁に出せばイニング途中での交代を余儀なくされた。

「ランナーを出したまま代わりたくなかったので、最後のバッターだけは球数を意識して集中した」と振り返ったように、松坂はラストボール、思い切って腕を振った。伸びのあるストレートは狙ったところよりも高く浮いたものの、空振りの三振に斬って取り、イチローの言葉通り、三回、四回をゼロに抑えて、二番手の藪田にバトンを渡した。それでも、球数は六八球に達していた。

王監督は「私の知っている松坂クンでは今日もなかった」と手厳しかったが「内容はイマイチでありますけど、その一点で抑えたのはさすが」と、かろうじて役割を果たした松坂をねぎらった。

そしてイチローはこの試合、さり気ないプレーでメジャーリーガーの神髄を見せつけていた。六回、台湾の攻撃。一死一、三塁で、ライトに飛んだヒットの打球を処理したイチローが、サード方向へボールを投げた。低い弾道で内野に返ってきたその送球を、ショートの川崎がカットした。そのままスルーしていれば、ひょっとしたら一塁ランナーを三塁で刺せたかもしれないという場面。川崎は、その送球をカットした。

実はその翌日の韓国戦。一死二、三塁の場面で、今度はライトにフライが上がった。誰もがホームへのバックホームを予測したその瞬間、イチローは迷わずにサードへ送球した。前日と同じような低い弾道のケースで、今度は川崎はスルーしてサードに直接、送球を捕らせた。

「イチローさんの送球は、カットしても、そのままスルーしても大丈夫だという低いボールでした。台湾戦の時は低く来たのでカットだと思って捕ったら、思ったより勢いがあったので、もしかしてスルーしなくちゃいけなかったのかなと思いました。それで、韓国戦の時はスルーしたんです」

イチローが低い弾道のボールを投げたのには、明確な理由があった。

「ムネ（川﨑）は捕らなくてもいい高さではあったと思います。あのくらい低くいっておけば一塁ランナーは走れないだろうし、もし走ってもムネが捕らなければアウトにできる可能性も出てくる。内野手としてはわかりにくかったでしょうね。普通、サードで刺そうというボールはもう少し高く投げるんですけど、僕の投げたボールは、低かったし、それでもワンバンか、最悪でもツーバンでサードに届いちゃいますから、捕るべきか、スルーすべきかというのはわかりにくいでしょう。いつもだったらもう少し高く投げるんですけど、日本代表は短期間でやってるチームなんで、（ライトからサードへダイレクトで届くような）高いボールを投げるとスタンドプレーに映りますから、チームにとってよくないと思ったんです。みんなに、メジャーにアピるなよと言いながら、自分がそんなプレーはできませんから。とりあえずムネが捕れるくらいの高さで行っておかないとね」

随所にメジャーリーガーの底力を見せていたイチローではあったが、辛かったのはアジアラウンドで思うような結果を残せていないことだった。日本のチームと四試合戦った壮行試合、練習試合では、一六打数三安打の、打率・一八八。一次リーグの中国戦では六打数一安打、台湾戦では四打数一安打と、ヒットは出ていたものの、二試合で一〇打数二安打、打率は二割ちょうど。一本の違いで二割が三割になるような違いではあるが、あまりにもイチローに注目が集まっていた日本代表だっただけに、正直、物足りなさは否めなかった。

メジャーのピッチャーは、ほとんどが〝一、二、三〟のタイミングで投げる。ところが、アジアのピッチャーは〝一、二、の、三〟のタイミングで投げてくる。しかも、たとえば中国あたりのプロとは言えないレベルのピッチャーが相手だと、イチローの場合は完全にタイミングがズレてしまう。

「いや、ズレてないからああなっちゃったんでしょう（苦笑）。中国のピッチャーだと、どうしても待っちゃうからね。僕の野球が全然、できないんですよ。あれに合ってしまうようでは、その後のアメリカではかなり苦労したと思います。ズレないままのタイミングで打てていたから、結果は出ませんでしたけど、とりあえず普通の状態を保つことはできました」

ボールが速すぎるくらいでちょうどいい反応ができてしまうイチローにとっては、ボールが来てくれた方がしっくりくるし、リズムも取れる。しかし、周囲の期待が大きい分、結果が出なければ失望感も大きくなる。まして、チームを一人で鼓舞してきた福岡からの流れは、イチローに当然のごとく結果を求めた。

それは、距離感を計りかねていた選手たちにとっても同じだったはずだ。だからこそ、結果が出ないことがチームを引っ張っていく上での障害にもなりかねない。それでもイチローは、胸を張っていた。堂々と振る舞っていた。

「あのときの僕を支えていたのは、自分のやってきたことへのプライドと、これからやろうとしていることへの自信でした」

そんな姿を見て、川崎は改めてイチローの凄さを感じていたのだという。

「イチローさんはどんな結果になっても醒めてないし、試合に入ってるんです。だから、絶対に結果は出ると僕らはそう思ってました。日本では調整の方法も違うし、そう簡単には上がってこないかもしれないけど、でも、チームはイチローさんから結果以上に勇気をもらえていました」

川崎の言葉通り、日本は猛打で台湾を圧倒した。五回には、小笠原のスリーベースヒット、里崎のタイムリー、西岡の二点タイムリー、松中のタイムリーで一挙に六点を奪い、試合を決定づけると、その後も追加点を奪って、一四―三と大量リード。藪田からは小林宏、藤川とつないで、日本は連夜のコールド勝ちを収めた。

日本代表は、すでに二勝をあげていた韓国とともに、アメリカでの二次リーグへ進出を決めた。

日本（二勝）　一四　―　三　台湾（二敗）〈七回コールド〉

試合後の王監督が、川﨑をはじめとする選手たちの気持ちをこんな言葉で代弁した。

「イチローくんといえども人間ですから、調子の波はあるでしょう。三月は難しい時期ですし、日本代表のチームの一員として参加することを表明して以来、日本のためにがんばれといわれてプレッシャーも責任も感じていたと思います。確かに結果は出ていませんが、彼が元気にプレーしているというだけで、この二勝に貢献してくれているし、他の選手は勇気づけられています」

そして大役を果たした松坂は、胸を張っていた。

「いざ本番になれば国際大会の雰囲気がいい状態に持ってきてくれると思っていましたから、何の不安もなく今日のゲームに臨めました。普段なら内容はすごく重視しますし、勝っても満足できない気持ちが強いんですけど、こういう大会では内容に満足しても勝てない試合を経験してきましたから、内容よりも勝ったことに満足しています。明日は登板がないので、声が枯れるくらい、応援したいと思います。イチローさんが言われていたように、しばらくは日本に勝てないと思われるようなゲームをして、アジアナンバーワンで次に進みたいですね」

イチローの言葉――取材メモにはこう記してある。

『二月二一日、公式練習、福岡初日。「プロ野球選手として、勝つだけじゃなくて綺麗だな、すごいなと感じられるプレーをしたい。これはポリシー。勝つだけじゃダメ。チームとしては、日本には向こう三〇年、手を出せないような勝ち方をしたい。（まずアジアと戦うことだけを考えないと）足元が見えない状態になってしまう。いくらでも期待して下さい」キッパリと』

必要な言葉はすべてメモしてあるはずだ。どこをどう探しても、イチローの言葉から「韓国」の文字は見つからない。しかし韓国は、この言葉に敏感に反応しているようだった。そのことに気づいたのは、韓国人の記者が日本語でイチローにこんな質問をしたからだ。

「この前ですね、会見でですね、韓国と台湾、いろんな国の人たちにメッセージを残したと思いますけども、あと三〇年間は日本には及ぶことはできないようにと言ってましたけど、それはどんな感じでですね、自分なりにお話ししたかをお聞きしたいんですけど……」

イチローはその質問には「それくらいの勢いで勝ちたいということですね」と答えたが、三〇年という表現が韓国で物議を醸し、ただでさえ過熱する日韓戦は、まず韓国側に火がついた。しかもアジアナンバーワンを賭けた全勝対決。早くから詰めかけた韓国の応援団が、東京ドームの空気に異様な緊張感を漂わせていた。

10

三月五日、韓国とのアジアラウンド最終戦。

勝った方がA組を一位で通過する。一位通過なら二次リーグの三試合の試合開始がいずれもナイトゲームになるが、二位通過の場合は、三試合の試合開始が、午後一時、四時、七時と、デーゲーム、薄暮ゲーム、ナイトゲームという順番になってしまい、その分、調整が難しくなる。

とはいえ、そんな現実的な問題は二の次だろう。アジア一位というプライドを賭けて、どうしても負けられない日韓決戦は、前日までの東京ドームとは雰囲気を一変させた。

観衆は、四万三五三人。

先発の渡辺俊は、異様な雰囲気の中でもいつものように淡々と投げた。初回、韓国の上位三人を一一球で封じ込める。

そして一回裏、イチローが初球から果敢に振っていく。中国戦は六打席すべてファーストストライクを見送って、タイミングが計れていなかったイチローは、台湾戦も含めて一二打席目にして初めて、初球を打ちに行った。フィールドの上では一切の感情表現を拒み、草食のふりをしているイチローが、こういうところで内に秘めている肉食の顔を窺わせる。

初球、二球目、三球目と、ようやく探し当てた肉にかぶりつくが如く、イチローは韓国の先発、金善宇（コロラド・ロッキーズ）のボールを打って出た。三球目、会心の当たりの痛烈なライナーを放ったが、打球はセカンドの正面を突き、ワンアウト。続く西岡がレフト前にヒットを放ち、すかさず盗塁を決める。

三番の福留がチームバッティングに徹した引っ張りを見せ、セカンドゴロの間に西岡は三塁へ。四番の松中が放った打球は、一、二塁間に転がり、これが内野安打となって西岡が生還。日本が一点を先制した。

さらに二回裏、九番の川﨑がチェンジアップを捉え、ライトスタンドにホームランを放つ。これで日本のリードは二点に広がった。イチローを挟む川﨑と西岡は、この日も機能していた。その西岡の言葉――。

「WBCが始まる前、取材でキーマンは誰やって質問を受けたんです。僕、迷わず『自分』って言いました（笑）。あとはムネさん、青木さん、今江さん、この四人がキーマンやって……だって、イチローさん、松中さん、小笠原さん、ピッチャーなら大輔さん、上原さん、和田さんとかは、確実に自分の思ったことができる選手でしょう。日本代表の経験もあるし、イチローさんは世界一の記録を持ってるし。こういう選手はみんな、どんな舞台に立っても普通にプレーできて、普通に結果を出せるやろうって思ったんです。でも僕ら四人がドタバタして、バントを失敗したり、ミスをしたら負けるなと……逆にこの四人がうまいこと動いて、イチローさんの前後でつないだり、いい形で松中さんに回せたら点は入りますよね。まぁ、僕は緊張するタイプじゃないんで、僕も普通にいけるなって思ったし、この若い四人が普通にプレーできたら日本は勝てると思いますよ」

三回表、渡辺俊が初めてピンチを背負う。

ヒットと内野安打でツーアウト一、二塁となって、二番の李鍾範（起亜タイガース）。一九九八年、〝韓国のイチロー〟というふれこみで来日して、中日ドラゴンズでプレーしていた三五歳のベテランは、韓国のキャプテンを務めていた。

その李鍾範への初球、渡辺俊のシンカーが抜けて、デッドボールになってしまう。この回は四番の李承燁（讀賣ジャイアンツ）をサードフライに打ち取って凌いだものの、得意のシンカーが抜けたことが渡辺俊の心身に言い知れぬプレッシャーをかけていた。

五回、またも渡辺俊のシンカーが抜けて、右バッターに当たってしまう。

七番、朴鎮萬（サムスン・ライオンズ）にヒットを許し、八番の趙寅成（ＬＧツインズ）にデッドボール。九番の金鍾國（起亜タイガース）が送って、トップの李炳圭（ＬＧツインズ）が犠牲フライを放ち、韓国が一点を返した。差は一点。続く李鍾範に渡辺俊はまたもぶつけてしまい、この試合、三つ目のデッドボール。渡辺俊は四回ツーアウトで、マウンドを藤田に譲った。球数は六〇球だったが、イニングの途中で先発が降りたのは初めてだった。

その直前の四回裏に日本はチャンスをつかんでいた。

岩村、小笠原の連打に、里崎の送りバントが決まって、ワンアウト二、三塁。川﨑がショートゴロに倒れ、岩村がホームで刺され、ランナーが入れ替わる。イチローが歩いて、西岡。

ここで、西岡に吹いていた追い風が突如、向きを変えてしまう。

韓国のピッチャーは、左腕の奉重根（シンシナティ・レッズ）に代わっていた。西岡はその二球目、アウトハイのまっすぐをライトへ弾き返す。誰もがライト線を襲う走者一掃の長打だと思った瞬間、韓国のライト、李晋暎（ＳＫワイバーンズ）がグラブを逆シングルで差し出したまま、横っ飛び——右バッターの逃げていくラインドライブの打球に体を目一杯伸ばしたダイビングキャッチは、西岡の打球をつかみ捕った。次々とランナーがホームを駆け抜けるものの、もちろん得点にはならない。

まさかのファインプレーに、西岡は苦虫を噛み潰した。

これで流れが変わってしまったのか、七回裏、西岡が恐れていたミスが、西岡自身に飛び出す。渡辺俊にデッドボールを三つも受けていた韓国は、一点ビハインドの七回、先頭のイチローに報復ではないかというデッドボールでお返しをする。ノーアウト一塁で、西岡がバッターボックスに立った。ピッチャーは左腕の具臺晟に代わっていた。

西岡は初球、三球目とバントを失敗。イチローをセカンドへ送ることができない。結局、見逃しの三振に倒れてしまい、中国戦でのホームラン以降、八打席ヒットがない福留に代打の和田一が送られる。しかし、キャッチャーへのファウルフライに倒れ、松中も凡退。日本は追加点を奪うことができなかった。

西岡は、自分のミスをこう振り返る。

「だから、あれこそ僕がキーマンやのに、あそこで動けなかったっていうのは、間違いなく僕の失敗です。この試合はそれで負けたな、流れはあそこで切れたなって……まぁ、バントの練習を疎かにしてきたからなんでしょうね。今のロッテでは、シーズン中の送りバントってのを僕、ほとんどしないんですよ。ただ、小笠原さんにも多村さんにもバントはあるっていうし、日本代表に入ったら送りバントはあるかなって思ってましたけど、そんなこと、チームに入るまで認識できてなかったですからね。日本代表の重み、一戦一戦の大事さが、誰であってもバントはあるってことにつながるんでしょうけど、自主トレからキャンプまで、僕はそういう意識でバントの練習してこなかったんで、それは僕の中で一番の反省点です」

そして、八回表。

六、七回を完璧に抑えた第二先発の杉内から、三番手の石井弘へのリレー。杉内の球数がまだ二八球だったことを考えると、杉内の続投でもおかしくはなかった。しかし、八回は石井、九回は大塚というそれぞれの役割を大事に考えるのであれば、決して不思議ではない継投策である。ところが、この継投策には一つ、重大な事実がインプットされていなかった。石井は肩の調子が万全ではなく、ブルペンでのボールは明らかにいつもの石井のボールとは違っていたのだ。

ブルペンで石井のボールを受けていた相川は、そのことに気づいていた。

「僕、アイツと一緒にいる時間がずいぶんあったんですけど、『なんか、おかしいなぁ』ってずっと言ってたんです。『なんか、引っかかるんだよ』って話をずーっとしてて。それでもああやって投げて、結果が悪くて、それでも痛いとは言えなかったんだと思います。選手としては、日本代表っていうのは、肩が痛いとか、どこそこが痛いってなかなか言えるところじゃないんです。

トレーナーにも伝えられない。それでもアイツはヤクルトでストッパーをやってきてますから、多少、痛くてもああいう場面では『行かな、アカンやろう』ってところは多分にあったと思います」

しかし、ブルペンにいた武田コーチはベンチにそういう報告を上げていない。コーチ経験がなく、ブルペンでのノウハウを持たないコーチからすれば、ベンチの指示をひっくり返すことに躊躇したたのかもしれない。武田コーチは相川の意見を求めることなく、石井をマウンドへ送り出した。

つまり、王監督には石井の肩の変調は報告されていなかったのである。

それでもライトを守っていたイチローは、石井の投げるボールを外野から見ていて、すぐに肩の変調を疑っていた。

「明らかにボールが来てなかったからね。最初のバッターを三振にとったけど、これはどうかなって……」

イチローのイヤな予感は、不幸にも的中してしまう。

石井は確かに先頭の李炳圭を三振に仕留めた。しかし、ストレートにはいつものキレがなく、三球目からは変化球の連投で、最後はボール球に手を出してもらったかのような、かろうじて奪った三振だった。

二番の李鍾範には抜けて高く浮いた棒球のようなストレートを、あっさりセンター前に弾き返されてしまい、ワンアウト一塁で三番の李承燁を迎える。

点差は一点。

もちろん、一発だけは避けなければならない。里崎は変化球から入り、ワンボール。二球目にストレートを要求された石井は懸命に腕を振ろうとするが、ボールを引っ掛けてしまって、低めに外れ、ノーツー。三球目は変化球でストライクを取り、四球目、外のストレートがわずかに外れた。

ワンスリーとなって、五球目。

日本での二年間の経験から、日本のピッチャーはストライクが欲しいときには変化球で取りに来ると見透かしていた李承燁のバットが、高めに入ってきた石井のスライダーを捉えた。打球はイチローの頭上を越える、ツーランホームラン――日本は、韓国に逆転を許してしまった。あえて言うが、石井の左肩の状態がベンチに正確に伝わっていなかったことを考えれば、これは明らかに継投ミスだった。

九回裏、ツーアウトランナーなしで、イチローがバッターボックスに入る。マウンドにはメジャーでも対戦している朴贊浩が立っている。

一点差のツーアウト、ランナーもいない場面であれば、イチローが一発を狙わないはずがない。しかしイチローは、一四二キロのツーシームをわずかに仕留め損なった。ボールがショートの頭上に舞い上がる。

韓国（三勝）　三　―　二　日本（二勝一敗）

まるで優勝したかのようにフィールドの真ん中で騒いでいる韓国の選手たちを、日本の選手たちはベンチでジッと見つめていた。

王監督は試合後、選手たちを集めて檄を飛ばした。

「考えようによっては、今日、負けたからといってアメリカに行けないわけじゃない。負けたのが今日でよかったんだ。アメリカに行ったらもう負けられないんだからな」

よほど悔しかったのだろう。

試合後の会見では、珍しく語気を荒げるシーンさえあったほどだ。

「別にサインは出してませんよ。西岡自身の判断です。それは確認してから質問して欲しいと思います」

七回の西岡がバントを失敗した場面。アジアでの日本の力を考えたら自由に西岡に打たせるということはお考えではなかったかという問いに対して、王監督は語気を荒げた。文字にすれば荒げたというふうには思えないかもしれないが、実際、会見での口調はきつく、言葉には明らかに怒りが込められていた。

サインは出していないと言った王監督だったが、この場面、三塁ベースコーチから西岡にバントのサインは確かに出ていた。それでも、それを認めたくない何かが王監督の中にあったのだろう。笑いながらではあったが「負けると質問が多いねぇ」と口に出したことを取って見ても、泰然自若とした指揮官がカッカしていたことは明らかだった。

最後のバッターとなってしまったイチローは、三試合を一三打数三安打で終えた。試合後の会見で今日の結果に満足しているかと問われたイチローは、キッパリと言った。

「もしこれで僕が満足していたら、野球をやめなくてはいけないでしょう」

そして、こうも続けた。

「今日の負けを経験して、試合が終わった後のクラブハウスに戻ったときに、みんなものすごく悔しそうな顔をしてたんですね。やっぱりこの大会にかける想いが、チームとして本当に強いんだなと感じられた。これは心強いことでした」

もちろん、イチローのこのコメントにウソはない。

しかし、すべてが語られていたかと言われれば、そうでもない。悔しそうな顔をしていた選手は「みんな」と表現するに足るだけの人数だったに違いない。しかし、悔しさを感じさせない顔もクラブハウスには存在していた。

イチローは、福岡では選手との距離を測るアプローチをあれこれと試みてきたが、東京に場所を移してからはゲームに集中してきた。もちろん、一プレーヤーとして試合に向けた準備が必要だったということもあるが、食事をともにしたり、会話で盛り上がるというだけでは縮まらない距離が存在していることを思い知らされたということもあった。


投手陣と野手陣。

アテネ五輪に出た者と、それ以外の者。

イチローの周りに集う者と、そうでない者。

日の丸の重みを理解している者と、理解しているつもりでもわかっていない者。

メジャーを意識している者と、意識していない者。

王監督に力を把握してもらっているパの選手と、あまり知られていないセの選手。

イチローより年下と、イチローより年上。

痛みをこらえて無理をする者と、無理をしない者。

試合に出てる者と、試合に出られない者。


悲しいかな、日本代表の三〇名はこの時点ではまだ、さまざまなカルチャーギャップを内包しながら戦っていた。


いずれにしても、キーパーソンになっていたイチローはこう言った。

「大会が始まってからは、僕は無理して話しかけたりするようなことはしてませんし、それは最初にやってみてこれだけではダメだなって思いましたから、その後は必要だと思うことをみんなの前で話しただけです。そのあたりは谷繁さんと宮本さんに助けられましたね。特に宮本さんはチームの中のことをよく見てくれていて、タイミングを見計らって僕の耳元で囁いてくれるんです。チームの気持ちがまとまってないから締めた方がいいんじゃないか、お前から言った方がいいんじゃないかって……」

たとえば川﨑は、悔しがるイチローの姿に逆に励まされたのだと言った。

「イチローさんは、つらいときでも『悔しい』っていう気持ちをみんなの前で言うんですよね。

僕らからすれば、悔しいって言ってくれることで、『ああ、これだけの選手でもやっぱり悔しがるんだ』ってわかると、僕らも同じ気持ちでやっていけると思えるんです」

西岡の場合はこうだ。

「あの時は、僕がバントを失敗して負けてしまったなぁっていうのもあったけど、やっぱりアメリカには行けることは確定していたじゃないですか。そりゃ、負けたことに関してはものすごく悔しいですよ。一位で僕らは行きたかったですし、イチローさんの『アジア一位でいかないとアメリカには勝てないよ』って一言もあって、そりゃ、そうやなって思ったし……でも、その日は別に、普通でしたね。アメリカに行って頑張ろう、もう一回やって、韓国倒したろっていう気持ちでしたから」

そして、宮本の目にはこんなふうに映っていた。

「壮行試合のときはね、試合中に他の話で笑ってる人とかもいたりして、気持ちが一つになっている感じはしませんでした。でも、たとえばメジャーへの意識を取ってみても、みんな『ない』って言うと思うんですけど（笑）、やっぱりメジャーでプレーしたいと思う選手なら、あの場で意識しない者っていないと思うんです。それは仕方のないことだと思いましたし、それが自分勝手な行動に出てしまうなら注意しないといけないと思っていました。そういう行動はなかったとはいえ、今回、それが一番難しい問題でしたね。優勝したいという気持ちと、個人として目立ちたいという気持ち。持ってないって言っても、絶対にそんなはずはないですよ。僕もその立場だったら意識したでしょうし、そこが（チームが一つになることを）邪魔した部分はあったかもしれません。そもそも日本の代表なんですから、プレーだけじゃなくて、ユニフォームの着こなし一つにしても模範でないといけないと、僕は思ってるんです。僕、古い考えの持ち主ですから（笑）」

アジアラウンド、日本は二勝一敗――しかしこの三試合は、チームを熟成させたとまでは言えなかった。最初の二試合のコールド勝ちが妙な余裕を生み、三試合目も、最後の最後でうっちゃられた展開だったため、チームとしての危機感を持つまでには至らなかったのだ。

一次リーグA組、日本は二位通過。

チームの中に漂うモヤモヤとした空気は、依然として低く、広く、たれ込めていた。

韓国に負けてから、二時間半が過ぎていた。

まもなく日付が変わろうかという午後一一時半すぎ。イチローは遅い食事をとるために西麻布の和食屋へやってきた。

「何を食べようか。やっぱり鍋かな。オススメは何？　豚しゃぶがあるの？　いいねぇ、豚しゃぶ、食べたいなぁ」

ところが店員に今の季節にはメニューに豚しゃぶがないことを告げられると、イチローはガッカリした表情で、「じゃあ、違う鍋は何がありますかねぇ」と訊ねた。鶏の鍋がうまいと聞くと、それを頼んで、あとは焼き鳥、和牛のヒレの炭火焼き、さらにレタスとトマト、キュウリだけのサラダを特別に頼んだ。

「僕、匂いのする野菜はダメなんですよ」

ビールを飲み干すと、イチローはふーっと息をついた。

「今日、皇太子殿下と雅子さま、いらしてましたね。いやぁ、すっごいことですよね」

日の丸を背負っているからこそ、それほどの舞台ができあがる。イチローはＷＢＣという場に身を置いてみて、野球の世界一を決めるということへのシンプルな興味に加え、初めて日本という国を意識するようになっていた。同時に、野球選手としてのイチローを育んでくれた日本の野球に何かを返したいという気持ちが芽生えてきていた。そういう時期に第一回のＷＢＣが開催され、日本代表としてその舞台に立ったことは偶然ではなかった。同時に、背負う責任の重さも十分に理解していた。

「僕は、アジアでは日本には向こう二〇年は手を出せないという勝ち方をしたいと言いましたし、テレビを通じてアメリカに勝つとも言いました。そうやって発言することで、自分にプレッシャーをかけてきたんです。そこに向かっていくことで僕自身の気持ちを高めていこうと思ったし、モチベーションを上げていった。生きてる間には、そうした重荷を背負わなきゃいけないときが来ると思っていましたからね。今がその時期だと判断したんです。どんな形で日本の野球に対して返していけるかということは考えなければいけないと思っていましたし、アメリカに行きっぱなしでは終われない。だから、この時期にＷＢＣがあったというのは運命ですし、出ると決めたのも僕の宿命なんです」

日本での最後の夜。

和食を堪能しながら、イチローは嬉しそうにこう言った。

「今日は久しぶりにしびれたね。すごかった。テンション上がったなぁ。試合前からですよ。なぜだかはわからないけど、ファンのざわめきとか、球場の雰囲気がそういうふうになってましたからね。今日は、ホントに野球してるって感じ、したもん。ホッとしたよ。だって、そういう感覚を呼び戻せましたからね」

でも、試合には負けた。しかも、イチローが最後のバッターだった。

「最後？　もちろん、狙いましたよ（笑）。まぁ、負けてよかったというふうにも考えられますから。別に負けた方がよかったというわけではないですよ。プラスに持っていける可能性があるということです。少なくても一〇―〇で勝つよりはよかったんじゃないですか。韓国は、あれがいっぱいいいっぱいですよ。あの喜び方を見たら、もう限界ですね。精一杯ですよ」

いかにもイチローらしい発想だった。

フィールドの上で感情を表現しないのは「相手にスキを見せたくないから」だと、常日頃からイチローは口にしている。

韓国が喜びを爆発させなければ、日本に勝つなんて当たり前だという自信の裏返しだと思わされるかもしれない。その方が、日本からすれば底知れぬ強さを感じさせられたはずだ。喜んだということは、ギリギリで勝った証であり、苦しかったことの裏返しでもある。イチローの言う「スキ」とは、そういうことを指している。決して負け惜しみではなく、喜び方から彼らのポテンシャルの上限を窺い知ったということだ。

アメリカに行けば、韓国ともう一度、戦うことは決まっている。

「ところで、僕らはアメリカでどことやるんですか。最初は一位と一位でやるということは、韓国とアメリカがやって、僕らの初戦はどこが相手ですか。カナダかメキシコ……最後に韓国戦か。アリゾナには何泊するんでしたっけ」

イチローは、次を見据え始めた。

マリナーズがスプリングトレーニングを行っているアリゾナ州ピオリアは、勝手知ったる場所でもある。日本代表はここで三試合、練習試合をしてから、二次リーグの舞台となるカリフォルニア州アナハイムへ移動することになっていた。練習試合の相手にはそのマリナーズも含まれている。そして、ピオリアに隣接するフェニックスでは、一次リーグB組の試合が三月七日から組まれていた。この時点でアメリカの一位通過を疑う者はいなかった。

三月六日。

日本からの直行はないはずのアリゾナ州フェニックスへ向けて、日本代表のチャーター・フライトが成田空港を飛び立ったのは、午後八時だったという。それを見届けていては間に合わないベースボールライターは、乗り継ぎを経てフェニックスへ行くために、その頃はすでにロサンゼルスへ向けて、太平洋の上を飛んでいた。

11

アリゾナは、ビックリするほど寒かった。

三月六日、午後三時八分。アメリカウエスト航空四六便は、フェニックスのスカイ・ハーバー・エアポートに着陸した。

三月のアリゾナといえば、朝晩は多少の冷え込みがあったとしても、こんなに風が冷たいなんてことはあり得ない。昼間はギラギラする陽射しが照りつけ、それでも空気がカラカラに乾燥しているため、暑さがさして気にならない。知らず知らずのうちに水分を奪われてしまうせいで、ペットボトルの水は必需品である。ところが、空港を一歩出ると、いつもの暑さを感じない。それどころか、肌寒ささえ感じる。二月、三月のスプリングトレーニングの時期にアリゾナを訪れるのは、これで九回目だったが、こんなに寒いアリゾナは記憶にない。

空港から少し離れたところにあるレンタカー・センターでは、日本からの記者があちこちのレンタカー会社のブースに並んでいた。アメリカでの野球の取材では、ニューヨークとボストンを除けば、ほとんどの街でレンタカーは欠かせない。日本のように流しているタクシーがあるわけでもなく、電話で呼べばいいといってもあてになるものではない。試合後の取材が終われば夜も更けていることだって少なくないし、効率よく動くためには車を借りるのが一番だ。

さっそくレンタカーを借りて、フリーウエイをフェニックスへ向かった。日本代表が宿泊しているホテルは、ダンラップ・アベニューにある。空港からは車で二〇分ほどだ。日本を出発したのはチームより三時間も早かったが、直行便には到底、かなわない。すでに選手たちはホテルに着いているだろう。一時、メディアもチャーターフライトに同乗できるというリリースがあったのだが、料金設定でトラブってしまい、立ち消えになったと聞いた。

それにしても、代表に選ばれた選手に対して紙切れ一枚が届いただけで記者発表までに一切の連絡がなかったとか、福岡での選手の集合日にバッグもアンダーシャツも用意されていなかったとか、ビザの取得に手間取る危険性があったとか、これほどの国際イベントだったにも拘らず、このWBCでは運営側の不手際を指摘する声をずいぶんと耳にした。

MLBと、MLB選手会が主催するイベントだったためにアジアが軽視されていたことは否めず、ある案件についてNPBが確認しようと掛け合ってもレスポンスが遅く、それがトラブルの原因になっていたのは確かだった。アメリカ側の一方的な都合に振り回されながらも、懸命に対応していたNPBを責める気にはならなかったが、それでも火の粉が選手に降りかかってくるとなれば話は別だ。

フェニックスの日本代表のホテルでは、さっそくトラブルが発生していた。部屋数が足りないというのである。アメリカでは珍しくない話だとはいえ、国を代表する野球チームが、野球発祥の国へ、野球の世界一を決める大会に参加するためにやってきたということを考えると、あり得ないことである。

イチローは、アリゾナの自宅へ向かっていた。

もちろん、シアトルにも自宅はあるが、毎年、スプリングトレーニングのために二ヶ月近く滞在するアリゾナにも彼は自宅を持っていた。WBCでは、自宅のある選手は自宅通いが認められており、福岡や東京でも、自宅から通っている選手はいた。

そのほかの選手は、フェニックスのホテルに泊まることになっていた。とはいえ、ほとんどの選手にとっては初めての街だ。まして、個々には車もない。食事にしても、ホテルには選手、スタッフのために特別に誂えた和食が用意されてはいたが、アテネ五輪で専属シェフの一行が帯同したことを思えば、急誂えの感は否めなかった。選手たちの救いになったのは、この地に慣れている大塚の機転だった。

「食事のことは、初めてではわからないでしょうから、その手配を手伝えればと思って、レストランのリストをね、アリゾナだけじゃなくて、アナハイム、サンディエゴまでとりあえず揃えましたね。まず日本食の店は押さえて……それくらいですよ。アリゾナでは一度、決起集会をやりましたけどね。でも、チーム全体で特別に『よし、がんばろう』っていうのはないですよ。まぁ、あのレベルまでいってる連中っていうのは、グラウンドに入って、試合が始まらないと、まとまらないものですよ（笑）」

運営面のトラブルはこのあとも続いた。

ウエイト・トレーニングの施設が選手の数ほどに十分、確保されていなかったとか、練習場所がきちんと伝わっていなかったとか、選手が個々に練習したいと要望したときの足の確保がなされていなかったりとか、練習中に球拾いが足りなくて取材陣を外野に入れて手伝わせたりとか、バスが道に迷って球場への到着が試合開始ギリギリになってしまったとか、とてもプロの選手たちに見せられないようなドタバタ劇は枚挙にいとまがなかった。

しかも、アリゾナは寒かった。

ＷＢＣの技術委員として日本代表に同行していた横浜ベイスターズの山中正竹専務は、「国際試合では何があっても不思議ではない」と話していたが、それにしてもお粗末な段取りは目立ちすぎていた。それでも山中氏は、バルセロナ五輪の日本代表監督などを務めてきた経験から、サラッとこう言っていた。

「今回のことをドタバタだって言うのなら、今までに味わわされてきた体験は何だったんだってことになりますよ（苦笑）。世界にはいろんな国がある。日本代表の食べ物や練習環境にしたって、選手選考の方法にしても、それこそＷＢＣの審判や組み合わせから分配金まで、問題があることは事実です。でも、どれもが予想の範疇ですよ。日本を出て戦うときは、いちいち驚かないためにも最初からうまくいかないことを覚悟しておけばいいんです（苦笑）」

三月七日、アリゾナで迎えた最初の朝。

日本代表の練習は、夜の七時からだった。

イチローは時差ボケを解消するためには「日光浴がいいんですよ」と、朝早くからゴルフへ出掛けた。

選手たちは三々五々、ホテルの一階に下りてきて、朝食をとる。

久々に、のんびりした時間が流れていた。

そのため、午前中、気になっていた場所へ足を運ぶことにした。フェニックスから車で二〇分ほどの街、メリヴェールでは、ミルウォーキー・ブリュワーズとマリナーズのオープン戦が行われることになっていた。

投げていたのは、大家友和である。

自在にボールを動かしてコーナーに見事に投げ分け、大家は二イニングスを危なげなく投げきった。彼のピッチングには、メジャーのローテーションを守り通してきた投手としての風格が、十分に漂っていた。ブリュワーズのクラブハウスを訪ねると、大家はチームメイトと英語で談笑していた。

「トモ、WBCには出ないの」

「出ないよ、選ばれてないもん」

「なんで？　お前、何かしたの？」

「してへんよ（笑）」

「出ないって言ったの？」

「言ってないよ、そんなこと……」

チームメイトにしてみれば、メジャーで三度も二ケタ勝ったキャリアのある日本人のローテーション・ピッチャーがWBCに参加していないのが不思議だったのだろう。二〇〇五年の七月にワシントン・ナショナルズから移籍してきた大家は、二球団あわせて三二試合に登板、一一勝九敗、防御率四・〇四という数字をマークしていた。二ケタの勝ち星を挙げて負け数を一ケタに抑え、しかも防御率が四点を切った先発ピッチャーというのはメジャーでも少なく、二〇〇五年のシーズンを例に取れば、三〇球団でたったの二八人。大家の防御率は四点を超えてはいたが、それでも彼が残した数字の価値がわかろうというものだ。その年のオフには四五三万ドルという年俸でブリュワーズと契約、これは上原浩治、松坂大輔を遥かに上回る、日本人投手の最高額でもある。

しかし大家はWBCには選ばれなかった。この会話を聞く限り、打診もなかったようだ。大家は言った。

「よく他の選手に聞かれるんですよ、なんでWBC出ないのって（苦笑）」

日本人投手の中で一番高い年俸を受け取り、メジャーでローテーションを守っているほどのピッチャーが、候補にも挙がらなかったというのはいったいどういうわけなのか。

「もし日本人で一番給料をたくさんもらっているとしても、まだ日本人で一番のピッチャーだとは思われてないということなんでしょう。もっと見るに値する投手だと思ってもらえるようにならないとね……」

日本のプロ野球で五年間プレーして、通算一勝。アメリカでもマイナーから這い上がってきた大家は、『日本でダメだったのに、アメリカで苦労して成功した』という図式で語られがちな存在だ。しかし、そうではないと大家は反論する。

「日本でダメだったからこっちに来たなんて、そんな甘いもんじゃないんです。僕はアメリカで野球をやりたかったからこっちに来たわけで、日本でダメだったなんて、自分では一度も言ったことはないですよ。あのまま日本でやっていても、あの後、やれたかもしれないしね」

先入観を取り払ったり、一度、貼られてしまったレッテルを剥がして真実を見ようとすることは、思う以上に難しい。大家がこの場所にたどり着くまでに乗り越えてきたカベの数と高さは、「マイナーから這い上がってきた」などという表現で語り尽くせるものではないのだろう。

人間誰しも、行きたい場所があってそこに向かう途中、いくつものカベにぶつかったとしたら、自分で乗り越えない限りは近づくことはできない。そういうささやかな達成感を積み重ねてこそ、プライドを抱くことができる。

「それをプライドと呼ぶかどうかは別にして、ここまでやってきたことは簡単なことではないと自分でも思っています。ただ、アイツができるんだから日本から来る他のピッチャーもできるだろうって……それは、あまりにもナメられてますよね（笑）」

ちょうど、その頃。

王監督は、フェニックスのチェース・フィールドでB組の開幕戦、アメリカ―メキシコ戦を観戦していた。アメリカは、ジェイク・ピービ（二〇〇五年、サンディエゴ・パドレスで一三勝、奪三振王）からマイク・ティムリン（ボストン・レッドソックスで七勝一三セーブ）、チャド・コルデロ（ワシントン・ナショナルズで二勝四七セーブ）、ダン・ウィーラー（ヒューストン・アストロズで二勝三セーブ）、トッド・ジョーンズ（デトロイト・タイガースで一勝四〇セーブ）、ジョー・ネイサン（ミネソタ・ツインズで七勝四三セーブ）、そして最後がブラッド・リッジ（ヒューストン・アストロズで四勝四二セーブ）につなぐ。豪華絢爛な七人のリレーでメキシコを四安打に抑え、二塁も踏ませずに完封勝ちを果たした。

先発のピービは三イニングスを九人で片づけ、要した球数はたったの二三球。アメリカのバック・マルティネス監督は、先発をピービ、ロジャー・クレメンス（ヒューストン・アストロズ）、ドントレル・ウイリス（フロリダ・マーリンズ）の三人に託し、あとはリリーフ要員をズラリと揃えてきた。試合の序盤、四回以降はリリーフをつなぐ戦略は、メジャーのピッチャーが長いイニングを投げたがらない三月という時期を考えれば、妥当だと言えた。

王監督は、「これだけの投手陣でこられたら、先行しないと苦しいね。先発がわりと早い回で引っ込んで、あとは右、左と、次々に出してくるはずだからね」と話した。

日本代表は、アメリカのインサイド・エッジというデータ会社から、メジャーリーガーのデータを入手していた。最近では、ストライクゾーンを九分割してコース別の打率を出し、長所と短所を割り出すなどという手法は珍しくもなくなったが、インサイドエッジ社のデータには、ボールゾーンのデータまで書き込まれていた。そのデータはすでにキャッチャーに渡されていた。谷繁が言う。

「まぁ、あのくらいの紙のデータなら、今の日本にもありますし、そんなに量もないですから。まず紙を見て、一番打っているゾーンを確認して、あとは初球を振ってくるのか、ファーストストライクを見逃すタイプなのか、そういうことを頭に入れてから、ビデオを見ます。それで自分のイメージを書き込んで……でも、データも大事ですけど、ピッチャーの調子、バッターの調子にもよりますし、ある程度の大まかなゾーンだけは覚えておいて、そこは避けるというふうにしていきながら、ピッチャーの持ち味を出していくということが大事だと思いますね」

日本代表には、三人のキャッチャーがいた。

谷繁、里崎、相川の三人である。

谷繁はアテネ五輪のアジア予選のメンバーとして、城島健司のバックアップを務めていた。里崎は、ロッテを日本一に導いた強打が王監督の目に留まった。阿部の代役として選ばれた相川は、各球団二人の人数制限を設けていた関係で、谷繁に代わってアテネ五輪で城島のバックアップを務めていた。

それぞれの役割をどう考えるか。三人のキャッチャーの使い方も、このチームの重要なテーマだった。

アメリカ、メキシコかカナダ、そして韓国。

二次リーグで対戦するのは、この三〜四つの国に絞られている。準決勝で当たるのも、この中の一つだ。ならば里崎は韓国、谷繁はアメリカ、相川はカナダかメキシコというような担当制にするという手はないのかと思い、谷繁に聞いてみた。

「とんでもない、全部見ますよ。三人とも、全部見ます。ベンチの中にデータがあって、それを確認して出てるキャッチャーに伝えるというのは大事な仕事なんです。アテネのときは城島がマスクをすべてかぶって、僕はベンチからのサポートをしていたんですけど、こういう試合では相手のことがよくわからないのでベンチから的確な情報が必要ですし、ベンチにいながらにしてゲームの中に入っていくというのは普段とはまったく違う集中力が求められましたね。超短期決戦というのは全員でやっていかないとね」

午後五時になろうかという頃。

イチローがピオリアにあるマリナーズのクラブハウスにやってきた。マリナーズのチームメイトはすでにスプリングトレーニングを行っており、オープン戦も始まっている。城島とも久々の再会を果たした。遅れてきた主役が、ようやくピオリアのフィールドに立った。

とはいえ、ユニフォームは違う。日本代表が使用するフィールドも普段はマイナーの選手たちが使っているところだった。

練習が始まったのは午後七時。

すっかり暗くなり、照明の灯が緑の芝を浮き立たせる。イチローは、室内のケージ、本球場でのフリーバッティング、居残りの特打と打ちまくった。アッシュ材のバット、メジャーのボール、対戦するピッチャー、そして空気——この五年でイチローはすべてをアメリカ仕様にアジャストしてきた。やはり今のイチローは、アメリカの風景にこそ溶け込んでいる。

バッティング・ピッチャーを務めていたのは、背番号七二の野中徹博だった。今回の日本代表には、野中の他に河野博文、津野浩の三人のバッティング・ピッチャーが帯同していた。

福岡で初めて野中の球を打ったとき、イチローは野中に嬉しそうに話しかけていた。

「ついに野中さんの球を打てるんですねぇ。僕の憧れの野中さんの球を打てるんですから、光栄です」

それ、逆だろ、光栄なのはこっちだよ言って笑う精悍なバッティングピッチャーは、確かにイチローが憧れ続けた存在だった。

野中徹博。

ドラフト一位で阪急に入団、一九八四年から阪急、オリックスで六年間プレーしたが、勝ち星を挙げられぬまま解雇され、いったんはサラリーマンとなった。しかし野球への思いを断ち難く、三年のブランクを経て台湾プロ野球、俊国ベアーズのテストに合格、海を渡った。そのシーズン、野中は一五勝をマークして、オフには中日ドラゴンズのテストを受け、再び合格を勝ち取った。誰もが無理だと決めつけていた日本球界への復帰を、野中は四年ぶりに果たしたのだ。

「それでも、僕はプロに行ってからもずっと〝中京の野中〟と言われ続けましたよ」

野中はそう言って苦笑いを浮かべた。中日を解雇されてからもヤクルトスワローズのテストに合格、そこで念願のプロ初勝利をマークした。一九九八年に引退するまで、プロで足かけ一一年ものキャリアがありながら、野中はいつまでも〝中京の野中〟だった。中京のエースとして甲子園を沸かせた怪物投手は、それほどのインパクトを与えていたのである。当時、愛知県の小学生だったイチローにとっても、野中は憧れのヒーローだったのだ。野中は照れくさそうだった。

「そんなふうに思ってもらえるなんて、幸せですよね。だって、あのイチローですよ」

今回のWBCに野中がバッティングピッチャーとして帯同することになったのは、その二〇〇五年の秋、マスターズリーグの名古屋エイティデイザーズのトライアウトに合格、そこでのピッチングが関係者の目に止まり、「生きた球を投げられるから」と、声をかけられたからなのだという。

「ホントに嬉しかったんです。選手と同じジャパンのユニフォームを着て一緒に戦えるんですから、本当に幸せですよね。現役時代に持っていたイメージを思い出して、このバッターはこのコースに強かったなというところに投げるよう心掛けています。バッターにはできるだけ気持ちよく打って欲しいし、右腕がぶっ飛んでもいいと思ってますから」

この時期、打ち込んで不安を解消したい選手は多いはずだ。福留はバッティングフォームを変えたばかりだし、練習のムシと言われた川﨑もわずか七分そこそこのバッティング練習で満足できるわけがない。各球団の主力級が揃っているのだから、メンバー全員が思い通りの練習メニューをすべてこなすことは物理的に不可能だろう。WBCに出たことで選手が払っている犠牲は決して小さいものではないのだ。だからこそ野中は「言ってくれればいくらでも居残りにつきあう」と言う。

現在、野中はサラリーマンをしながら、長野県佐久にあるクラブチーム『佐久コスモスターズ』の監督兼選手を務めている。彼はその仕事をすべて休んで、WBCのためにはせ参じたのだ。オリックスを解雇されて以来、三度もクビを言い渡された野中は、台湾、中日、ヤクルト、そしてマスターズ・リーグの名古屋に至るまで、四度もテストを受けてすべてに合格。切れた糸をそのたびに結びなおして、野球にしがみついている。

「往生際が悪いですよね（笑）」

白髪まじりの野中は、もう四〇歳になった。それでも二〇〇五年のシーズン、マスターズ・リーグで最多奪三振のタイトルを獲得した彼は、「まだ現役で投げられますよ、今年こそはマスターズリーグで一四〇キロ投げますから」と言って笑っていた。野球界から何度、見限られても、そのたびに野球界に舞い戻ってくる不屈の執念。去っていくものにはとことん冷たいプロ野球の世界にあって、これほどもがいてくれた選手も珍しい。野中は「プロをやめた選手がもっとアマに戻りやすい環境を整えて欲しい」と願っていた。

イチローは、そんな野中の投げたボールを、いくつもピオリア・スタジアムの芝生席に放り込んでいた。

午後九時過ぎ。

暗闇に包まれたピオリアに、光の輪ができた。イチローは、翌日のマリナーズとの練習試合について問われると、「間違えないようにしないとね。マリナーズの一番で立っちゃうから」とおどけてみせた。しかし、韓国戦に負けて乗り込むことになった移動中の機内の様子を訊くと、毅然としてこう言った。

「そんなことを引きずっている人は、ここには一人もいませんから」

12

三月八日、事件が起こった。

アメリカがカナダに敗れたのである。

二〇〇五年に二二勝を挙げて最多勝に輝いたアメリカの先発、ウイリスが、三回途中までに五失点の大炎上。大会後に引退することになっていたベテランのアル・ライター（ニューヨーク・

ヤンキース）も打ち込まれ、ジェイソン・バリテック（ボストン・レッドソックス）の満塁ホームランなどで六点を返したものの、結局、六―八で敗れ、B組の行方は混沌としてきた。

アテネ五輪で三位決定戦を戦ったカナダの力を過小評価していたわけではないが、それでもデレク・ジーター、アレックス・ロドリゲス（ともにニューヨーク・ヤンキース）、ケン・グリフィーJr.（シンシナティ・レッズ）ら、超一流のメジャーリーガーを揃えたアメリカの一位通過は間違いないと誰もが思っていた。

これで一次リーグ敗退の可能性さえでてきたアメリカの予想外の結果に、試合を観戦した王監督も「相手がどことやることになっても自分たちの状態が上がっているという手応えがあればいいんだ」とコメントした。

その日、日本代表はマリナーズとの練習試合を行った。

先発した上原は、キャッチャーの谷繁との息もピッタリで、レギュラーが半分だったマリナーズを完璧に抑え込んだ。五回を投げて、打たれたヒットはわずかに一本。五四球では物足りなかったらしく、上原はそのままブルペンに直行して三〇球を投げた。順当に考えれば、上原の次の登板は一二日。つまり中三日ということになる。

「あれっ、そうでしたっけ。だったら投げるんじゃなかったな」

そう言って笑い飛ばした上原は、饒舌に話を続けた。

「今日はスライダーをかなり投げました。あとは、シゲさん（谷繁）に試したいと伝えていたことがあって、左バッターのアウトコースへのフォークと、右バッターの膝元へのフォークを使い分けることをテーマにしていたんですけど、それもうまくいきましたね。こっちのマウンドは高いので、身長のある自分には有利な感じがします。楽しく投げられたかな」

異常気象とも言える寒風が吹き荒ぶピオリアで、上原は「寒い、寒い」を連発しながら体を冷やさないようにと、したたる汗を拭っていた。

試合後、ピオリア近くのコリアン・バーベキューの店で投手会が開催された。アリゾナで、夜遅くまで開いている美味しい店を探すのは容易ではなく、大塚が音頭をとって普段からよく行く店を紹介し、ピッチャー陣とキャッチャーが集まった。

相変わらずイチローのロッカーの隣を巡って、チルドレンはしのぎを削っていた。「明日は僕だ」と青木が言えば、「今日はイチローさんにヒットが出た、その流れを変えちゃいけないから明日も僕だ」と川﨑が返す。「じゃあ、その次は僕っすよ」と今江。そんなイチローチルドレンを「可愛いねぇ」と笑いながら眺めていたイチローは、川﨑と今江をアリゾナの自宅に招いた。今江はまさか自宅に招かれるとは思っていなかったそうで、それを聞かされて仰天したのだという。

「僕、イチローさんに福岡でご飯を食べに連れていっていただきましたから、アリゾナでも『今日、空いてるか』って聞かれて、どこかのお店にご飯を食べに連れていってもらえるんだと思っていたんですよ。で、解散になって、イチローさんが車で待ってるっていうからムネさんと一緒に大急ぎで行ったら、イチローさんの車で、イチローさんが運転していて、家に行くって聞かされて、もう、『ええっ、マジですか』って……」

今江と川﨑は、すぐさまジャンケンだ。

「よっしゃあ」

勝ったのは今江。助手席、ゲット。車の中には、いつものようにミスチルが流れている。

「もう、どうしようかと思いましたよ、緊張しまくって……」

イチローの自宅では、妻の弓子さんが手料理を準備していた。

「えっと、アスパラのスープと、ステーキと、あとはどんぶりものも出していただいて、もう、メッチャ美味しくて」

川﨑も、〝すごい〟の連発だ。

「すごいなぁと思ったですね。やっぱり違うなぁ、すごいなぁ。アリゾナの家もすごいけど、シアトルの家はもっとすごいって聞きましたし、いやぁ、すごいなぁ」

当然、二人だけがイチローの家に招かれたことは、イチローチルドレンの間で波紋を呼んだ。

「嫉妬されましたよ、かなり嫉妬された（笑）。だからね、言ったんですよ。僕は〝連れていって下さいオーラ〟を出し続けたからだって」


三月九日、事件はまたも勃発した。

今度は日本代表が消えたのである。

フェニックスのホテルからピオリアの球場までは車を走らせて二〇分ほど。この日はさらにそこから一五分ほど離れたサプライズという街の球場へ行くことになっていた。ここではテキサス・レンジャーズとカンザスシティ・ロイヤルズがスプリングトレーニングを行っていて、日本代表はレンジャーズと練習試合を行う予定だった。出発前、アメリカのピッチャーのビデオを見ながらミーティングを行い、チームバスに乗ってスタッフ、選手たちはホテルを出た。

ところが、予定の時間になっても日本代表の関係者が現れない。球場のベンチは空っぽ、クラブハウスにも誰もいない。さすがに報道陣もどうしたのかと思いきや、なんと道に迷った挙げ句、道の選択を間違って遠回りをしてしまい、球場への到着が四五分も遅れたというのである。

しかも、大急ぎで練習しようとフィールドに出てみたら、ケージはない、用具も用意されていない。大島コーチが思わず大声で「おーいっ、オレたちはどこで練習すればいいんだ」と怒鳴り散らしたほど。結局、三々五々、本球場から少し離れた練習用グラウンドまで移動させられるハメになった。試合開始が迫る中、選手たちは大急ぎでアップして、打って、体を動かす。

試合開始まであと二〇分というころだったか、先発することになっていた松坂が、練習用グラウンドから球場まで、全力で走っていた。

「だって、試合まであと三〇分しかないって言われて、アップも一〇分そこそこで切り上げて、『間に合わねぇ』って球場までダッシュですよ（苦笑）。しかも、ブルペンに行ったら『ボールがねえ』『どうしようもない、間に合わない』って、もうドタバタでした」

試合開始の直前、球場に流れるアメリカのナショナル・アンセム。静まり返る球場に、澄み渡った歌声。そこへ突然、パーンというミットの音が響く。また歌声に聞き惚れていると一定のリズムで、パーン。ブルペンでは、なりふり構わず、投げ込む松坂の姿があった。

「すぐ、誰かに言われましたよ、『お前、国歌が流れてるのに何やってんだ』って（苦笑）」

それほどギリギリの突貫工事で試合に臨んだ松坂。

二月二五日の壮行試合、三月一日のジャイアンツとの練習試合、三月四日の台湾戦に続いて、この日が四度目の実戦マウンドだった。結果は四イニングスで一失点、七〇球のピッチング。松坂はようやく自信と手応えをつかんでいた。

「ボールに馴れるのに思ったより時間がかかって、結局、準備はギリギリまでかかりました。あのレンジャーズとの試合までです。間に合った、と思いましたね。最初の一球目は、ボールの指へのかかり方が全然、違いましたから。これだったらいける、あぁ、やっとだって思いました」

試合を取材するときは、スコアブックの他に配球チャートをつけている。ストレートは〇、スライダーは△、フォークは▽、チェンジアップは□、カットボールは△を右に九〇度、シュートは△を左へ九〇度回転させたマークを、ツーシームは半円で表記する。

この日、取材メモにつけた松坂の配球チャートを振り返ると、それまでとは明らかに違う傾向が二つ、見て取れた。

一つは、〇のマークがストライクゾーンの低めのエリアに集まっていたこと。つまり、ストレートが低めにいっていたことを意味している。そしてもう一つは、カットボールがほとんどなかったこと。松坂のピッチングのパターンからは考えられない。

「メジャーのボールに馴れないうちは、カットボールは滑って曲がらなかったり、曲がりすぎたり、その加減が難しかったので、使うのをやめたんです。やっぱり、ボールへの不安は大きかったですね。あそこで初めて、唯一の自分の中の不安がなくなりました。僕の場合、相手よりも自分のコンディションと、ボールに対する不安が大きかったから。僕だけじゃなくて、ピッチャーはみんな、そうだったと思います。投げ込めば変な張り方をするし、とにかく大変でした。WBCの前には、調整が早くなって大変だとか、けっこう言われたんですけど、僕は『何、言ってんだ』って簡単に考えていたんです。(笑)。一ヶ月早いってことは一ヶ月早くやればいいんじゃん、一二月から投げれば間に合うよって。でも、やってみて思いました。ホント、大変でした(苦笑)」

この日はもう一つ、ドタバタがあった。

試合だというのに、ユニフォームをホテルに忘れてきた輩がいたのである。

「ありましたねぇ。あれは、いつだったかな。確か、練習試合だったんでTシャツで試合やりましたね。もちろん、わざと忘れてるわけじゃないんで……」

そう言って苦笑いを浮かべたのは、西岡である。

「忘れたときは、心の中では『しまったぁ、どないしよう……』って思って、ヘコんでましたよ。たまたま練習試合だったんで、Tシャツでできましたけど。心の中では『どうしよ、どないしよ』ってヘコんでましたよ。でも、今から試合やし、もう忘れたもんはしゃあない。どんなに振り返っても、しまったぁと思って落ち込んでも、ユニフォームが出てくるわけでもないし。そうなったらもう、開き直りですよ。開き直り、早いんで。へへっ」

そうやって開き直れるメンタリティこそが、西岡の持ち味でもある。慎重になりすぎても思い切りのよさが消えてしまう。だから、西岡というプレーヤーの存在は両刃の剣だった。

決して愛想のいいタイプではない。先輩からは、アイツは何を考えているのかわからないと言われてしまいがちだ。かといって生意気な口を利いて、逆らうわけでもない。

野球センスは抜群、度胸もある。ここ一番では、でっかい仕事もサラッとこなしてしまう。しかし、どこか危なっかしい。理屈よりも感覚、努力よりも才能に頼っている。だから、どうしても波が生まれる。大胆な発想がなければできないようなプレーを見せたかと思えば、繊細さを必要とする場面で些細なミスを犯してしまう。もちろん感覚も才能も人並み外れているからこそ魅力的に映るし、チームに思いもしない勢いをもたらすのだが、だからこそ、両刃の剣なのである。

西岡は、日本代表の最年少プレーヤーだった。

「運がよかったんだと思います。去年、チームが日本一になったから僕の名前も少しは注目してもらえて選ばれたんだと思うし、あと、一番の運といえば（ホワイトソックスの）井口さんが出なかったことですよね。もし井口さんが出てたら僕は多分、出てなかったし、力から言えば、誰がどう考えても井口さんの方が上ですから。井口さんの欠場が、僕にとってはすごく幸運でしたよね（笑）」

イチローが西岡のプレーを見て、「いやぁ、いい選手だねぇ」と驚き呆れていたのを思い出す。打率も高い、盗塁もできるとなれば、文句のつけようがない。イチローのあとを打つ二番バッターとしてホームランも打てるし、プッシュバントもする。

しかし、実は彼はチームの中での〝問題児〟だった。

野球センスは抜群なものの、チャラチャラしているように見える、一見、問題児。思いもしないビッグプレーを見せてくれるかと思えば、思い切りのよさが裏目に出てとんでもないミスをしでかすこともある。あまり感情を表に出すことがなく、何を考えているかわからない。長すぎる髪が日本代表にそぐわないと、谷繁からは「お前、チャラチャラしとったら、承知せんぞ」と脅されたこともある。西岡は言った。

「髪の毛、伸ばしてたからチャラチャラ見えたんでしょうね。谷繁さんも笑いながらでしたけど、『オレ、キャッチャーやからな』って言うんで、シーズン中にぶつけられたら大変だと思って、『やめてくださいよ』って（笑）。僕がメンバーの中で一番年下でしたし、みんなが気にかけてくれてましたよね。すごく、かわいがってもらいましたよ」

戦力から考えれば明らかにチームの中でも重要なキープレーヤーの一人でありながら、結果を出すほどに目立ってきた彼の雑なプレーに危機感を抱く選手たちは多かった。

だから、宮本が西岡の耳元で改めて囁いた。

「緊張ばっかりしてたら、お前の持ち味が出なくなるからな」

国際ゲームでのワンプレーの重要性を理解してもらいたかった宮本だが、西岡の反応は暖簾に腕押し。はあ、という曖昧な言葉しか返ってこないため、言いたいことが伝わっているのかどうかもわからなかった。そこで今度はイチローが、西岡にこう聞いた。

「お前、野球が好きか」――。

西岡は小声で、しかしハッキリと即答した。

「ハイ、好きです」

イチローは、西岡のその言葉を聞いて、彼に対して迷うことがなくなったのだと言った。西岡はその瞬間のことをこう振り返った。

「そうそう、僕ね、いろんな人から言われるんですよ。僕のプレーはダラダラ見えるみたいで、やる気あるのかって……たぶん、適当に見えるプレーなんです。変に自信があって、まぁ、いけるやろって気持ちでプレーしてるから。でも僕の中では前向きに進んでるし、自分でそれはプラスやと思ってやってるしね。そういう面がなくなって、いちいち『ああ、失敗した、どないしよ』って思ってたらプロではやっていけないと思います。そういうところが周りから見たら『もっとガーッといけよ』ってことになると思うんですけど、僕って反応が薄いんですよ（笑）。僕に何かを教えてくれようとした人はみんなそうらしいんですけど、何か言ってもらっても『はぁ、そうスか』って感じで言っちゃうんで、なんだ、コイツってなっちゃうんでしょうね（笑）。でも、僕なりにはちゃんと受け止めてるんです」

感情が表に出ない分、誤解されやすい。しかし、西岡はアツい男である。チームを盛り上げるためにはしゃぐイチローを見て『この人はすごい』と感激し、どの選手にも気配りを忘れない宮本のことを『日本代表にずっといて欲しい存在です』と素直に尊敬している。宮本は、西岡のことを「厄介なヤツだ」と言って、こうつけ加えた。

「アイツだけはわからなかったですねぇ。川﨑とか今江、青木もそうですけど、話せば伝わってるなって感じはするんです。でもあの男だけは『コイツ、わかってんのかなぁ』って心配になる

（苦笑）。いい意味で、昔の悪ガキみたいな印象を持っていたので、かわいいのはかわいかったんですけど、伝わってんのかどうかがわからなかったんで、西岡だけには『日本代表とは……』みたいな話はしてないんですよね（笑）」

もちろん、そういう意味での〝問題児〟は西岡だけではなかった。

福岡の壮行試合のときに首のむち打ちを訴えた岩村にしても、アリゾナの練習試合で足が痛いと言って試合の途中でベンチに下がった多村にしても、痛いの痒いの言ってる場合じゃないだろうという声は聞こえてきた。とりわけ、絶対に負けられないというプレッシャーがＷＢＣよりも遥かに強かったと誰もが口を揃えるオリンピックを知る選手たちにしてみれば、物足りなく映っていたに違いない。宮本は、こんな話をしていた。

「日本代表っていうのは、他に選ばれたい選手はいくらでもいるはずなんです。だから、小笠原のように痛いなんて一言も言わずに、いつも試合が終わったらそこらじゅうアイシングしてるヤツを見るとこっちも熱くなってくる。一人で独特の雰囲気は作ってますけど、ああだこうだと言わずに黙々とやっているじゃないですか。きっと、痛いと思いますよ。あんなにあちこちアイシングするんなら氷風呂に入ったらいいのにと思うくらい、全身をアイシングしてるんですから。もう、模範ですよ。ああいう選手が、本当に日の丸への責任を持ってプレーしている選手なんだと思います」

間違いなく、温度差はあった。

投手陣と野手陣。

アテネ五輪に出た者と、それ以外の者。

イチローの周りに集う者と、そうでない者。

日の丸の重みを理解している者と、理解しているつもりでもわかっていない者。

メジャーを意識している者と、意識していない者。

王監督に力を把握してもらっているパの選手と、あまり知られていないセの選手。

イチローより年下と、イチローより年上。

痛みをこらえて無理をする者と、無理をしない者。

試合に出てる者と、試合に出られない者。


日本代表にはびこるカルチャーギャップは、依然として存在していた。

試合後には、投手会と同じコリアン・バーベキューの店で、今度は野手会が開催された。投手会の開催を聞いた大島コーチが、野手もやろうと思い立ったのだという。急だったこともあって、自宅に戻るイチローと所用があった松中は欠席したが、野中を始めとするバッティングピッチャーやブルペンキャッチャーなども招かれ、韓国風の焼き肉を堪能した。

しかし、実はイチローは、疑問を感じていた。アリゾナで、夜の遅い時間に食事に行くとなれば選択肢は限られてくることは百も承知の上で、それでも選手たちが韓国料理の店で食事をしていることが、イチローには理解できなかったのだ。

「だって、東京で韓国にああやって負けて、その悔しさを持ったまま次に戦うことがわかってるわけですからね。そういうときに、コリアン・バーベキューの店には意地でも行かないという気概が欲しいじゃないですか」

三月一〇日。

日本代表は、アリゾナ州メリーヴェールでブリュワーズ戦を戦うことになっていた。本番前の、最後の実戦である。

しかしこの日もまた、日本代表に事件が起きてしまった。

左肩の痛みから投げられないでいた石井の帰国が急遽、決まったのだ。日の丸の重みを知る石井は、福岡でケガをして代表を辞退していた黒田に相談していた。黒田が言う。

「東京ドームの韓国戦を見ていて、ちょっとおかしいなという感覚は僕の中にもあったんで、心配していたんです。それで電話とかメールで話はしましたけど、アイツもすごく迷ったと思いますね。中途半端なことはできないっていう気持ちはアイツの中にもあったと思いますし、痛みをこらえているような状況で抑えられる大会ではないっていうのはわかっていたでしょうし。で、(石井)ヒロトシから国際電話がかかってきたんです。いきなり『帰ることになりました』っていうから、僕、最初は冗談かなぁって思いました。でも、投げられないピッチャーがずっといるっていうのはチームにも、周りのピッチャーにも負担にもなりますし、次に交代で来るピッチャーにも早めに伝えなきゃいけない。そういうことを考えての決断だったと思います」

石井に代わって、福岡ソフトバンクホークスの馬原孝浩が招集され、渡米することになった。左の抑えとして八回のセットアップを期待されていた石井の離脱で、投手陣の再編成は避けられない状態となった。

事件は、それだけではなかった。

試合前の練習のことだ。谷繁が血相を変えて、鹿取コーチに詰め寄っている。

「鹿取さん、話が違うじゃないですか」

聞けば、この日の先発キャッチャーが里崎だったことに腹を立てているようだった。しかし谷繁は自分が出たくて怒っていたのではなかった。相川がそのときのことをこう説明した。

「僕はアリゾナの三戦目に先発だって言われていました。ですから試合前、当然、『今日はオレだ』って気持ちで球場に来て、準備のつもりで練習するじゃないですか。グラウンドでは監督がみんなの前で『今日は本番を想定した戦い方をするつもりで采配するから、みんなもそう思ってやってくれ』って言うので、『もちろんです』って気持ちになっていたんです」

ところが、谷繁が異変に気づく。

バッティング練習を見ていた谷繁は、里崎の練習を見て違和感を抱き、相川に確認した。

「お前、スタメンだろ」

「ハイ」

「じゃあ、なんでサトが先に打ってるんだ」

谷繁もまた、アリゾナで三試合を戦う練習試合は『初戦が谷繁、二戦目が里崎、三戦目は相川だ』と鹿取コーチから直に聞いていた。そこで、谷繁と相川はまさかと思い、スターティング・ラインアップのボードを確認にいった。

「そしたら僕の名前が書いてなくて……」（相川）

やはり、先発は里崎。その瞬間、谷繁の侠気に火がついた。

「なんじゃ、こりゃ」

「まぁ、いいや……」

「お前、何も言われてないんか」

「何も言われてないですけど、もうしょうがないですよね。僕の実力が劣ってるんだし」

「本番では試合に出られないにしても、オレたちだって調整はいるんだよ」

烈火の如く、怒りだした谷繁は、鹿取コーチに直談判に出向いたというわけだ。

「鹿取さん、これはないんじゃないですか。三戦目は相川だって僕らに言いましたよね」

「そうだったか」

「言った、言わないの話をしてもしょうがないですよ。一言でいい、『スマン、今日は里崎で行く』ってきちんと言ってもらえれば、僕らも納得しますよ。なぜ、その一言がないんスか」

「スマンなぁ」

相川がスタメンではないことを知ったのは、試合開始の直前だ。首脳陣からすれば、本番を見据えた戦いをするために、本番前の最後の実戦で里崎を使っておきたかったのだろう。しかしこれでは、試合に出られない選手への気遣いが足りなかったと言われても仕方がない。

負けられないゲームの続く短期決戦の国際舞台ともなれば、試合に出る選手が分けられてしまうのは戦術上、やむを得ない。試合に出る選手と出ない選手に大きな力の差があるはずもなく、選手としては忸怩たる思いを抱えながらも仕方がないと受け入れざるを得ない範疇の話だろう。しかし、三月という時期に試合に出られなかったことで彼らが背負ったリスクは計り知れなかったと思う。

日本代表の選手たちにしてみれば、思うように練習をこなせていないことは明らかだった。各球団のレギュラークラスが集まって、決められた時間の中で練習の配分を決める。ただでさえ一人当たりの時間が限られてしまう上に、打ち込みが不足していると感じたとしても、イチローなどの限られた選手を除けば、早出や居残りを申し出られるような環境にはなかった。イチローはマリナーズの施設を遠慮なく使える立場にあったし、練習パートナーもいた。まして、試合に常時出ている選手を優先する空気がチームを支配するのは当然で、だからこそ、試合に出られない選手へのフォローは首脳陣の仕事だったはずだ。

里崎、谷繁がいて、確かに相川の存在はバックアップだったのかもしれない。そんなことは相川だってわかっていたはずだ。日の丸への思い入れは人一倍強い相川は、アテネ五輪でも城島のバックアップだった。しかも、城島は相川の同級生だ。それでも、相川がそのことに対して不満を漏らしたのを聞いたことがない。

「アテネのときは全勝で金メダルっていう合言葉があったので、僕は補欠でしたけど、補欠の僕でもプレッシャーを感じるくらいの雰囲気がありました。やっぱり、プロ野球の選手だけでオリンピックに出るのは初めてのことで、そんな歴史的な一員として行かせてもらったんですから、試合には出られなくてもブルペンキャッチャーだって、荷物運びだって、何でもしようと思いました。でも、僕らがやる前に宮本さんや高橋由伸さんが率先して荷物を運ぶんですよ。そんな姿を見てしまったら、もう僕ら、バスを降りたら、『やります、やります』って、全員がやるという空気がずっと続いてましたね。それが当たり前になって……だから、試合に出てるとか、出てないとか、そんなことに誰も不満は持ってなかったと思いますよ」

相川はアテネでは九試合のうち、三試合に出場している。しかしそれも城島を休ませるための交代だったと言ってよく、打席には立っていない。しかも、アテネではブルペンキャッチャーの登録が認められておらず、相川はブルペンでリリーフ陣のボールを受け続けた。そんな相川の気持ちが、思わぬ形で報われる。

「ミットをもらったんです。そこにはピッチャーと、コーチの方のサインが書いてあって、みんな、僕に一言ずつ入れてくれているんです。たぶん、城島が言ってくれたんでしょうね。これは僕の勝手な妄想ですけど、『アイツが裏方で支えてくれたから』とか何とか言って……僕は何も知らなかったんですけど、ピッチャーがみんないる中で突然、城島に『相川、ちょっと来いよ』って呼ばれて。『どうしたの』って聞いたら『これ、みんなから』って。支えてくれてありがとうって言葉がミットいっぱいにあふれていたんです。なぜか、城島のミットだったんですけど（苦笑）」

相川はブルペンで準備するピッチャーのボールを受けながら、それでも試合展開を懸命に追ってノートに結果を書き記していた。中継ぎとしてマウンドに上がるピッチャーに、バッターの特徴やその日の結果を正確に伝えるためだった。

「僕は正直、試合にも出られませんでしたけど、ああいう環境の中で、熱い思いを持ってプレーできたことが財産になったし、それからは失敗して気持ちが萎えそうになっても堪えることを覚えました。だから、アテネには本当に行ってよかったと思っていたんです。あの経験があったからっていうところを、僕は強く感じましたね」

しかしWBCでは、相川の役割はこうだ、よろしく頼むという言葉がなかった。カープで四番を打ってホームランキングに輝いた新井にしても、ライオンズで五番を打って首位打者を獲得した和田一にしても、試合に出られなければ、何のためにここにいるんだと疑問を抱くのも当然だろう。あるいは試合に出られなくてもチームの中での役割が明確ならば、モチベーションも保てる。しかし残念ながら、今回の日本代表というチームの中ではそのあたりは明確ではなく、ベンチを温めるにあたっての一言が欠落していた。

些細なことかもしれない。

しかしその些細なことの積み重ねが、チームを熟成させ、一つにまとめていくのだ。

それでも、相川はもちろん、新井も和田一もクサることはなかった。それは、宮本の言葉があったからだった。

「腐るのなんか簡単だよ。お前ら、試合に出られない連中が意地になって、別にいいよって悪者になって、もう、やんねえよって言えば、チームの輪を乱すのなんて簡単だから。でも、本当に勝ちたいって思いがあるのなら、どんなことがあっても、裏方でも、ガマンできるんじゃないか」

食事の席で、宮本は相川や和田一に懇々と話して聞かせた。

「お前ら、どっちがいいんだ。正しいと信じて、がんばろう、がんばろうと思ってるヤツらが悪者になるのはバカらしくないか。必死でやってる人たちがクサって、『アイツらはダメだ』なんて言われるのは悔しいじゃないか。最後まで自分たちの持ち場、持ち場で、裏方に徹してもいいんじゃないか」

宮本の言葉は、相川に届いた。宮本は言う。

「純粋に、勝ちたいという気持ちはみんな持ってるんです。今回、いろんな状況があったにせよ、目標はやっぱり優勝なんです。勝ちたいという気持ちが強ければ、絶対に違う方向を向くヤツなんていないはずです。だから僕は、試合に出てる出てないは別にして、三〇人で何ができるかを考えたんです。チームをなんとか一つにしないと勝てませんから。そのためにはいろんな方法があるということです」

新井も和田一も、腐ることなく、出番に備えた。谷繁は宮本とともに経験を生かしてベンチに残った選手のフォローに徹し、相川はアテネのときと同じようにブルペンで投手陣を支えていた。

イチローは、こう言っていた。

「僕は、正直、試合に出てる選手のことで精一杯でした。だから、宮本さんが試合に出ていない選手たちのことを気遣ってくれたことは、本当にありがたかったと思っています」

フィールドにイチロー、ダグアウトに宮本——小さな惑星がぶつかり合って、その衝突が熱となって、大きな惑星に成長していったように、日本代表はぶつかるたびに熱を持って、大きく、一つに固まっていった。

一次リーグB組は、メキシコがカナダに圧勝し、メキシコの一位通過が決まった。アメリカが南アフリカに勝てば、アメリカの二位通過が決まる。今度は番狂わせはあり得ないだろう。まさかの二位同士で、日本とアメリカが二次リーグの初戦でぶつかる可能性が高くなっていた。

最後の練習試合となったブリュワーズ戦、日本は試合には敗れたものの、小笠原、多村、福留にホームランが出て、首脳陣を安堵させた。

試合が終わると、選手たちはクラブハウスでシャワーを浴び、着替えてからバスに乗り込み、フェニックスの空港へ直行した。飛行機のタラップの真下にバスが着き、そのままチャーターフライトに乗り込んで、アナハイムへ移動——こうしてメジャー方式の醍醐味を見せつけるあたり、やはりWBCは、MLBの一大プレーゼンテーションだったのかと改めて思わされる。

いよいよ、アメリカとの決戦——日本代表は大きな山場を迎えようとしていた。

13

三月一一日、朝。

日本代表は前夜、チャーターフライトでフェニックスを発ち、深夜、アナハイムにあるディズニーランドのすぐそばのホテルにチェックインしているはずだった。

例によってチャーターフライトには乗れないベースボールライターは、午後七時からのナイトゲームが終わってからでは、アナハイムに移動するのは物理的に不可能だった。なのでフェニックスのホテルを翌朝の六時前にチェックアウトして、空港へと向かう。搭乗便の行き先は、オレンジカウンティのサンタアナという街にある、ジョン・ウェイン・エアポート。アナハイムの場合は、ロサンゼルスへ向かうよりサンタアナに着いた方が、圧倒的に近い。

アメリカウエスト航空六五二便。フェニックスを午前八時二六分に飛んで、サンタアナに午前八時四六分に着く。もちろん、二〇分で着くわけではない。フェニックスとサンタアナには一時間の時差があり、東から西へ飛ぶ場合は得した気分になる。

アナハイムで常宿にしているホテルに着いて、近くのショッピングモールをブラブラしていたら、携帯が鳴った。誰かと思ったら、電話の主は松坂だった。

「この辺でどこか、和食のいいお店、知りませんか」

アナハイムは、アメリカの中でもよく知った街の一つだった。

すぐに思い当たる店を紹介すると、松坂は「実は今夜、五五年会、インLAを開催しようと思ってまして」と言って、笑った。

五五年会――昭和五五年度に生まれた、いわゆる『松坂世代』が、この日本代表には五人、参加していた。一九九八年の夏、甲子園を沸かせた横浜高校の松坂、その横浜に敗れた鹿児島実業の杉内俊哉、全国的には無名だった埼玉・滑川に二勝をもたらした〝背番号2のリリーフピッチャー〟久保田智之、ベスト8まで勝ち進んだ島根・浜田の細腕サウスポー和田毅、そしてその年の甲子園には出場できなかった高知商の藤川球児。

WBCの二次リーグ初戦、アメリカ代表との対戦を翌日に控えた夜、アナハイム近郊のスタントンにある和食店に、その五人が集まっていた。

「そういえば、僕らの世代、代表に選ばれているのはピッチャーばっかりなんですよね」

確かに松坂が言うように、〝松坂世代〟で活躍しているのはほとんどがピッチャーだ。彼らは高校時代に〝松坂大輔〟という怪物の凄さを目の当たりにした男たちである。同い年のピッチャーたちは刺激を受け、そびえ立つカベを目指して、レベルを上げていった。一方のバッターは松坂にこてんぱんにやられ、中にはプロへの道を閉ざされた選手だっていたかもしれない。だから〝松坂世代〟にはピッチャーが多いのだろう。

なかでも、もっとも飛躍的な成長を遂げたピッチャーが、和田毅だった。ともに三年夏の甲子園に出場し、ベスト8には残っている。対戦することはなかったが、当初、和田毅は松坂にとってライバルというほどの存在でもなかった。

「(和田)毅ですか。高校の時から知ってましたよ。だって僕、高校野球オタクですからね(笑)」

一応、そういうふうにかわした松坂であったが、春夏連覇を目指していた横浜高校のエースにとって、島根県の浜田高校など、気に留めるような存在ではなかったはずだ。まして、線の細い左腕エースが投げるボールは、ストレートが一三〇キロにも満たない。いったい誰がこの時、和田毅がプロに行くと想像しただろう。甲子園にたまに現れるコントロールのいい左ピッチャーは、松坂にとっては、プロとは無縁の世界で野球を続けるであろう存在でしかなかった。

しかし、和田毅は松坂を脅かす存在にまで成長した。松坂にしてみれば、思わぬライバルの出現だっただろう。和田毅は早大のエースとして、江川卓が持っていた東京六大学の奪三振記録を塗り替え、通算四七六奪三振を記録した。スピードガンが弾き出す数字は一四〇キロでもキレがあり、バッターからすればこれほど見にくいボールはないのだという。一五〇キロを超え、相手のバットを押し込むほどの力を持った松坂のストレートを持ってしても、空振りを取ることは容易ではない。しかし和田毅は、現在のプロ野球で、もっともストレートで空振りを取れるピッチャーの一人でもある。

高校時代の松坂には、和田毅が三振を取れるピッチャーだというイメージは微塵もなかった。つまり、和田毅は突如として松坂の視界に入ってきた伏兵のライバルだった。松坂は言った。

「確かに気にはしてますよ。毅は勝ったかな、とかね。でも意識はしてません。アイツのボールはどうしてバッターにとってあんなに打ちにくいんだろうとか、そういうことは考えたりしますけど、だからといって毅みたいに投げろって言われても、僕には絶対に投げられませんから。毅のボールは綺麗で鋭いイメージですけど、僕のはグローブを突き破るというか、キャッチャーを突き抜けそうな、そういうイメージですしね（笑）」

一方の和田毅はこう言う。

「大輔と話していたんですよ、オレら二人、足して二で割らなければ最強だなって（笑）。僕の中には、大輔と並びたいという気持ちはないんです。僕は左の頂点に立ちたいと思ってますからね。意識はしてないと思うんだけど、でも、意識してるのかなぁ。ただ、いつかはね、二〇〇一年でしたっけ、ヤンキースを倒したときのダイヤモンドバックスにいたランディ・ジョンソンとカート・シリングみたいな、いたじゃないですか。ああいう左右の両輪になりたいという気持ちはありますね……あれっ、やっぱり意識してるかな（苦笑）」

二〇〇五年のシーズン中、所沢でライオンズの松坂とホークスの和田毅が直接、投げ合い、和田毅が投げ勝ったことがあった。試合後、和田毅の携帯に、松坂からメールが入った。

『チクショウ、毅、ナイスピッチングだぜぃ。でも次は負けないからな。お楽しみに』

才能の邂逅――突出したプレーヤーが価値観の一致するプレーヤーに出逢って、同じ時代にプレーできる幸運に恵まれることは、極めて稀だ。だから、彼らは刺激を与えてくれる仲間を大事にする。

藤川は、とにかくしゃべりまくっていた。

「アイツ、ホームシックにかかって、早く日本に帰りたいとか言ってたくせに、ずっと一人でしゃべってましたからね。参りましたよ（笑）」

松坂はそう言って苦笑いを浮かべていた。酔っぱらってもいないのに、藤川は松坂に絡んでいた。

「いいなぁ、たくさんの球種が投げられて。オレなんかフォークとカーブだけだからさ、カウントがノーツーになったら、もう投げる球がないんだよなぁ」

すかさず松坂が言い返す。

「いいじゃん、お前はまっすぐを投げとけば……」

ノーストライクツーボールのカウントでスライダーを投げてストライクが取れれば、ピッチャーはずいぶん楽なのだという。だから藤川は、スライダーの名手、松坂を羨んでいたのだ。

しかし松坂は逆に、ノーツーのカウントでストレートを投げる藤川を羨んでいた。バッターもそれを予測しているのに、それでもバットに当たらないストレート——これだけバッティングの技術が進化した現在の野球で、ファウルにもできないようなストレートを投げられるというのは、ピッチャーとしてはこの上ない武器だと言える。それでも藤川は、ストレートに頼るしかない現在の自分のピッチングに不安を覚えている。

「変化球は、ここという場面では抜けちゃうとどうしても一発がありますから、やっぱり自信のあるストレートで勝負するケースが多くなりますね。でも、いつも目一杯のストレートとフォークだけじゃ、さすがに厳しいですよ（苦笑）」

それでも、ホップする藤川のストレートは、〝魔球〟の域に達している。藤川はスライダーを投げられないコンプレックスを胸の奥にしまい込み、己のプライドを託した渾身のストレートを投げ込んでいる。バッターが「低いと思って見逃したボールが高めのストライクになるし、よしと思って打ちにいったら高めのボール球だった」と驚き、キャッチャーが「ボールの伸びで空振りが取れるピッチャーは他にいない」と感心する、藤川の〝魔球〟は、アメリカと繰り広げることになる死闘の行方を左右することになるのだが、もちろん、唐揚げやら白菜の漬け物やらに舌鼓を打って騒いでいたこの時点で、彼らがそのことを知る由もない——。

14

ＷＢＣ二次リーグの舞台となる、カリフォルニア州アナハイムのエンゼル・スタジアム。ご存じ、ロサンゼルス・エンゼルスの本拠地球場である。

実は、アナハイムのエンゼル・スタジアムには特別な思い入れがある。

二〇〇一年――イチローにとってはメジャー一年目のシーズンだった。

マリナーズは九月一〇日の夜、アナハイムでエンゼルスを破り、地区優勝へのマジックを二としていた。地区優勝が目の前に迫ったこの夜、イチローは初めて味わうアメリカでの優勝の味を心待ちにしていた。シャンパンをかぶり、シガーをふかして祝う、アメリカの味。

「シガーって優勝したら吸うんでしょ。なんか、大人になった気がするよね。練習しておかないと。僕、神戸にいた頃、シガーの火、ガスコンロでつけてましたよ（笑）」

二〇〇一年九月一一日。

マリナーズの優勝を祝うかのようなまばゆい朝陽が、西海岸にも昇ってきた。

しかし、ちょうどその頃。

マリナーズが宿泊していたカリフォルニア州アナハイムのホテルにも、ニューヨークからの衝撃的な映像が飛び込んでいた。ワールドトレードセンターへ、テロリストにハイジャックされた二機の旅客機が相次いで突っ込み、炎上。ＣＮＮの画面には、見慣れない〝ＢＲＡＫＩＮＧ　Ｎ

EWS〟（臨時ニュース）の文字。

「なんだ　これ……?」

正直、すぐには事の重大さが理解できなかった。ワールドトレードセンターからは、秋の青空には到底似つかわしくない真っ黒な噴煙が立ちのぼっている。

全米同時多発テロのその日、マリナーズと、マリナーズを取材していたベースボールライターはアナハイムにいたのだ。

ちょうどその頃、イチローはホテルの部屋でまだ眠っていた。やがて目を覚ましたイチローは、テレビのスイッチを入れた瞬間、まるで映画のようなその光景に言葉を失ったのだという。

ワールドトレードセンターは轟音とともに崩落してしまった。世界のオピニオンリーダーを自負する経済大国、アメリカの象徴は、跡形もなく消え去ってしまったのである。

同じアメリカでの出来事だとはいえ、ニューヨークからは四〇〇〇キロも離れたカリフォルニアは遠すぎた。悲劇を実感するには、時間がかかった。情報が洪水のようにあふれる日本の方が、むしろ事実を把握するのは早かったかもしれない。

実際、西海岸の午前中、アナハイム近くのショッピングモールは、普通に営業していた。車はフリーウエイをひっきりなしに走り、レストランにはいつものようにランチをとる人々の姿があった。しかし、時が経つに連れて、事の重大さは街の風景を変えていった。

カリフォルニアで暮らすアメリカ人もまた、あまりの出来事に現実を把握するまでに時間が掛かったのだろう。昼を過ぎる頃、店のシャッターが次々と閉まり始めた。四機は炎上しているものの、連絡のつかない旅客機がまだ七機ある、という未確認情報もあった。

しかも、ワールドトレードセンターに突っ込んだ旅客機が、燃料を満タンにしている長距離国内線、つまりロサンゼルス行きだったことから、あらぬ噂も飛び交った。残る七機のうち、ディズニーランドを狙っているテロリストがいるはずだという噂。マリナーズの泊まっていたホテルは、ディズニーランドからは車で五分の距離にある。

アメリカのナショナルパスタイムであるところの野球、その最高峰に位置するメジャーリーグで、歴史的な独走を続けているシアトル・マリナーズだって、狙われないとは言い切れないではないか。徐々に、周囲にテロの影響が及んでいた。アメリカ国内の空港は完全に閉鎖され、すべての国内線がストップしているという。そして、メジャーリーグの全試合が中止になった。

マジックを二として今日にも優勝か、というマリナーズの大一番も中止、メジャーリーグは大混乱に陥った。事件の影響を受けてメジャーリーグのコミッショナーはまず、一一日に各地で行われる予定だった一五試合の中止を決定。再開のメドは、まったく立っていなかった。

その翌日、二〇〇一年九月一二日。

アナハイムは、よく晴れていた。マリナーズが泊まっているホテルからすぐのところにある、エンゼル・スタジアム（当時はエジソン・フィールド）は静まり返っていた。予定通り試合が行われていれば、マリナーズの地区優勝が決まっていたかもしれなかったというのに、広大な駐車場には停まっている車はなく、ゲートは閉ざされたままだ。

カリフォルニアの陽光が傾きかけた頃。

イチローは、黙々と球場の外周を走っていた。

あの姿が忘れられない。車も人もいない球場の外周を走る、イチロー。

二〇〇一年のシーズンはまだ一八試合を残していた。ここまでの一四四試合で積み重ねていた二一七本のヒットは、イチローにとっては通過点だった。来るべき日に備えて、人知れず準備を始めていたのである。

アナハイムに来ると、イチローとはいつもその話になる。あの日の記憶は今も鮮明に刻みつけられたままだ。

「あのときは、アメリカ人って、よっぽど自分の国を愛しているんだろうなと感じましたね。どの家にも必ず国旗がありますし、愛国心みたいなものを強く感じさせられました。僕ですか。もちろん、日本は最高ですよ。だって、日本で生まれたんですからね」

あれから四年半が過ぎた——。

15

二〇〇六年三月一一日。

WBC、二次リーグの開幕は翌日に迫っていた。

アメリカが一次リーグB組を二位で通過、日本もA組で二位となった。

二次リーグの初戦はA組二位対B組二位の予定で、三月一二日の午後一時に開始されることになっていた。しかし運営側も、日本の二位はともかく、アメリカが二位になることは想定していなかったようで、B組二位の試合をナイトゲームに変更するだの、いやしないだのと、前日まで情報が錯綜していた。ようやく予定通りだということが判明し、日本代表は三月一一日、午後一時からエンゼル・スタジアムで練習を行った。

フィールドに出てきたイチローに、「ここに来て本番モードに入ってきたか」と訊ねたら、「あったりまえじゃん」と言って、笑っていた。

「アリゾナと違って、あったかいね。ここはいい球場ですよ。気持ちを盛り上げるためにはこういう器も必要ですよね。太陽の向きとか、芝の様子も見ておかないと……あとは芝が濡れてくる時間帯が季節によって違ってくるから見ておきたいけど、明日はデーゲームだから大丈夫かな」

アナハイムには何度も来ているイチローだが、三月というのは初めてだ。フィールドへ出ていったイチローは、風、芝、光を確認していた。

アメリカとの対決。

イチローには、他の選手たちとは違う、特別のモチベーションがあった。イチローが照準を定めていたのは、世界一になることの他にもう一つ、アメリカを倒すということだった。

「僕の中で、世界一になることとアメリカに勝つことは違いました。別のところに気持ちが存在しているという感じかな。だって、そうでしょう。メジャーリーグは野球のトップに存在しているはずなのに、アメリカに来てみて、そこが自分の想像していた世界ではないということをたくさん感じてしまいましたからね。思った通り、本当にとんでもないところだったら、そうは思わなかったかもしれません。要は力ではなくて、精神的にね、メジャーはかなり劣っていると僕は感じているので、アメリカには負けられないぞっていう気持ちが沸き起こってきたんです。アメリカはポテンシャルの高い選手は多いと思います。でも、僕らが遠い昔に抱いていたイメージとは明らかに違う相手に対して、調子づかしてはいけない。しかも、自分たちがトップだと思っているヤツらがたくさんいるんですから、そういうことへの反発はありました」

アメリカでプレーするようになってから、とりわけ日本という国を意識するようになった。イチローがこんな話をしていたことがある。

「自己表現の違いは明らかですね。自分を自分以上に見せようとするのがアメリカ人で、自分をできるだけ隠そうとするのが日本人だと思います。それが美徳なのか、そうしないと生きていけない文化なのか、そこはわかりませんけど……少なくとも自分を抑えることに美しさを見出そうとしている感じは、日本人の方により感じますね」

イチローが去年の秋、日本に帰国していたとき、デパートへ買い物に出掛けてあらためて感じたことがあった。

「雨の日に買い物したら、買ったものにビニールかけてくれたんですよ。いやぁ、久しぶりに思い出しましたね、日本ではそうだったって（笑）。急いでるから早くってっていう鬱陶しさもあったりするんですけど、それでもああいうことを丁寧に、時間をかけてやるんですから、すごいですよ。仕事に対する意識の高さとか控えめな態度とか、そういうところで感じるものなんですよね」

アメリカでは思うに任せないことが次々と起こる。ただでさえ言葉の違いという壁は高いというのに、ホテルでのイタズラ電話に悩まされて睡眠を邪魔されたり、警察官がサインを求めに来たり、荷物が届かなかったりと、挙げればキリがない。食事に関しても、シアトルでは弓子さんが日本にいるときとほぼ同じメニューの食卓を再現してくれているためにずいぶん助けられているが、遠征先ではナイトゲームが終わって食事に出られるのは午前〇時を過ぎることもある。そういう時は無理を言って夜遅くまで店を開けてもらったりして、一日の中で唯一のリラックスタイムを確保している。

「日常生活の中に滲み出る日本人の謙虚さとか、品格とか。アメリカに住むようになってから、日本のことがもっと好きになりましたね。日本のこと、大好きです。僕は日本人ですからね、完全に……」

日本人としてメジャーのトップでプレーしているイチローは、アメリカに特別な感情を抱いている。アメリカのいいところも悪いところも見聞きしてきたそれまでの五年間。三割、二〇〇安打、一〇〇得点、三〇盗塁、オールスター出場、ゴールドグラブ受賞——イチローがズラリと揃えた実績はメジャーでも傑出している。もちろん、メジャーの凄味も十分に感じさせられてきたが、同時に失望もあった。

そんなときに出逢った日本代表というチームは、野球を考えるという能力において、ポテンシャルは相当に高いとイチローは感じていた。ならば、アメリカに勝てないはずはない。そう思っていたからこそ、イチローはＷＢＣでアメリカを倒して、日本の野球偏差値の高さを世界に示したかったのだ。イチローは、日本代表の他の誰とも違う想いを胸にアメリカに挑んでいたのである。

イチローは言った。

「アジアラウンドでは、プロとして勝つだけじゃなくて綺麗だな、すごいなと感じられるプレーをしたいと言いましたが、ここではどんな勝ち方でもいい、勝つことだけを意識して戦います」


アメリカは、ジェイク・ピービを先発させてくる。

松坂世代より一つ年下の、一九八一年生まれ。一九九九年、ドラフト一五巡目の指名を受けて、サンディエゴ・パドレスに入団。メジャー二年目の二〇〇三年から三年連続で二ケタ勝利をマークし、二〇〇四年は防御率一位、二〇〇五年は216三振を奪って、奪三振王に輝いている。持ち球はストレート、ツーシーム、スライダー、チェンジアップにカーブも投げる。

一次リーグで球数が少なかったことから、日本代表の首脳陣は『精密機械』と呼ばれるグレッグ・マダックスに似た、コントロールのいいピッチャーだというイメージも持っていたようだったが、イチローによれば「毎年、やってるし、スプリングトレーニングでも当たってますけど、(コントロールを含めて)いい加減な感じがするピッチャーですから、(ピンポイントではなく)だいたいのところにくるタイプのピッチャーだと考えた方がいいと思いますよ」ということだった。

そして、日本の先発は上原浩治だ。

「アナハイムの球場は学生のときに一回、行ってるんで、懐かしいなと思ってました。アメリカですか。でも、最初の相手がアメリカなのかどうかっていうのがずっとわからなかったんでね。予選の何位対何位ってことだったんで、決まったときには、あっ、アメリカなのか、と思いましたよ。すごいメンバーに投げるんだなっていうのが率直な気持ちでした。嬉しさ半分、怖さ半分っていうか、『マジで?』っていう感じ（笑）。だって、なかなかアメリカのあれだけのメンバーに投げられるチャンスってないでしょう。向こうのオールスターじゃないですか。ましてや真剣勝負の試合でやれるっていう経験は、そうはないと思うんでね」

上原は練習のとき、エンゼル・スタジアムのマウンドに立って硬さ、高さなどに違和感を感じないか、確かめていた。

「ビニールシートがかぶせてあったんで、硬さはわかりませんでしたけど、高さは思ったより気にならなかったです。まぁ、盛り上がってくるのは一時間前からですよ」

三月一二日、アメリカ戦。

アナハイムの空は、珍しく、どんよりと曇っていた。

午前一〇時半からの練習に備えて球場に入った日本代表の前で、アメリカ代表の選手たちがすでに練習を始めていた。

イチローはダグアウトを飛び出して、彼らの前で体を動かし始めた。

「いいよねぇ、このメンバーは……」

メジャーリーガーを前にして、イチローは嬉しそうだった。

しかしイチローは試合前、思いもしない光景を目の当たりにした。日本代表の選手たちが、デレク・ジーター、アレックス・ロドリゲス、ケン・グリフィーJr.といった錚々たる顔ぶれのメジャーリーガーを前に、憧れが先に立ってしまったのか、萎縮してしまったのか、バッティング練習を遠巻きにしか見ようとせず、誰もケージに近寄ってこなかったのだ。

「僕はケージの近くでストレッチをしていたんですけど、みんな、距離を保っているんですよ。近くで見ればいいじゃないですか、すごい選手がいるんだから。これは、完全にファンの目になっていると思いましたね」

西岡もその一人だった。

「だって、ジーターとかロドリゲスとか、僕らから見たら世界中で有名なメジャーリーガーですからね。一目見ただけで、『おっ、すっげえなぁ』ってなるじゃないですか。バッティング練習も日本の選手とは力が違うし、見れば見るほど、『これは、きっついなぁ』と思いますよ。でも、イチローさんはメジャーでやってるから力の差がわかるんでしょうね。そこでの一言が重かったんですよね」

イチローは、メジャーリーガーを前に浮き足立つ日本選手たちを見て、心配になり、宮本に相談した。そして、外野のフィールドに選手を集めた。

輪の中心に立って口を開いたのはイチローだった。まるで、今日の日のために、今までの二〇日間、心を砕いてきたんだぞ、とでも言わんばかりに、イチローは必死で言葉を紡いだ。

「アイツら、みんな（野球に関しては）考えてない。でも、まとまってきたらホントに強い。向こうのチームに合わせないで、自分たちの野球をしっかりやろう。向こうがたいしたことなくても、オレたちはたいしたことあるんだ。グラウンドに入った瞬間、アイツらを見て『すげえな』って思ったら勝てないよ。別に力の差はないんだから、見下ろして行け。今日を、歴史的な日にしよう」

川崎も、こう考えていた。

「練習のときにはふわふわと浮わついてる感じでしたね。すごいなぁとか、ああ、あの選手か、みたいな。だって、初めて見る選手ばっかりですからね。でもイチローさんが言うのは、向こうの選手もすごい選手だけど、僕らもすごいんだという自信を持っていい、と。彼らに全然、見劣りしていないんだっていうふうに言われてたんです。僕にとってはどんなに有名なメジャーリーガーよりも、イチローさんの方がすごいので、アメリカにイチローさんがいたら舞い上がっちゃって大変だったと思いますけど（笑）、なんてったって、イチローさんはこっちですからね」

一方、先発の上原はこの日の試合前も、いつものように試合開始の一時間前までは緊張を感じることなく、普通に過ごしていたのだという。

「あぁ、有名な選手おるなぁって、それくらいですね。あ、クレメンスもおるわって（笑）」

レフトのフェンスの向こう側にあるエンゼル・スタジアムのブルペンには段差があった。試合前の上原は、上の段で投げていた。

「下でアメリカのヤツ（ピービ）もやってたんで、ちょっと見ながら自分も投げてました。アメリカの練習って独特だなぁ、なんて思いながらね。みんな、自分の練習方法を持ってますよね。

だから、同じ練習しないでしょう。たとえば、まず遠投のような感じで、ブルペンの外でキャッチボールをしてからブルペンに入るじゃないですか。日本のピッチャーにはあまりいませんよ。遠投してからブルペンに入るなんて……そういう方法もあるんだって思いました。ブルペンでもそんなに真剣に投げてないし。ブルペンっていうのは本当にウォーミングアップなんだなと思いました」

マリナーズとの練習試合で上原が好投したとき、キャッチャーは谷繁だった。そのときの好リードを評価されて、この日も先発することになっていた谷繁にも、一切の気後れはなかった。

「イチローも『アイツらは凄い、凄いと思っていたらそれで終わってしまうけど、別に凄くないから』って言ってましたし、メジャーリーガーといっても、日米野球でもシーズン中のテレビでも見て知ってますからね。ちゃんとリードして、ちゃんと投げられれば、抑えられるんじゃないかなと……もちろん、それが一番難しいんですけど（苦笑）」

メジャーリーガーも、イチローにとっては顔馴染みの選手たちばかり。試合前の整列でもジーターやアレックス・ロドリゲスがイチローに挨拶をする。ブルペンで準備するバッテリーを除く日本代表のスターティング・ラインアップが一列に並んだが、おそらくほとんどのアメリカ代表の選手たちにとっては、イチロー以外の顔と名前は一致していなかったに違いない。

イチローは、臆する必要はないと懸命に訴え続けてきたが、初めて対峙するオールスター級のメジャーリーガーを相手にして臆さずに戦うということは、そう簡単なことではなかった。実のところ、イチローもそのあたりは半信半疑のまま、決戦の日を迎えていた。

「ホントのところを言えば、アリゾナに着いた頃にはみんなの中に自分たちが勝っていくんだという自信があったとは思えませんでした。アリゾナで、メジャーのチームとオープン戦を三試合やりましたけど、あのときはさすがに怖くなりました。だって試合に出てるのはほとんどマイナーリーガーなのに、みんなビックリしてましたから……これはヤバいなと思いましたよ。本番で戦うチームにはテレビでしか見たことのないメジャーリーガーがバンバン出てくるわけでしょ。とてもこれからコイツらと戦うんだという雰囲気ではなかった。みんなでまとまって遠くで見ていて、誰も近づいてこないのを見ていると、そんな中で自分たちの野球ができるかどうか。そこのところの自信は最初はみんなにはなかったと僕は思ってるし、でも、何かをきっかけにグッと自信を持つのも確かだと思っていました」

アナハイムの空に響く、『君が代』

イチローの目が、鋭さを増す。

「これまでも、日本で『君が代』を聴いてプレーすることはありましたけど、野球の国に来て、このような最高の舞台で『君が代』を聴いて、改めて日の丸の重みというものをあの瞬間、感じました。選手はみんな、強い気持ちを持ってゲームに入ることができたと思います。こういう気持ちになったのは初めてでした。アメリカとやって勝つためには、とにかく先に点を取るしかない、リードを奪って主導権を握るしかないと、そう考えていました」

だからこそ、メジャーリーガーのトップに君臨し続けるイチローは、アメリカ戦の第一打席にすべてを賭けた。その背中を、仲間たちが見てくれていると信じて――。

「ピービの二球目、外に決まったストライク。あのコースでは無理でしたけど、次に内側に入ってきたら、狙ってやろうと思ってました」

その、三球目。

イチローの思惑通り、内側にボールが来た。

最短距離で出てきたバットが、そのボールを捉えて、イチローの体が綺麗に回転する。

打球は、一直線にライトスタンドへ飛び込んだ。


なんと、先頭打者ホームラン――。


プレーボールがかかってから、まだ一分も経っていない。

その瞬間、ダグアウトにいた川崎はデジャヴのような感覚に包まれた。

「あのイチローさんのホームランを見た瞬間、僕が中学生のときに見た、鹿児島の鴨池球場の、あのホームランが重なったんですよ。あのときと一緒だったんです、距離がですね。僕とイチローさんとの距離が、一緒だったんですよ。アメリカのベンチって、バッターボックスまでがちょっと遠いじゃないですか。鴨池の球場は狭いでしょう。僕、そのときは一塁側ベンチの上の内野席の金網に張りついて見ていたんですけど、背中が一緒で（笑）。あのホームランを見たとき、中学のときの記憶と重なって、もう、ビックリしたんです。昔の光景と、目の前の光景……目に焼きつきました」

イチローは、ニコリともせずにベースを回った。

「アメリカに来て僕の動きは本来のものになりましたけど、日本でやっているときには、みんなの中にもどうなのかなぁっていうのがあったと思うんですよ。でもあのホームランで、おそらくアメリカでの僕はやるんだと感じてくれた人がいたと思います。その気持ちがチームに行けるという気持ちを生み出してくれるものだと僕は思ってたので、あのホームランはメチャメチャ気持ちよかったし、大きい一本でした。僕にはそれだけ背負ってるものがありましたから……」

ホームに還って、ベンチに戻ったイチローの目の前に、たくさんの手のひらの花が咲いた。まるでドラムを叩くかのごとく、イチローは誰彼となくハイタッチを交わし、ベンチのムードを一変させた。

これが、イチローの周りに集う者とそうでない者の垣根が取り払われた瞬間だったように思う。有言実行を真っ先に示して見せたイチローに、誰もが興奮を抑えきれなくなったのである。

その雰囲気に、上原は逆にプレッシャーを感じてしまった。

「イチローさんがホームラン打って、ベンチに帰ってきた時のはしゃぎようがすごかったでしょう。あんまり嬉しさをベンチの中で表現することのない人だと思っていたんで、ベンチがすごく盛り上がったんです。で、次の西岡がセンター前にヒットを打って、さらに雰囲気がよくなって……あれで、みんなでやるんだっていう気持ちが出たと思います。これはもう、しっかり抑えていい試合にしないとって気持ちになりましたね」

上原が最初に迎えた相手は、マイケル・ヤング（テキサス・レンジャーズ）。イチローがメジャーで唯一、意識している選手として名前を挙げるプレーヤーだ。谷繁はまず初球、スライダー、二球目にまっすぐ、三球目がフォークと、上原のすべての球種を順番に要求し、それぞれのボールを確かめた。しかし、感触は決してよくなかった。上原がメジャーのボールに戸惑っていたからだ。

「（東京ドームの中国戦で）ＷＢＣのボールは投げていたんですけど、日本とアメリカじゃ気候も違うし、感触がまったく違ってくるんですよ。できるだけ指を湿らせられるように工夫してマウンドに上がりましたけど、フォークが抜けて、全然落ちなかったですね。でも、その分、慎重にもなれましたから、よかったんじゃないですか」

滑るボールへの対策も怠っていたわけではない。上原は髪や帽子を濡らしておいた。時折、マウンドから降りてその髪や帽子を触り、指先に湿り気を与えてからふたたびマウンドに上がるなどの工夫を凝らしていた。

上原、谷繁のバッテリーは、一番のヤングをセカンドゴロに打ち取りながら、西岡のエラーで塁に出してしまう。そして二番のデレク・ジーターが、なんと初回から送りバントをしてきた。上原にとっても谷繁にとっても、予想外のことだった。

「二番バッターですから当たり前なのかもしれませんけど、予想はしてませんでしたね。だから内野安打になっちゃったんじゃないですか。いきなりエラーとバントでランナーを二人も出して、これ、いったい何点とられんのやって思いましたよ（苦笑）」（上原）

「予想してませんでしたから、様子を見ようと思って、まずは外のボール気味の球から入ろうとしたんですけど、高いところへ抜けてきましたね。メジャーだから（初回からのバントが）意外だったというより、あれが短期決戦の戦い方なんでしょうね」（谷繁）

ノーアウト一、二塁で、三番のケン・グリフィーJr.を迎えた上原は、初球、アウトコースへのフォークでストライクを取ったあと、二球目にインサイドへまっすぐを投げ込んだ。上原は言った。

「インコースにどんどんまっすぐを投げないといけないっていうのは思っていましたね。まずはインコースを使って、それから変化球を落とすなり曲げるなりして組み立てていかないと、外一辺倒だったらやられる。だから、インサイドのまっすぐというのはポイントだったと思います。怖さはなかったですよ。だいたい、怖いなんて感じたらその時点で負けですもんね。僕もそうですけど、向こうにも僕の実戦でのデータはないに等しいんですから……むしろ日本の選手の方が僕のことをよく知ってますし、その分、怖いかも（笑）」

グリフィーは上原のインサイドへのまっすぐをファウルして追い込まれた。ここで谷繁は二球続けて、フォークを要求する。グリフィーはそのフォークを二球とも見逃した。その瞬間、上原は一抹の不安を覚えた。

「あまりにも簡単に見送るから、（クセか何かでフォークが来ると）わかってんのかなって思いました。でもあれはボールからボールになるフォークだったし、日本でもいいところに落ちても見逃されることはありますから。結局は（ヤマを）張ってるのかなって」

ツーストライク、ツーボールになってからの五球目、上原はアウトコースいっぱいにストレートを投げ込んだ。グリフィーは身を乗り出しながら、バットを出すことはできない。見逃しの三振。

「シゲさん（谷繁）が構えたところに行きましたから。アメリカの審判は逆球はボールにされるけど、構えたところに行けばストライクを取ってくれるって、大塚（晶則）さんにも言われてましたし……」

ワンアウト一、二塁となって、四番はアレックス・ロドリゲス。ここでもバッテリーは敢然とインコースを攻めた。谷繁が言う。

「僕は七割がピッチャー、三割がデータだと思ってますから、あの初球へのインコースがデータの三割の部分です。アレックスは初球を振ってこない、弱点はインコースにあるというデータがあった。僕は性格が大胆な分、リードが慎重になりすぎるところがあるんで、ああいうケースで臆病にならないで、大胆にいかないといけないと思ってました」

初球、二球目とまっすぐでインコースを攻めたバッテリーは、三球目、シュート気味に沈むフォークを選択する。上原はマリナーズとの練習試合で、左バッターだと外に逃げていく、右バッターの場合は膝元へ沈んでいくシュート気味のフォークが有効だという手応えを掴んでいた。結果、サードゴロのゲッツー。ピンチを背負った初回を無失点に切り抜けたバッテリーは、胸を張った。

「これこそが上原の持ち味ですよね。彼は外角へも内角へも落とせますから。あれはもう、イメ

ージ通りでした」（谷繁）

「初回を〇点に抑えられたことで、もしかしていけるんじゃないかって気持ち、僕には出てきましたね」（上原）

二回表、日本の攻撃が止まらない。

五番に入っていた福留が外をじっくりと見極めて、七球粘ってフォアボールを選ぶ。六番の岩村の放った打球が、横っ飛びするショートのジーターのグラブをかすめて、レフト前に転がる。これでノーアウト一、二塁。七番、小笠原がキャッチャーの前に転がして、きっちり送った。ワンアウトながら二、三塁。谷繁が三振してツーアウト、バッターは九番の川﨑。

一塁が空いてはいたが、次がイチローである以上、勝負は早い——そう読んだ川﨑は、初球を狙っていく。

「ピッチャーが外角を中心に来ていましたから、狙い球を外に絞っていました。そこへ甘い球が来たので、それを集中して叩けたなという……それは、あのとき、僕が野球に入ってたからだと思います。相手のピッチャーが誰だとか、そういうことじゃなくて、ただの対戦相手としてしっかり勝負しにいけていました。あの一打席目はすごく緊張もしたし、向こうの野球、向こうの選手に対して自分のプレーが通用するのかとかも考えていましたから、そういう意味でも有意義でしたね。あれで乗っていけたというか、勇気を出すことができたんだと思います」

初球のアウトコースを叩くと、ボールは三遊間のど真ん中を綺麗に抜けていく。レフト前に運ぶ川﨑の二点タイムリーで、三—〇と日本がリードを広げた。続くイチローもサードに痛烈なライナーを放ったが、チッパー・ジョーンズ（アトランタ・ブレーブス）のグラブの先に収まって、スリーアウト。日本が早々と三点をリードした。

二回裏、アメリカの反撃が始まる。

この回、先頭の五番、チッパー・ジョーンズに対して、上原のボールが抜ける。インコース低めに構える谷繁のミットから遠く外れて、アウトコースのやや高めに抜け、ボール球が先行してしまったのだ。上原が振り返る。

「あれはノースリーにした自分の負けです。三球目のまっすぐは構えたところにいったんですけど……点差がありましたから、歩かせてランナーをためたくなかったんで、打たれるならヒット、できれば打ち損じてくれと思いながら投げました。でも、一振りで簡単にホームランに持っていくっていうのは凄いですよ。踏み込んで打ってるし、あれはもう打った瞬間に、入ったって思いました（苦笑）」

ワンストライク、スリーボールからアウトローのフォークが抜けて甘く、高く入った。ジョーンズは踏み込んで、そのボールをセンターの右へ弾き返した。そのとき、谷繁が一瞬、なぜか左方向に目をやった。

「普通ならあのコースは、飛んでも左中間だと思ったんです。それが、自分が構えている目線よりもボールが高かったんで、バットとボールの当たったところが下から見えなかった。ちょうどボールの当たった角度がバットで隠れる形になって、一瞬、打球を見失ったもんですから、レフトの方を見上げたんですよ。あのボールをセンターから右へ持っていくなんて、相当の力がないと無理ですから、あれにはビックリさせられましたね。ただ、打球の方向はともかく、あのホームランは僕の中ではある程度、予想のできたホームランでした。あれだけ一発の打てるバッターが揃っていると、ランナーをためて一発を打たれるわけにはいかないんで、ああいう場面は勝負にいっておかないと、いざというときに勝負できませんからね」

ライトで守っていたイチローも、この打球には度肝を抜かれていた。

「僕だって、あの打球はセンターフライだと思いましたけどね。上原に、どう思ったか聞いたら、アイツは行かれたと思ったと言ってましたけど、僕は横から見てたらセンターフライだと思ったら、落ちてこない。あれはちょっと驚きましたよ」

メジャーのパワーに驚かされた、この一発。上原は一回に一四球、二回には三〇球の、あわせて四四球もの球数を投げていた。

「もちろん、手強かったからですよ。慎重になりましたからね」

抜群のコントロールを誇るはずの上原が「たったの二イニングスであれだけの球数を投げさせられたのは、あのメンバーだったから」だと、イチローも言っていた。

「守っていて、三―〇になってからの圧迫感が凄かったんです。三点をリードして、僕らのなかに『一気に勝てる』という気持ちが沸き上がってきた。そのとき、向こうから感じさせられるプレッシャーは、〇―〇で始まったときよりもずっと大きなものになっていました。そして、彼らは厳しいなかでも追いついてきた。彼らも三点を先制されてプレッシャーを感じたはずなんです。

でもああやって、ジワジワくる。点差以上に、彼らの持つ空気感が僕らにそう感じさせるんでしょうね。僕らが〇―三でリードされて向こうにアドバンテージをとられたとき、同じことができるかといったら、僕はできなかったと思います。ですから、日本とアメリカにはまだ大きな開きがありましたね。日本が一〇―〇で負けることはあっても、日本が一〇―〇で勝つ可能性はなかったでしょう」

一〇―〇で負ける可能性のあった相手と互角に渡り合えたのは、言うまでもなく、イチローが先頭打者として放ったホームランのおかげだ。アメリカに勝つために初回の攻撃がどれほど大事なのかということを誰よりも感じていたのは、イチローだった。だからこそ、彼はアメリカ戦の第一打席にすべてを賭け、インコースに来たら一発を狙ってやろうと感覚を研ぎ澄ませて待っていた。

そして、もう一つの大きな要因が、メジャーリーガーをほぼ完璧に封じ込めた上原、谷繁のバッテリーだ。

きっちり低めに決めた変化球で二つの併殺を奪ったことと、あれだけボールが抜けながら一つのフォアボールも許さなかったことがメジャーリーガーを封じ込めた最大のポイントだった。上原は試合前の自信を見事に裏付けたのである。

「僕、レベル的にアメリカよりも劣ってるとは思ってないですから。パワー以外は日本の方が上回ってますよ。バットコントロールや走塁のスピードを見ても間違いなく日本が上だし、守備を見ても、肩は向こうでしょうけど、守備範囲の広さとか送球の正確さを見たら、日本の方が上だったと思いますしね」

大胆にインコースを要求し続けた谷繁もまた、ニッポン野球の底力を十分に示した。

「上原は相手を考えさせてましたね。まっすぐ、フォーク、スライダーの三種類で組み立てることによって、相手が途中から遮二無二に振ってこなくなりましたから。みんなデータが大事だと言いますけど、野球はそれだけじゃない。メジャーを相手に僕らが力と力のぶつかり合いをしたっていいじゃないですか。そこに日本独自の、ピッチャーのコントロールやキャッチャーの感性を加えていけばいい。僕だって、日本のプロで一七年やってきたわけですから、別にメジャーに何が負けているわけでもないと思いますしね」

それでも、上原も谷繁も、メジャーの凄味はそこかしこに感じていた。

三回裏、先頭のヤングが上原の外角いっぱいのストレートをライト前に運んだ。ヤングにはこの試合、このライト前のあと、上原のインサイドをレフト前へ、清水のスライダーをセンター前に運ばれている。ヤングのバッティングには、谷繁も舌を巻いていた。

「事前のイメージとはまったく違いました。すべてのコースに対して、ヒットゾーンにボールが飛ぶようなバットな角度でバットを出してくるんです。ピッチャーが投げる、ボールが手元を離れて、要求したところに来る、よしっと思うボールがあるんですけど、そういうボールに対してはバッターが振ってきても、よくてファウルなんですよ。ほとんどが空振り、見逃し、そういうふうになっているものなんですけど、それがヒットになってしまう。昔、(オリックス時代の)イチローに同じことを言ったことがあるんですけどね。オープン戦で、よしっと思ったボールにバットが出てきて、レフト前にライナーのヒットですよ。だから、『おい、イチ、すげえなぁ、あのヤングってのは』って言ったら、イチも『いやぁ、あれはすごいですよ』って言ってましたね」

ヒットで出たヤングを一塁に置いて、二番のジーター。ここはダブルプレーに打ち取ったものの、グリフィーにライト前、A—ROD（アレックス・ロドリゲス）にもレフト前に運ばれ、さきほどホームランを放ったチッパー・ジョーンズを迎えた。

「三回のツーアウト一、二塁で、またチッパー・ジョーンズですからね。あの場面、みんながマウンドに集まったんですけど、『三回でもうヒット六本やで、コイツら、よう打つな』『打ちますねぇ』『でも点、入ってないからええやん』『こんなメンバー、そう簡単には抑えられないですよ』って感じの話をしてたんです。だから、ヒットはいいかなと思って投げてました。野球はヒット数で勝負するものじゃないし、ピンチを凌ぎながら点をやらないというのも自分らしいといえば自分らしいしね。苦労するのは当たり前だし、慎重になるのも当たり前。四点、五点と、大量点にならないように、取られても一点で押さえればいいんですから」

上原はこのピンチで、チッパー・ジョーンズをファーストゴロに抑え、三回を無失点で切り抜けた。

その後、試合は膠着して五回を終わって、三—一。

日本が二点をリードして、ピービがマウンドを降りた。投球数は六七球、一方の上原は五回を七五球で投げ切った。イチローは上原のピッチングをこう評していた。

「上原は相手がどこかというよりも、自分のスタイルを貫くんだなと思いましたね。メジャーリーグの選手を相手にするときも、同じスタイルでいく。自分の不器用さをわかっているんでしょう。そこが強みですよ。どんな相手が来ても、自分のペースを保とうとする。テンポが崩れませんからね」

ところが六回裏、最初の〝異変〟が起こる。

二番手としてマウンドに上がった清水が、外いっぱいのスライダーでA―RODを見逃しの三振に打ち取って、リズムに乗りかけた矢先のことだった。

チッパー・ジョーンズにボール球が先行し、空振りを取ってワンストライク、ツーボールのカウントになった。ところが、球審のボブ・デイビッドソンが突然、清水に何やら注意を促している。

マウンドの上で指を舐めたことをボークだと言っていたのである。たまらず王監督が飛び出す。ホームプレート付近で説明を受けたものの、清水には大丈夫だという手振りだけを示して、ベンチに引き上げた。

清水は投げ終えた後、右手を口元に持っていった。マウンドの円の中でそれをやったらボークだと言うのだが、アメリカのピッチャーも同じ仕草をしていたし、この時の清水だけがボークを取られるのは不可解きわまりない。この仕草が禁止事項に該当するとしてボールカウントを一つ、増やされてしまった清水は、結局、ジョーンズを歩かせてしまう。しかし、このときのイチローは、「あれっ、まだスリーボールなのに」と思ったのだという。清水も「(アリゾナでの)練習試合では何も言われなかったのに……確認不足と言われればそうなんですけど」と悔やんでいた。

ハッキリしない判定はさらに続いた。

ワンアウト一塁で、打席には六番のデレク・リー(シカゴ・カブス)。

ここでセカンド方向を向いて右手を口元に持っていった清水に、またも二塁塁審のブライアン・ナイトがボークを宣告する。たまらず、今度は鹿取コーチがマウンドへ歩み寄った。内野陣が集まり、清水を励ます。しかし、一球も投げていないのにワンボールから始まったリーの打席で、谷繁は手詰まりを感じていた。

「最初、僕はリーを見ていたので、清水のその仕草は見ていなかったんです。そうしたら、またボークだという。そういうとこばっかり見てるのかよ、と思いました。ボール一個、増やされて、後手になってしまったんです」

外のストレート、外のスライダーが外れて、本当ならノーストライク、ツーボールのはずが、ボークを取られていたせいで、ノースリー。さらに外のストレートを要求したら、リーが思い切り振ってきた。それが空振りとなって、ワンストライク、スリーボール。

ここで谷繁は、インコースの低めにストレートを要求する。

「あれを今も悔やんでいるんですよ。インサイドの低めに投げるのは難しいんです。イメージしていたよりも、少しだけ、高く来た。でも逆にもう少し、ボール一個分、高ければホームランにはなっていなかったと思います。リーはそこに弱点があるので、どうせインサイドを要求するなら、いっそインハイを、思い切り、高めを求めるべきだったんです。なのに、あの球を低く要求してしまった。そうじゃなかったら、外のスライダーかフォークのほうがよかったと思います。あのホームランは打たれてはいけないホームランでした」

不可解なボークの判定が清水だけでなく、谷繁のリードのリズムも狂わせてしまったのだ。リーの同点ツーランホームランが、左中間にあるエンゼル・スタジアム名物の巨大な岩のオブジェのところで大きく跳ねた。これで、三―三の同点――。

七回表、日本はツーアウト一、二塁でイチローがセカンドゴロに倒れ、チャンスを生かせない。アメリカの四番手、ロッキーズで三一セーブを挙げた左腕のブライアン・フェンテスの真ん中高めの甘いスライダーをセカンドに転がしてしまったイチローは、心の中で悔やんでいた。

「あれは、ボールが手元を離れた瞬間、完璧にヒットにできると思ってスイングしましたから、完全なミスショットです。あれは、ＷＢＣでは僕の中でもっとも悔しい一打でしたね。シーズン中にもよくあることの一つですけど、何かがズレたのかもしれないし、ズレてないのかもしれないけど、結果が出なかったという……沸き起こる悔しさを押し殺そうとしていました」

そして、八回表――。

マウンドにはジョー・ネイサンが上がった。先頭の二番、西岡がセンター前に弾き返す。このヒットが、悪夢のプロローグだった。

三番の多村が送りバントを試みるが、一塁方向に上げてしまい、ファウルフライとなって失敗。

続く四番、松中の初球、西岡がセカンドへ走る。キャッチャーの送球は完璧だったが、それでも西岡の足が速い。ジーターのタッチをかいくぐって、セーフ。ワンアウト二塁となる。松中が左足の甲にデッドボール、福留がフォアボールで塁が埋まり満塁となって、バッターは岩村。

岩村は、レフトに浅いフライを打ち上げる。タッチアップに備えてベースに戻った三塁ランナーの西岡が、タッチアップ。レフトのランディ・ウィン（サンフランシスコ・ジャイアンツ）のバックホームが三塁側に逸れたこともあって、西岡はスライディングもせずに楽々とホームを踏む。犠牲フライで、日本に勝ち越しの四点目が入ったと、誰もが思っていた。

ところがアメリカは、西岡の離塁が早かったのではないかとボールをサードに回してアピールプレーを行う。タッチアップの離塁は球審のデイビッドソンが見なければならないのだが、このとき、ちょうど三塁ベースの近くにいた二塁塁審のナイトが両手を広げて、セーフのゼスチャーをしてしまう。そこへ、アメリカのバック・マルティネス監督が抗議に出てくる。

「離塁は球審の仕事じゃないのか」

その瞬間、ベンチの宮本は、金城に向かって呟いた。

「これ、（判定が）変わるぞ」

国際舞台は何が起こっても不思議ではない——そのことを熟知していた宮本だからこそ、ことの成り行きが予想できたのだ。

実際、抗議された球審のデイビッドソンは、二塁塁審ナイトと協議した後、なんと、アウトのコール。西岡の離塁が早かったといって、一度、下された判定を覆したのである。いったんは塁審が認めなかったはずの「タッチアップが早い」というアピールを、判定の権限は自分にあったと言い出した球審があとになって急に認めたために大混乱をきたした〝世紀の誤審〟――あの不可解な判定によって、八回に入ったはずの日本の〝決勝点〟が取り消された。

なぜアピールがあったときに球審がセーフのゼスチャーをしなかったのか。近くで見ていた二塁塁審が、すかさず両手を横に広げているのだ。ところが、ジャッジは覆った。あまりに不可解なこのジャッジについて、試合後、王監督は毅然として言った。

「一番近いところで見ていた審判のジャッジを、いくら抗議があったからといって、変えるというのは見たことがありませんし、今まで私は日本で長年、野球をやってきましたけど、考えられない。特に、野球がスタートした国であるアメリカでそういうことがあってはいけないと思います」

王監督が抗議をしている間、選手たちは守りにつこうとしなかった。

釈然としない思いが、次第に怒りで染められていく。

あれほど悠々、セーフになったプレーの判定が、なぜ覆るんだ。

そもそも、離塁は早いと断言できるほどの明らかなプレーではない。

だいたいなぜ国際舞台のアメリカ戦で、当該国のアメリカ人が球審なんだ。

和田一が怒鳴る。

「それ、違うやろっ」

今江は、和田一の必死さに圧倒されていた。

松坂は、憧れ続けたアメリカという国が嫌いになりそうだとまで言った。

王監督が抗議を続けている間、選手たちは守りにつかない。

西岡は誰彼となく、「ナイスラン」「早くないぞ」と声をかけられたのを覚えている。

このとき、宮本は意外なことを考えていた。

「これで、いい方向にいくかもしれないな……」

皮肉なことに、日本代表にとってはあまりに理不尽な判定が、またいくつかのカルチャーギャップを取り払うきっかけとなったのである。

怒りを共有することで、投手陣と野手陣の気持ちが一致した。

タッチアップをしたのが西岡だったことで、若い選手とベテランの選手の距離も縮まった。

アメリカ人の審判への怒りが、アメリカへの怒りに置き換えられ、メジャーを意識している者と意識していない者の間のモチベーションも近づいた。

アメリカに、負けられない——試合前、見下ろしたくても見上げてしまうメジャーリーガーと戦うのだという深層心理に潜んでいた憧憬は、このとき、跡形もなく消えていたと言っていい。何よりも判定が覆った瞬間、アメリカのマルティネス監督が見せた醜いガッツポーズが、潔しを美徳とする日本人の魂に火をつけた。

守りにつかない選手たちに、アメリカ人からのブーイングが飛ぶ。

王監督は叫んだ。

「みんな、守るぞ。出て戦おう。まだ負けたわけじゃないんだ」

総立ちになったスタンドの観客が低いオクターブのＵＳＡコールを続ける。

「Ｕ、Ｓ、Ａ」「Ｕ、Ｓ、Ａ」

勝つためには手段を選ばないというイメージで語られがちなアメリカの価値観が、浅ましく映る。決勝までは中南米の国と当たらないようになっているアメリカ有利の組み合わせ、この試合が四人中、三人のアメリカ人の審判によって進められていたこと、さらに屈強かつ頑なアメリカ人の球審が下した数々の不可解な判定――野球発祥の地であるアメリカが決勝に進むべきなのだという歪んだプライドが、そこには透けて見えた。


九回表、イチローはチャンスで歩かされた。多村の三振で勝ち越しのチャンスは潰えた。

九回裏、日本はピンチを背負う。

藤川がマウンドに上がったが、バーノン・ウエルズ（トロント・ブルージェイズ）の三遊間への内野安打、ベースカバーの西岡の足が離れるバント処理のミス、そしてジーターへのデッドボールで、満塁にしてしまう。

グリフィーからは三振を奪った。

しかし、Ａ―ＲＯＤの打球は藤川の差し出したグラブの右側を抜けて、足から滑り込んだ西岡のグラブに当たって大きく跳ねた。西岡と、逆から突っ込んできた川﨑がそのまま倒れ込む。ボールが転がる。三塁ランナーのウインが還って、サヨナラ――。

アメリカ（一勝）　四―三　日本（一敗）

日本は、イチローのホームランによって動かした重い扉を、一気に開くはずだった。しかし、この試合、三―四で日本はアメリカに負けた。イチローは川﨑のもとへ歩み寄って、こう声をかけた。

「ナイスゲーム」

川﨑はその言葉を聞いて、ハッと我に返ったのだという。

「イチローさんに次もあるからなって言われて……その時には切り替えられなかったんですけど、あの一言で、そうだよな、まだあるし、また行こうと思えました。今回の相手はメジャーリーガーだったけど、それでも本気で勝ちにいっている自分がいました。そういう雰囲気を作ってくれたのはイチローさんでした」

イチローは言った。

「試合前、練習のときのみんなの表情や態度を見て一気に不安になったことを考えれば、三―四は善戦でしょうね。ただ、僕が直に聞いたわけじゃないですけど、アメリカが二次リーグで負けたとき、『いいスプリングトレーニングだった』と言った選手がいたらしいんです。そんな哀れな発言を本当にしていたとしたら残念だし、精神的に本当に距離を感じます。彼らにはスキを見せて欲しくないのに、そんな相手に、僕らが一つになれていたと仮定すれば、負けたことは許せませんね」

イチローは、試合を通じて選手たちの変化を肌で感じ取っていた。

「みんな、やれたはずだと思ってましたね。背中が違って見えましたから。最初に三点取ってイケるかもしれないという自信が沸いてくると、こんなに変わるものかと思うくらい、チームは変わっていった。あれだけのメンバーを揃えたアメリカに勝つということはものすごく大きなことなんです。それこそ、歴史の一歩ですよ。メジャーリーグという最高の舞台に憧れ続けて、とてもかなわないと思っていた相手と戦えた……あの試合は負けてしまいましたけど、アメリカとあれだけのゲームをやれたことが、その後の僕らのゲームのすべてを作ってくれたんだと思います」

イチローはこの大会中、感情の赴くままに喜怒哀楽を表現した。チームを鼓舞するために、理性を解き放ち、本能に任せた結果だった。その姿に驚いた周囲は、そんな感情的な姿を〝イチローの変貌〟と表現した。

「変わったんじゃなくて、表現するようになった、ということです。内側に持っているものをマリナーズのユニフォームを着ているときは抑えられたけど、ジャパンのユニフォームでは抑えられなかった。なにしろ、王監督に恥をかかせられないとまで言ってしまいましたから（笑）、そのプレッシャーは大変なものでしたよ。重荷を背負おうとする自分がいたのは、自分に自信があるからじゃないですか。自分の内面を出していくって、そういうことだと思いますよ。自分のことを隠そうとしたり、本当のことを言われたときにそれを否定したくなる気持ちっていうのは、自信のなさの表れでしょう。本当の自分を出していいと思えるのは、恐らくイチローという選手を上回る鈴木一朗が、それだけの自信を持っていたからじゃないですか」

二〇〇四年のオフから、彼は「イチローは、別人だ」と言い出すようになった。イチローは、鈴木一朗の一部に過ぎないというのである。一二年前、鮮烈に世の中へ飛び出したイチローは、いつしか一人歩きを始め、一朗の遥か前を走っていってしまった。しかしメジャーで三年の実績を残し、四年目にジョージ・シスラーが持っていたシーズン最多安打の記録を超えて、自信を抱いたのは、むしろ鈴木一朗の方だったというのである。

「イチローと鈴木一朗は分離したんです。今は、イチローに作品を作らせているという感覚かな。僕は、イチローとして何かを作り上げようとしたり、何かを伝えようとしているのかもしれません。その前はイチローが鈴木一朗よりもだいぶ先を走ってましたから、そこに追いつけなかった。でも、今は完全に追い抜いている。彼は僕の一部ですよ（笑）」

イチローがドラマに出演したのはWBCの直前のオフだったが、出演をOKしたのはさらに一年前のオフだ。イチローが変貌したというなら、それはWBCや日の丸ではなく、むしろシスラーの記録を塗り替えた二〇〇四年のオフに抱いた自信や価値観がきっかけになっていたはずだ。

イチローの言葉を、もう一度、噛みしめてみる。

「この時期にWBCがあったというのは運命ですし、出ると決めたのも僕の宿命なんです」

イチローが「挑戦だった」と表現したWBCでは、感情を顕わにする変貌したイチローだけがクローズアップされていたが、実はイチローには二つの顔があった。一つの顔は、チームをまとめて世界一を目指す〝リーダーとしてのイチロー〟。そしてもう一つの顔は、個人としてメジャーリーガーを圧倒し、アメリカを倒そうとした〝プレーヤーとしてのイチロー〟だった。

実際、あれだけベンチで感情を剥き出しにして喜怒哀楽を表現していたイチローが、ホームランを打ったときも大事な場面でヒットを打ったときも、ニコリともしなければガッツポーズもしない。ベンチに戻ってはしゃぐことはあっても、フィールドの上にはいつものように一切の感情を表現しない。イチローはこうも言っていた。

「僕にとって、WBCでの新しい挑戦は、実質的にも見た目にもチームの中心になるということでした。ユニフォームを着ているときには決して表現してこなかった自分、たとえば、他の選手が打つことをすごく嬉しく思っているチームありきの僕を、あえて表に出してこのチームを一つにしようとした……そういうところは僕にとっては今まで意識してやったことがなかったという意味で、確かに新しいチャレンジでした。ただ、自分が打ったときにはしませんでしたよ。ヒットを打って喜んだり、アウトになって悔しがったり、そういうことは絶対にしなかった。そこは貫きたいと思っていました。自分がダグアウトにいる時はいいけど、自分が打った後にそれはしない。そこは譲れませんでしたね」

最高の場面でホームランを打っても、大事な局面でタイムリーを放っても、フィールドに立つ限りは平然として、ニコリともしないイチロー。その姿は、メジャーで頂点に立った彼のプライドを具現化していた。つまり、ダグアウトには世界一を目指す、熱きリーダーのイチローがいて、フィールドにはアメリカに負けたくないという、誇り高きプレーヤーとしてのイチローがいた、というわけだ。

「WBCの僕と、今までの僕とでは、比較がきわめて困難なんですよ。すべてが違うものなので、別のカテゴリーに入れるべきものだと思うんです。みんな、今までのイチローと同じカテゴリーに入れるから、あんなイチローは珍しいとか、変わったとか、ビックリしたという発想になる。でも、そうじゃないんです。ダグアウトの僕は、すでに自分の中にあったものを表現しただけですから、ああいうイチローもありなんです（笑）」

アメリカ戦の夜。

イチローはアナハイムから車で一時間近くかけてロサンゼルスのダウンタウンへ出た。時折、足を運ぶ和食屋で、「いやぁ、気持ちよかったねぇ」とグラスのビールを一気に飲み干していた。それはプレーヤーとしてのイチローが、最高のパフォーマンスを披露できた喜びに浸っていることを感じさせる光景ではあった。

16

三月一三日。

日本代表は、アナハイム近くのカリフォルニア大学フラートン校のグラウンドを借りて練習を行った。どうやら日本では、前夜の不可解な判定から愛国心に火がつき、ＷＢＣへの関心が急激に高まっているらしい——そんな噂は、選手たちの耳にも届いていた。

試合のないこの夜、イチローは野手全員を食事に誘っていた。

選手たちは、そのために用意されたバスに乗って、アナハイムからウエストロサンゼルスの日本式の焼き肉店へと向かった。

イチローは、この日のことをずいぶん前から考えていた。スケジュールを見ると、ダウンタウンまで全員で食事に行けそうな日は、この日しかなかったのだ。家族が来ていた谷繁、アメリカ戦でのデッドボールが後を引いていた松中をのぞく野手全員が、イチローの呼びかけに応えて、この日の集まりに参加した。松中は一人、ホテルに残っていたのだという。

「だって、けっこう痛かったんですよ。動けないし、靴も履けなくてずっとサンダルでした。だから、みんなが焼き肉に行ったときも、一人で寂しくアイシングと電気治療（苦笑）。しょうがないですよ、試合に出るためにベストの状態をつくるのがプロだし、それがチームメイトに迷惑かけない一番の方法ですから。みんなで焼き肉を食ってもチームは固まるかもしれませんけど、それもゲームで一つに固まるためであって、グラウンドに僕がいられないというのはつらいし、そんなの、嫌ですからね。我慢するのは当たり前です。腫れが引くように、足は動かしませんでした」

イチローにとってはシーズン中も、ロサンゼルスに来れば何度か訪れるお馴染みの店。イチローがアメリカで足を運ぶレストランの中でも、一、二を争う、お気に入りの店だ。

それほど広くない店内は、選手たちで貸し切り状態。

縦長に並べられたテーブルの端に、イチローが座る。すかさず宮本が、離れて座っていた川﨑に声をかけた。

「お前、イチローフリークやったら、こっち来い」

イチローの隣に移動する川崎を見て、西岡は内心、不満に思っていた。

「あっ、またアイツ、行きやがった、ホンマは僕が座りたかったのに……まぁ、ええわ」

西岡は仕方なく、イチローからもっとも離れた、逆側の端に座った。するとイチローが西岡に声をかける。

「おい、西岡、飲んでるか」

「いえ、僕、お酒飲めないんで……」

「なんだよ、酒、飲めよ」

イチローは、意識して西岡に声をかけた。

「おい、バカ野郎、オレぁ、見てたんだよ」

「はぁ、何をっすか」

「ジーターと握手してんじゃねえよ」

「あっ……すいません、僕、ファンなんです」

「見下ろしていけって言っただろうが」

アメリカ戦の八回、あのタッチアップにまつわる騒動が起こる直前のことだった。ヒットで出て、セカンドに盗塁を決めた西岡が二塁にいたとき、松中がデッドボールを受けた。治療している間、ショートのジーターが西岡に歩み寄って、何やら話しかけていた。

「ランナーで、ボーっとしてたら、ジーターが『ナイス、プレーヤー』とか話しかけてきたんで、『サンキュー』って（笑）。僕、メジャーで好きな選手がジーターだったんで、おお、ジーターやって思うじゃないですか。そしたら背中をポンポンって叩かれて、まぁ、いっかと思って、一応、握手だけしといて……」

焼き肉を食べながら、イチローは目一杯、はじけた。

なぜこんなに、と選手たちが驚くほど、はしゃいでみせた。「おい、食べてるか」「飲んでるか」「お茶なんか飲んでるんじゃねえよ」と、イチローは何人もの選手に気を配って、話しかけていた。西岡は、そんなイチローの姿に驚かされていた。

「だって、イチローさん、マジにすごいですよ。あんなに離れた席の僕にまで気を遣ってくれるんですから。僕らの前でそういう一面を見せてくれたっていうのは、感動ですよね。イチローさんがオリックスで二〇〇本安打を打ったとき、僕は小学校の四年なんですよ。プロに入ったときはもうメジャーに行って、テレビでしか見てなかったから、クールで、しゃべらずに、自分の事だけをする人なんやろなって印象だったんです。でも、全然違いました。イチローさんが見せてくれたのは、誰よりも早く球場に来て、誰よりも先にバッティング練習をしてる姿でした。隠れるようにやってましたけど、そういうのを僕らはすぐに感じ取りますからね。言葉の前に姿勢で見せてくれたんです。だから、この人はすごいなと思ったし、こういう人が世界記録を作るんだなって、すごく勉強になりました」

アメリカ戦で三番に抜擢されながら、チャンスに三振、バント失敗と散々だった多村にも、イチローは話しかけた。

「シールズって、すごいピッチャーなんだぞ」

イチローは、アメリカ戦の六回、多村が見逃し三振を喫したスコット・シールズ（ロサンゼルス・エンゼルス・オブ・アナハイム）について、多村に話して聞かせた。

「打てる球はあったのに、僕、なんで手が出なかったんですかね」

「お前、シールズを打つって並大抵のことじゃないし、そんなの、重く考えることじゃないよ」

宮本は、そんな雰囲気を見てチームの熟成を感じ始めていた。西岡にしても多村にしても、日の丸の重みを理解しているつもりでも、どこかで実感できていなかった選手たちが、少しずつ、その重みを理解しているように感じていたのである。

「ちょうど、アメリカに負けた後でしたからね。結果的には一番、いいタイミングでしたよね。僕はアメリカに負けることは想定して、慌てないようにしないといけないと思ってましたけど、本当は勝ってた試合でしたから、どうかなと思ってました。でも、あの誤審があって、みんなの気持ちが高まっているところに、あの食事会があって……イチローがもし、アメリカ戦はちょっとしんどいかもしれないとか、そういうところまでいろいろと考えてあの日に食事会を入れたんだとしたら、すごいなぁと思いますね。多分、イチローも、多少は無理してみんなのところに降りてきてたと思うんです。納得できない当たりでヒットが出ても嬉しいってイチローが言えば、若い選手にとっては、『イチローさんでもヒットは嬉しいんだ』って思わせられるじゃないですか。それだけで違うと思うんです。それをもしわかっててやってるとしたら偉い人ですし、それが自然だったとしたら、これまた言うことがない（笑）」

アメリカには負けた。

しかし、まだＷＢＣで負けたわけではない。

負けたら準決勝進出の可能性はゼロになるという、三月一四日のメキシコ戦。試合前、キャッチャーの里崎は先発の松坂に対してこう言った。

「もしサインが合わなかったら、クビ振ってくれていいからな」

しかし結果的に松坂はこの日、里崎から出た七三回のサイン、すべてにうなずいてボールを投げた。松坂は違うと思ったら平気でクビを振るタイプのピッチャーである。その松坂が気持ちよくストレートを投げて、絶妙のタイミングで変化球を使い、メキシコ打線を完璧に封じ込めた。

里崎は、イケイケのリードをする。

「そんなことないですよ（笑）。みんながそう言ってるのは他の人がそういうリードをしないからであって、僕にとってはこれが普通のリードなんですから」

里崎は、強気に言い放った。

圧巻は、二回だった。

この試合、松坂にとっては唯一のピンチとも言えるワンアウト三塁。フォアボールで歩かせたエイドリアン・ゴンザレス（サンディエゴ・パドレス）が一塁を飛び出し、里崎が状況を読みながら二塁へ送球。せっかく一、二塁間にランナーを挟みながら、セカンドの西岡が悪送球をしてしまい、ゴンザレスを一気に三塁まで進めてしまった。

どうしても先制点をやれない場面。ここで二人のバッターと対峙した松坂に対して、里崎はなんと、一〇球続けてストレートを要求したのである。そして、六番のミゲール・オヘダ（コロラド・ロッキーズ）をインハイのストレートで空振り三振、七番のマリオ・バレンズエラ（サラペロース・デ・サルティーヨ）をインコース、真ん中やや内よりに来た低めのストレートでセンターフライに打ち取って、無失点で切り抜けた。里崎はこの場面をこう振り返る。

「ストレートばっかでいったのは、それで抑えられると思ったからです。あの日は力強いまっすぐが来ていましたし……スライダー？　そんなの、思わないですよ。だってストレートで打たれないんだから、そんなの挟む必要はないでしょう。そもそも変化球だから打たれないという発想が僕にはわからないんです。彼がいいピッチャーだというのは誰もが知ってることだし、大輔の一番いい球をどんどん投げさせて、バッターに向かっていった方が彼の持ち味が出るでしょう。それが抑えるための一番の近道だと思いましたから」

マウンドの松坂も、里崎から立て続けに出るストレートのサインに内心、驚いていた。

「オヘダの時はともかく、バレンズエラにはどこかでスライダーのサインを挟んでくるだろうなと思っていたんですけど、最後までストレートばっかで、僕もビックリしました。ホント、里崎さんって度胸があるというか、無謀というか……」

松坂はそう言って笑った。しかし、この日の松坂は本当に気持ちよさそうに投げていた。理由は二つあった。一つは里崎の決断が早く、いいテンポでサインが出てくるため、松坂のピッチングにリズムが生まれたこと。もう一つは、自分のストレートを信頼してもらっていることを松坂が里崎のリードから感じ取ったからだった。里崎は言う。

「ホントですか？　それで大輔が気持ちよく投げてくれたんならよかったです。ストレートが打たれないいんだから、変化球が頭をよぎることすらなかった。だって、打たれないいんだから、投げる必要がないですよ」

配球を英語では〝ｌｏｃａｔｉｏｎ〟と表現する。どの位置に、どの順番で、どの球種を置いていくか。それが〝配球〟の常識だ。しかし、配球の常識にとらわれず、次の一球だけを考えた場合、この日の松坂のストレートには絶対的な力があるのだから、腕の伸びないインコースにさえ来れば空振りかポップフライに打ち取れる――里崎はそう考えた。せっかくいい感じでストレートを投げているのに、一球でも変化球を挟むことでその次のストレートに感覚的なズレが生じるかもしれないというミクロなリスクまで考えて、里崎は松坂にストレートを要求し続けたのである。そう考えると、確かに里崎のリードはイケイケなんかではない。里崎はこうも言う。

「単調にならないように、相手のバッターの感じを見極めて、まっすぐに合っていないのか、変化球に合っているのかを確かめながら丁寧にやったつもりです」

松坂もこう言って里崎の言葉を裏づけた。

「カントゥ（タンパベイ・デビルレイズ）には外の変化球ばっかでしたよ」

確かに里崎が松坂に要求した〝配球〟を眺めてみると、二番のホルヘ・カントゥには他のバッターとは違った傾向が表れていた。二〇〇五年のシーズン、デビルレイズで打率・二八六、ホームラン二八本、一一七打点をマークしている二四歳のカントゥに対して、里崎は一一球のうち、七球も変化球を要求していたのだ。松坂への信頼と、迷いのない決断力。そこに細心というスパイスを効かせたこの日の里崎のリードは、バッターとしての里崎がエステバン・ロアイザ（オークランド・アスレチックス）から打ったツーランホームランよりも、遥かに光を放っていた。

日本（一勝一敗）　六―一　メキシコ（二敗）

試合後、松坂は五五年会を開催したお気に入りの和食店に足を運び、大好物の唐揚げを少しと、魚を食べて、気のおけない仲間と乾杯をした。

「いやぁ、やっと間に合った……」

松坂の笑顔が、会心のピッチングを物語っていた。


そしてもう一つ、このメキシコ戦で特筆すべきシーンがあった。このゲームでの一つのプレーが、その後のチームの結束を呼んだような気がしてならないのだ。

主役は、多村だった。

最初の伏線は、アメリカ戦の八回、日本の攻撃にあった。三―三の同点で先頭の西岡がヒットで出た。続く三番の多村が送りバントを試みたのだが、これがファーストへのファウルフライに終わってしまい、多村はランナーを進めることができなかった。その後、勝ち越しのチャンスでも三振を喫して途中交代させられた多村は、直後にベンチで暴れた。

二度目の伏線は、メキシコ戦での二回。ノーアウト一、二塁のチャンスをつかんだ日本は、再び多村に送りバントのサインを出した。今度は打球をしっかり足下に落としたのだが、あまりに足下過ぎてファウルと勘違いしたのか、多村は打席で止まったまま走り出せなかった。しかも打球がフェアゾーンに転がり、ボールはサードからファーストへ送られ、まさかのダブルプレー。またもバントを失敗し、しかも結果的に全力疾走を怠る形となった多村のプレーは、チームの士気に悪影響を与えてしまった。

日本代表の中にあった温度差やカルチャーギャップは、ここまでにずいぶん解消されてはいた。しかし、最後まで根強く残っていた温度差は、二つあった。

一つは、イチローを除く選手たちの中で、アテネ五輪での結束、言い換えればオリンピックでの日本代表のあり方をよしとしていた選手たちと、その価値観が理解できていない選手たちの間にあった溝。

もう一つは、試合に出ている選手たちと、出ていない選手たちの間にあった垣根。

絶対に負けられない立場でオリンピックに出た選手たちは、日の丸の重みを否応なく感じさせられ、痛いだの痒いだの言ってられない雰囲気を求めていた。ところが、三月という調整の時期に招集されたWBCでは、オープン戦の延長くらいに考えていた選手もいたし、イチロー一人に注目が集まるチームで最初はそっぽを向いているとしか思えない選手もいた。西岡はユニフォームを忘れてきたし、岩村のようにメジャーリーグを夢見てお披露目の舞台だと考えていた選手もいた。しかも、コーチが試合前に選手にサインをねだりに来たり、記念写真を撮ったりしていては、チームの中に戦う姿勢や緊張感が漲ってくるはずがなかった。

多村は勝手に振る舞っていたり、緊張感を欠いていたわけではないが、ゲームに出ることを怖がっていた節があった。調整が万全でなかったこともあったかもしれないし、大舞台で馴れないプレーをさせられて失敗するのを恐れていたのかもしれない。

ただ、この二度の場面に限れば、天性のアーチストにふさわしい美しい弾道のホームランを打てる多村が、ほとんど経験のないバントのサインに不満を抱いたとしても不思議ではなかった。バントの失敗が、日の丸を背負うことの重みに潰されそうになっていたからなのか、それとも気乗りしないままバットを差し出してしまったからなのか、そこは知る由もない。しかし二度までもバントを失敗し、ようやく多村の顔色が変わったことだけは間違いない。

ベンチで谷繁は「気にするな」と声をかけた。

宮本は、バントを失敗した直後の多村を呼んで、「応援するぞ」と前列に引っ張り出した。

「だって、アイツはバントなんて普段からやってないんですから、しょうがないでしょう。本当はやっておかないとダメなんですよ。でも、準備が足りてなくて、やっぱり失敗した。そうすると、どうしても落ち込むと思うんです。多村は五番を任されてましたし、次もありましたからね。そういう選手にとって何が大事かというと、失敗したあとに声を出すことです。失敗したからってベンチの後ろで頭を下げて、暗い顔していたらダメなんです」

実は多村には、ある残像が残っていた。

アメリカ戦の初回、ジーターがバントをした。それがプッシュ気味のバントだったのにもかかわらず、芝でボールの勢いが死んだのだ。そのイメージが残っていた多村は、アメリカ戦の八回勢いを殺したら転がらないと思い、プッシュ気味にバントしたため、打球を上げてしまった。そこで、この日のメキシコ戦の二回には勢いを殺さなきゃと思ってバットを引いたら、足元に落ちてしまったのである。多村は言った。

「失敗して、ベンチに戻ってきたときにみんなが、大丈夫だ、切り替えろって声をかけてくれたんです。試合に出てる選手も、出てない選手も、監督、コーチもみんな来てくれたんです」

野球の神様はこういうイタズラが好きなんだと痛感させられたのは、そのメキシコ戦で、バントを失敗したばかりの多村に、またも同じ局面が巡ってきたからだった。

川﨑は思った。

「もう、何で多村さんのところでバントするような状況になるんだって。オレに来てくれよ、オレみたいなタイプに回ってくればいいのにって思いましたよ」

ブルペンでもあまりの巡りあわせに「タムー、タムー」とみんなが大騒ぎをしていた。

〇―〇の四回、ノーアウト一、二塁。

さすがの多村もここはバントだとハラを括るしかあるまい。うつむきながらバッターボックスに向かった多村は、意を決したように、力強くバットを一回だけ振った。

初球、転がそうとした打球は大きく弾み、不細工なバントになってしまったが、見事に成功。その瞬間、日本のベンチは大拍手、多村は恥ずかしそうな表情で、一目散にベンチに駆け込んだ。

小笠原の二点タイムリーが生まれたのはその直後のことだ。イチローが言う。

「最初、バントを失敗したとき、多村の血の気が引いた顔と、成功してダグアウトに戻ってきたときの安堵した顔がまったく違ってましたから（笑）。あの顔を見せられたら、みんなも盛り上がりますすよ。でも、そのあとガッツ（小笠原）の一本が出ていなければそうならないわけですから、両方ともチームにとっては大きかったでしょうね」

そして、重い空気を振り払った後で打席に入った里崎が、追い打ちのツーランホームランを放った。これで四―〇となった。

多村がバントを決めたときの日本代表からわき上がった拍手喝采と、ベンチへ一目散に戻った多村の姿が忘れられない。ケンカして泣きじゃくった子どもが仲間の輪に戻ったときのような、照れくさそうな顔で、多村はベンチ前で並ぶ選手の列に加わった。多村は言う。

「僕はもう、あの時、ぶっちゃけ、試合中に涙が出ましたからね。僕、シーズン中にバントは一回もやったことなくて、キャンプでベイスターズの先輩たちと一生懸命、練習して、みんながよしって太鼓判を押してくれていたんです。でも、いざ本番の打席に立ったら、しっかりやろうと思ったのに失敗して、ランナーを進められなかったじゃないですか。しかも、点も入らない。どんな形でも短期決戦では決めなくちゃいけないと思うんですよ。でも、弱さが出てたのかな。よし、決めてやろう、ここへ落とせば楽に送れるなとか、そういうふうに思うんじゃなくて、失敗したらどうしようって……だから、あそこで決めたとき、みんなが大騒ぎしてくれて、よくやった、よくやったって……ちょっと感極まっちゃって（笑）。しかもそのあと、小笠原さんが打ってくれたんで、それでまたちょっとウルウルきちゃいましたね」

各球団の主力が集まり、短期間にチームとして熟成させることの難しさは誰もが知っている。

その過程で、多村のこの送りバントの成功が、いろんな想いを抱えた選手たちの向いている方向を一つの方向に向けてくれたような気がしてならない。

バントの失敗と成功が、王ジャパンがしっかりバインドするための重要なきっかけとなったのだとしたら、ホント、野球の神様というのは粋なことをしてくれるものだ。

17

三月一五日、二次リーグの韓国戦。

アナハイムのエンゼル・スタジアムには、韓国の大応援団が押し寄せていた。試合前から観客席を埋め、「テーハミング（大韓民国）」の大合唱が沸き起こる。日本にとっては第三国での試合だったのに、アウェーに等しい雰囲気を作られてしまっていた。

試合前のイチローは、野性に身を委ねているようだった。

ダグアウトでチームメイトと拳をぶつけ、右へ左へ、早く檻から出せとでも言わんばかりに動き回った。試合開始直前、フィールドへ解き放たれた獣は、一直線にライトへ走り去り、芝を一撫でして湿り具合を確認した。

二度目の韓国との対決——。

これが韓国戦、二度目の先発となる渡辺俊は、素晴らしいピッチングを展開した。シンカーが抜けた東京ドームの試合から見事に修正して、アウトを積み重ねる。

一方、日本代表の打線も、韓国の先発、朴賛浩の前に沈黙してしまう。

初回こそ、スタンドを埋め尽くした韓国人からのブーイングをセンター前への痛烈な打球で黙らせたイチローのヒットで一死二塁のチャンスをつかんだものの、福留が三振。松中もサードゴロに倒れて先制ならず。

二回、ツーアウトながら岩村を二塁に置いて、里崎がライト前へ弾き返す。ところが、一次リーグの東京ドームでスーパーキャッチを見せた韓国のライト、李晋暎が、ワンバウンドで、ストライクのバックホーム。岩村がホームで刺され、日本、またも李晋暎の好守備に得点を阻まれる。しかもこの走塁で岩村が右の太股の裏側を痛め、サードには今江が入った。

渡辺俊、朴賛浩の緊迫した投げ合いが続く。

互いにチャンスらしいチャンスもつかめない。渡辺俊は三回以降、六回まで、打者一二人をパーフェクトに抑えた。朴賛浩も、五回までは二塁を踏ませぬピッチングを披露。試合が動いたのは、六回裏、日本の攻撃だった。

韓国は朴賛浩に代わって、二一歳のサウスポー、全炳斗（起亜タイガース）をマウンドに送る。先頭の川﨑がストレートのフォアボールを選ぶと、イチローは初球、ややセーフティ気味にサード前へ絶妙のバント。川﨑をきっちり二塁へ送って、西岡が倒れたツーアウト二塁の場面、王監督は代打を送った。

福留に代えて、金城。

日本代表の三番を打ってきた福留は、結果が伴わず、ついにチャンスで代打を送られた。

二次リーグが始まって内野安打が一本だけ、この日も変化球にタイミングが合わず、二打席連続で三振を喫していた福留にとっては、屈辱の交代だった。

「新しいフォームで実戦をやっていなかったので、試合中にも『やっぱり、打てねえな』と思ってました（苦笑）。そう簡単に、うまくはいかないんだなと……」

フォームを変えたばかりで、打ち込みも足りていない。探そうとすれば、言い訳はいくつもあったはずだ。しかし、福留はそれをしなかった。

アマチュア時代、アトランタ五輪で福留とともに日の丸を背負っていた松中が言う。

「正直なところ、アトランタのときには孝介はとっくにアマチュア球界のスーパースターで、あのチームにとっては厄介な存在だったと思いますね（苦笑）。日の丸を背負っていても、自分が打てたときにはワーワー騒ぎ、打てなくて勝っても喜ばないという態度がものすごく見えた選手だったんです。でも今回はそうではなかったし、腐ってる姿もなかった。ちょっと大人になったのかなって思いましたよ（笑）」

福留は、試合中もダグアウトの中で盛んにタイミングの取り方をイメージしていた。バットを持たずに構えてみて、トップの位置を確認する。そこからバットをどう振り出すか、何度も何度も同じ仕草を繰り返していた。

「あぁ、そんなこともやりましたね。自分で探さないことには誰も見つけてくれませんから。あっという間にバッティング練習の時間も終わってしまいますし、『あれっ、今、オレはどうやって打ってるんだろう』っていう感じでした。アジアラウンドではホームランは出ましたけど、最初からずっとズレている感じはありましたね。打ち込みも足りてなかったし、せめて今、自分がどういう打ち方をしているのかを映像で確認しようと思っても、それもできない。それは僕だけじゃなかったので仕方がないんですけど、それぞれのチームにいるときとはあまりに環境が違うじゃないですか。しかも今までのフォームじゃないんで、今、ここがこうだったっていうことがわかりづらいんですよね。あれを苦労とは言いたくないんですけど、こうだからダメなのかな、こうしたから打てなかったのかな、と考えたことが、あの後の結果につながったと思います」

暗中模索を続ける福留を見ていて、昔のことを思い出した。

WBCから遡ること一〇年、一九九六年のことだ。

当時、一九歳の福留は、アトランタ五輪の日本代表に選ばれた。その前年の一九九五年、福留が高校三年の夏、PL学園の超高校級スラッガーは夏の大阪大会で七本のホームランを放ち、注目を集めた。甲子園でも満塁弾を含む二打席連続ホームランを放って全国的な知名度を高めた福留は、秋のドラフトでなんと七球団からの指名を受けた。競合の末、近鉄バファローズが交渉権を獲得したが、希望球団でなかったことから入団を拒否。福留は日本生命に進んで、三年後のプロ入りを待つことにした。

その決断に色めき立ったのは、オリンピックを翌年に控えていたアマチュア球界だった。ちょうどその翌年のアトランタ五輪に向けて、当時はアマチュアだけで日本代表を編成していたことから、スーパースターの福留の日本代表入りは、オリンピックに関心を引く上でも有効だと考えたからだった。

福留は、アトランタ五輪の日本代表に名を連ねた。

あのときの日本代表にも、カルチャーギャップは存在していた。端的に言えば、アマチュアとしてオリンピックを全うしようという、（主にベテランの）選手たちと、プロへの足がかりとしてオリンピックで活躍しようという（主に若い）選手たちの間の価値観の違いが原因となっていた。

福留は、高校を卒業したばかりの、チーム最年少だった。

社会人としての実績もなく、特例措置であることは誰の目にも明らかだった。しかし、プロから高い評価を受けたバッティングが日本代表の貴重な戦力になるのではないかと期待されていたことも確かだ。当時、新日鐵君津にいた松中のほか、井口資仁（青山学院大）、谷佳知（三菱自動車岡崎）、今岡誠（東洋大）、三澤興一（早大）、森中聖雄（東海大）、川村丈夫（日本石油）といった、のちにプロで活躍する選手たちが揃っていた日本代表にあって、正直、福留は浮いた存在だった。

思えばその時代、野球におけるオリンピックとは、アマチュアの祭典だった。オリンピックへの出場経験を持つプロ野球のスーパースターたちも、当時は全国的にその名を知られていない無名選手たちだった。

今でこそベースボールライターなどという肩書きを乗っけているが、オリンピックの野球にまつわる初めての取材は、ＮＨＫの新人ディレクターだった一九八八年の七月のことだ。ソウル五輪を直前に控えた日本代表に一五〇キロを投げる二一歳の豪腕投手がいると聞いて、番組で特集することになり、その選手にインタビューをしたのだ。その取材メモを見た別のディレクターから、「この〝のしげ〟って、誰だ?」と聞かれたことを覚えている。それが新日鐵堺にいた当時の、野茂英雄だった。オリンピックの野球に対する関心は、その程度だった。

それでも、オリンピックで世界の強豪と戦い、大舞台ならではの雰囲気の中で心と技を磨き、その後のプロでの活躍に結びつけている選手は実に多い。WBCでも、アトランタ以降のオリンピックを経験している選手は三分の一を越えている。

その後、アマチュアの祭典だったオリンピックは、プロによって少しずつ浸食されていった。もちろんその流れは、アマチュア側が望んだことでもあった。しかし、プロの力を借りて編成したチームだからといって、本当にオリンピックを勝ち抜けたのか。現段階でその答えは、残念ながらノーである。

オールプロで望んだ二〇〇四年のアテネ五輪は銅メダル、プロ選手八名を加えて臨んだ二〇〇〇年のシドニー五輪は史上初のメダルなし。

そして、福留を招集した一九九六年のアトランタ五輪は、アマチュアだけで臨んだ最後のオリンピックだった。

そのアトランタで、日本代表は苦戦した。

予選リーグで、日本は初戦のオランダには勝ったものの、その後、まさかの三連敗を喫してしまう。次のニカラグアに敗れれば、早くも予選敗退が決まってしまうという崖っぷちに追い詰められていた。

ミーティングの席で、「くそっ、あの打球はもう少し伸びてればスタンドインだったな」「たいした球じゃなかったのに」と話をしている若い選手がいた。福留は、何の気なしにＰＬ学園の校歌を口ずさんでいた。

そのとき、声を荒らげた男がいた。

「みんな、ここへ何しに来てるんだっ。この中には将来、プロをめざしてる選手もいるだろう。そういうヤツらにとっては、オリンピックもプロに行くまでの一つのステップに過ぎないのかもしれんが、このオリンピックが最後だという選手もいる。ここで潰れてもいいと思ってるヤツもいる。ここに来たくても来られなかった選手だっているんだ。そいつらの思いも、背負い込んで戦っていることを忘れんでくれ。もっと、もっと、チームが勝つことに……勝つことに、どん欲になれっ」

のちに〝ミスター・アマチュア〟と呼ばれた、日本生命の杉浦正則だった。

杉浦は、オリンピックを勝ち抜くためには全員が「勝つんだ」という気持ちを一つにすることが必要だ、と言い続けていた。

「オリンピックでは、どんなチームが相手でも大量点は取れないものなんです。たとえ、格下の国が相手でも、一〇―〇では勝てない。これが負けが許されない、一発勝負の国際舞台の怖さです。全員、四番打者を揃えたからといっていつも大量点が取れるわけじゃないし、全員エース級を並べても調子の波がある。だからこそ全員で一点を取り、全員で一点を守る野球が必要になるんです」

背水のニカラグア戦に先発したのが、杉浦だった。

しかし杉浦はその前日、ブルペンで投げているとき、右足の内転筋を痛めてしまっていた。ニカラグア戦の前夜、杉浦の右内転筋は鬱血して、紫色になって腫れ上がっていた。トレーナーは、この状態では投げるのはとても無理だと報告していた。それでも杉浦は当時の川島勝司監督（ヤマハ）に登板を直訴した。

「負けたらそれでしまいやないですか。オレ、いけますよ。絶対、投げて抑えてみせますから。明日無理しないで、いつしろっていうんですか。監督のいない隙に、メンバー表にオレの名前、書いておきますから……」

そして杉浦は、マウンドに上がった。

紫色に腫れ上がっている太股をテーピングでガチガチに固めていた。

福留も松中も、仰天した。

とても投げられるような状態ではなかったはずだ。さらに、マウンドの杉浦が投じたボールを見せつけられて、彼らの驚きは頂点に達した。チームの体を成していなかった日本代表は、杉浦が投げたニカラグア戦を契機に一体感が生まれ、つなぐ野球が機能し始めた。ニカラグアに勝った日本は、予選三位で決勝トーナメントに進出。準決勝で開催国のアメリカを下し、決勝進出を果たしたのである。

アトランタ五輪でも決勝の相手はキューバだった。

満身創痍の杉浦が先発するも強打のキューバに二イニングスで六点を取られ、無念の降板。しかし、杉浦の意を汲んだ松中が満塁ホームランを放つなど、一時は六対六の同点に追いつく。最後はキューバに突き放されて敗れたものの、日本は銀メダルを獲得した。杉浦は言っていた。

「野球は一人でやるもんじゃない。九人対九人の団体競技です。確かにプロは個人事業主だし、個人プレーを大事にしても、僕は否定しません。でも、アマチュアは負けたらしまいですから。トーナメントに次はないんです」

杉浦は、そんなしびれるような緊張感の中で世界一を目指す野球が性に合っていると言った。それは、日本のプロ球団からもメジャーリーグの球団からも高い評価を受けていた杉浦がプロの世界に背を向け続け、アマチュアの野球にこだわり続けた理由の一つでもあった。

福留はそのとき、杉浦から日の丸の重さを教えられたのだという。

「日の丸に、アマもプロもないんだと。アマはプロの下じゃない、プロはアマの上じゃない。プロもアマも、野球の中でプロフェッショナルを目指しているという点で同じなんだと、杉浦さんが言っていたんです。確かに野球をやる環境は違いますけど、アマチュアだって、心技体という面でいえば野球のプロフェッショナルを目指してますからね」

松中にとっても、杉浦から教えられたことは重い。

「アトランタでは一九歳の問題児(笑)が先輩たちを怒らせましたけど、あのとき、僕は日の丸を背負った戦い方というものを教えられました。アトランタでは孝介のようなドラフト候補と、三十歳近いベテランの方との間にずいぶん温度差があったんです。ベテランの選手たちは、日の丸のために戦うんだ、メダルを獲りにいく一生に一度のチャンスなんだという気持ちが強かったんですけど、若い選手はドラフトのため、日の丸よりも自分が目立てばいい、結果を残せばいいという感覚で臨んでいたと思います。それが、杉浦さんの一言で、みんなの意識が変わりました。『お前らのためにやってんじゃない、日の丸のためにやってるんだ』と……その言葉がチームをガチッと固めたんです」

杉浦は、「野球は勝つためにやるもので、三振を取るために、ホームランを打つためにやるものなんかじゃない。野球に、負けてもいい野球なんかない」と言っていた。

あの日、杉浦から日の丸への想いと重みを伝えられた松中と福留は、ＷＢＣまでそのマインドを受け継いでいる。

韓国との二度目の対決、その六回裏に話を戻そう。

代打を送られた福留は、金城に後を託して、ダグアウトに引き上げる。イチローが福留に声をかけた。

「孝介、任せておけ」

福留はその一言に背中を押され、交代直後から最前列で声を枯らした。

代打で出た金城はストレートのフォアボールで歩き、ツーアウト一塁、二塁。ここで四番の松中が初球のストレートを狙うもセカンドゴロに倒れ、この試合、三度目の得点圏のランナーを返せない。

〇―〇の均衡は、八回に破れた。

七回から渡辺俊のあとを受けてマウンドに上がっていた杉内は、七回、フォアボールで出したランナーを二塁に背負ったものの無失点に凌ぎ、八回の先頭バッターもサードゴロに打ち取っていた。韓国の早打ちに助けられて目立つことはなかったが、この日の杉内のボールにはバラつきがあった。膠着した局面でイヤなのはフォアボールだ。メジャーのツルツル滑るボールに合わせられなくて苦しんでいた杉内には、その怖さがあった。

だから、ファウルを捕れなかったイチローが声を荒げたのだろう。

ワンアウトで九番、金敏宰（ハンファ・イーグルス）に対して、ワンストライク、スリーボール。イヤな雰囲気が漂った五球目、金敏宰の打球はライトのファウルゾーンに上がった。イチローはフェンスの目の前で落下地点に入ったように見えたが、フェンス際のファンに邪魔をされて、ボールを捕れなかった。イチローが捕れる可能性が「ありました」という当たりだっただけに、イチローは悔しさを顕わにした。ツーアウト、ランナーなしと、ワンアウトでフルカウントでは、大違いだ。ましてコントロールにバラつきがあった杉内に不安を抱いていただけに、何としても捕りたい当たりだった。

イチローは、ボールを捕れなかったことに腹を立て、怒鳴り声を上げた。しかも、観客に向かって怒りをぶつけたのである。

イヤな予感は的中してしまうものだ。

その直後、杉内のストレートは低めに外れ、結局、九番の金敏宰を歩かせてしまう。トップに戻って李炳圭が杉内のカーブをバット先で捉えて、二遊間へのゴロを放った。打球はセカンドの西岡が逆シングルで差し出したグラブの先をかすめて、センター前へ転がる。一塁ランナーの金敏宰はセカンドを回ってサードへ。福留に代わって代打に出た金城がそのままセンターに入っており、サードの今江へツーバウンドの送球が届いた。

わずかに今江の左にずれた送球を今江がつかんで、ランナーにタッチにいく。タイミングは完全にアウトだったものの、今江はボールを収めたグラブを右手で支えるようにベースの前に持っていった。そこにランナーが頭から突っ込んでくる。その勢いにグラブが負けて、ボールがグラブから飛び出してしまったのだ。

判定は、セーフ。

そんなはずはないと今江が審判に説明を求める間に、バッターランナーにもセカンドへ進まれてしまい、これでワンアウト二塁、三塁。今江は、あのプレーをこう振り返った。

「落としたのは見えてなかったんです。自分の感覚で、あれっ、落としたかなと……バウンドは中途半端だったんですけど、タイミングは絶対にアウトだったので、丁寧に、両手で行ってしまった。それでスライディングしてこられて、タッチに行ったとき、たぶん、タッチしてグローブを上げた瞬間、ボールがポロッと落ちてしまったんだと思います。あれって思ったんで、審判にアピールするみたいな仕草をしたらセカンドに行かれて……正直、すぐにセカンドへは目が行かなかったです。一つのプレーで必死でしたし、頭の中はそれでいっぱいでしたから……」

ギリギリのところでこらえていた堤防を決壊させるには、十分すぎるミスだった。

李鍾範を迎えて、マウンドには藤川が上がる。

しかし、スタンドは韓国への凄まじい応援で揺れている。

キャッチャーの里崎は藤川に対し、インサイドのまっすぐを徹底して要求した。

初球、低く外れてボール。

二球目、インサイド、腰の辺りを抉る形にはなったが、これもボール。

三球目、狙い通りのコースにいって、李鍾範はファウルを自分の右足に当てた。これは素晴らしいボールだった。

そして四球目、里崎は一瞬、体をアウトコースに寄せてみせた後、体をインサイドに動かして、またもインローにミットを構える。

藤川の投げたボールは、四球続けてストレート。

「ボールは走っていたので、真っすぐに詰まってくれると思った」という里崎だったが、一瞬、外側に寄せた体の動きに惑わされたかのように、藤川のボールはアウトコースに吸い寄せられていった。

李鍾範のバットが一閃——。

打球は左中間に転がった。フェンスに届いたボールを金城が抑えたとき、二人のランナーはホームを駆け抜けていた。

スコアボードの八回表、韓国の攻撃のところに〝2〟の数字が灯った。

一次リーグでは李承燁、二次リーグでは李鍾範。いずれも日本で活躍した韓国人選手に浴びた痛恨の一打。しかも、ライトのファインプレーに攻撃の芽を摘まれ、ともに八回に堪えきれなくなってしまい、決勝点を奪われる。まるで、一次リーグのＶＴＲを見ているようだった。

今江は、身の縮む思いでダグアウトに戻った。

「何も言わないでくれたほうが楽ですね。やっぱりそこで大丈夫だよって慰められても逆に考え込んでしまいますし、何も言われなかったら、自分の中ではすごく大きなプレーでも、それは終わったんだから仕方ないって切り替えられると思うんです。まだ試合は残ってるわけですし、次に引きずったらダメなんで……」

ただ、ＰＬ学園の先輩でもある宮本だけは、今江に声をかけた。

「大事に行きすぎたな」

もちろん、宮本に今江を責める気持ちはなかった。一生懸命のプレーだったことを知っていたからだ。実は宮本は今江に怒りをぶつけたことがあった。アリゾナでの練習試合、二試合目のレンジャーズ戦に先発した今江は、サードへの当たりを弾いた。その直後、今江が苦笑いを浮かべた。

「ピッチャーが一生懸命投げてるのに、お前がエラーして笑うっていうのは何事だっ」

宮本は、そのときには今江を叱った。だが、このときは気にするな、と言った。

「軽率なプレーではありませんでしたから」

宮本は、そう言った。

それでも今江は、ロッカーに戻ったとき、同じサードの岩村に訊ねた。

「ガンさん（岩村）、あのタッチって、どういうふうにいったらよかったんですかね」

「あれは大事に行き過ぎやな。もっと片手でパンパンっと行かないと、スライディングしてくるからな」

片手で捕って、片手でパンとタッチにいけば……大事にいったことが裏目に出てしまった今江にしてみれば、悔やんでも悔やみきれないミスとなってしまった。

二点を追う日本は、九回、具臺晟からこの回、先頭の西岡がソロホームランを放って、一点差に追い上げる。さらにワンアウトから松中がライト前ヒットで続き、王監督が動く。

松中の代走に青木、今江の代打に新井。

韓国は、具臺晟に代えてクローザーの呉昇桓（サムスン・ライオンズ）を送り出した。

一発が出れば逆転の場面で、一発のある代打の切り札の登場は、奇跡を妄想させても不思議ではなかった。しかし、WBCのスターティング・ラインナップから外れていたセ・リーグのホームランキングは実戦から遠ざかりすぎていて、過度な期待をかけるには酷だった。決して結果論ではなく、諦めに近いムードと、敗色濃厚な雰囲気がなぜかスタジアム全体を包んでいたように感じた。その空気を、ベンチに戻った松中が代弁していた。

「確かに、みんなから気持ちは出てました。でも、もっと早い段階であぁいう状態にならないと、チームとしては簡単には勝てないんです」

新井はツーストライクツーボールから、高めのフォークボールにタイミングが合わず、空振り。

三振、ツーアウト。

バッターボックスには、五番の多村。

初球、スライダーをバットの先で捉えて、左に切れる大ファウルを放つ。

「僕も集中してましたから、その前のカットボールを大ファールして、うん、いけるって思っていたんですけど……」

追い込まれてから、真ん中高めにストレート——多村のバットが、空を切った。手応えを感じることができなかった多村は、右ヒザを折って、その場に座り込んだ。

「よしって思って振ったら、もう感覚がなくて、それでガクって崩れちゃって……負けたことへの絶望感というか、ああ、終わっちゃったんだっていうんで、腰、砕けましたね。積み重ねてきた自主トレからキャンプ、本番までのものがすべて終わってしまいましたから。真ん中、やや高めのまっすぐです。打てたのに、なぜ打てなかったんだろうって。そのあと、ずっと考えてました」

勝利の喜びを爆発させて、フィールドを走り回る韓国の選手たち。

太極旗を掲げての、ビクトリーラン。

やがて徐在応が、頂上を征服した登山家の如く、マウンドに太極旗を突き刺した。

ダグアウトで固まったまま動けない、日本の選手たち。

イチローが英語で、腹から絞り出した、怒りの叫び——。

ベンチで泣いていたのは、和田一だった。宮本が言う。

「ベンちゃん（和田一）とはずっと一緒にいて、お互いの中に、このままだったら負けるだろうという危機感があったんです。まだまだチームの雰囲気としては切羽詰まったものが少なかったし、だから負けた瞬間、僕は、ああ、やっぱりダメだったかと思ってしまったんですね。そう思ったときに、たまたまベンちゃんが視界に入ってきて、ふと見たら、泣いていたんです。あのベンちゃんの涙、忘れられません。ベンちゃん、すごいわ、熱いもの、持ってるわって。ああ、こういうヤツがいっぱいいれば、すんなり勝っていたんだろうなって気持ちにもなりました」

敗れて、ブルペンから引き上げてきた相川も、涙を流した和田一の姿を目撃した。

「和田さんの目頭が熱くなってるというか、明らかに涙、流したなっていう顔をしてましたから。試合にも出てない、不満を持ってもおかしくないような状況の中で、一番、泣くはずのない人が泣いてるってことは、この人はものすごく熱い思いを持ってここに来ていたってことですよね。韓国に二度も負けたことが悔しかったたって……正直、泣いてる人なんて他に見なかったし、野球に対してどれだけ純粋だったかがわかります。本当にこの人はすごい人だなあって思いました」

三振して引き上げてきた多村も、和田一の涙に日の丸の重さを教えられた。

「僕、同じ右バッターの外野手として、和田さんのことは尊敬してるんです。三年連続で三割、三〇本を打ってるじゃないですか。アテネにも行ってるし、代表としてどういう気持ちで行けばいいのかとか、インコースの打ち方とか、いろいろアドバイスも貰ってました。僕は、試合に出ても出なくても、一緒に戦ってるんだということを、和田さんに教えられたんです。チームとして、日本代表として、みんな同じ目標に向かって戦っているんだなって、あの涙を見て思いました。そういう気持ちだったからこそ、なんとかできただろうと思うと最後の三振が申し訳なくて、自分に腹立たしくて……」

和田一自身は、涙の訳をこう話してくれた。

「韓国の選手が喜んでるのを見て、二つ負けたってことは力で負けたってことを実感してしまったんです。日本の野球は韓国の野球に負けるはずがないという絶対的な自信がありましたからね。日本のレベルは韓国を下回ってしまったのかというのが、一番ショックでした。国を背負って戦う試合で、日本が、日の丸が、日本の野球が韓国の野球に負けたっていうことがね、一番……」

和田一は福岡合宿中に体調を崩し、多村にレフトのポジションを奪われた。ここまで先発で出場したことはなく、アメリカに来てからは代打での出場さえなかった。そんな和田一が、人目を憚らず涙を流していたということに、日本代表の選手たちはショックを受けていた。

一体感の欠落に気づいて苛立ちを覚えながらまず自分はどうだったのかと、改めて省みた者。日の丸を背負う重みを本当にわかって試合に出ていたのだろうかと、初めて気づかされた者。今さら何に気づいても取り返しのつかない敗戦を消し去ることはできないと、呆然とする者。悔しがってはいるものの未だにその重みに気づけないまま、違う方を向いてしまっている者。

涙は流していなくとも、屈辱にまみれた心の居場所は和田一と同じところで打ち震えていた者。日本代表に縦横無尽に横たわって内包されていながら、少しずつ解消されてきたはずのさまざまなカルチャーギャップは、屈辱的な敗戦と、和田一の涙によって、ふたたびあからさまになってしまった。

和田一はキッパリと言った。

「試合に出てるとか出ていないとか、そういうことはあのユニフォームを着たら関係ないんです。代表に選ばれるということは日本の野球を背負う使命を任されるということですし、日本の野球は世界一を期待されますから、チームの一員として、勝たなきゃいけないという使命感は持って当然でしょう」

王監督は試合後、全員をロッカーに集めて、選手を前にこう言った。

「完全に終わったわけではない、数パーセントでも次の可能性があるんだから、絶対に気持ちを切らないで欲しい」

そのときの言葉に、身震いを感じた者もいた。

しかしながら、残念なシーンも目撃した。

報道陣が指定されたミックスゾーンでの囲み取材のため、試合終了と同時にベンチ裏の通路を急ぎ足で歩いていた。するとコーチ、選手の何人かが、タバコを吸うためにクラブハウスから通路へと出てきていたのだ。疲れ切った表情でしゃがみ込む彼らの姿を見て、正直、ガッカリした。

まだ負けてから一〇分と経っていない。にもかかわらず、もうタバコを吸っている。サバサバしているのか、それとも醒めていたのか。あるいは、アメリカではクラブハウスが禁煙だったため、たまたま外にいただけで、いつも負けたショックを癒すために一服するのは当たり前だとでも言うのだろうか。

タバコを吸っていたというだけでそれを決めつけるわけにはいかないし、高校球児のように涙に暮れて土を掻き集めろというつもりもないが、大事な一戦に敗れて、王監督の言葉を聞いて、それでもしチームが一つになっているとしたら、仲間のいる場所に背を向けてこんな場所でタバコを吸ったりできるものなのだろうか——ミックスゾーンへと急ぎながら、全身の力が抜けるのを感じていた。

帰路につくイチローは報道陣に囲まれて、沈痛な表情でこう言った。

「僕の野球人生でもっとも屈辱的な日ですね……」

準決勝進出への可能性が、翌日のアメリカ—メキシコ戦の結果次第で残されていると聞かされ、どんな気持ちでサンディエゴに向かうかと訊ねられたイチローは、「向かっているときはまだわからないですし、僕らのできることは今はもうないですから」と、力なく答えた。力強さを失うことのないイチローの目の光が、このときばかりは弱っているように見えた。

確かに、できることはもうなかった。

選手の声を拾うために集まっていた報道陣も、ごく一部、アメリカ対メキシコ戦がどうなったら日本が準決勝に残るのか、その計算をしていた記者がいたものの、大半は日本の敗因を語り、各々の帰国予定を確かめ合ったりしていた。

日本は、二次リーグを一勝二敗で終えた。

一次リーグからの戦績も、日本が三勝三敗だったのに対して、韓国は六勝〇敗。

王監督、敗戦の弁。

「わがチームはここまで六試合、持てる力を発揮しました。ただ、こちらの執念を相手の執念が上回ったということでしょう。日本にはそういう意味での課題ができたと思います」

日本が準決勝に進出するためには――。

韓国は、二次リーグ三連勝で準決勝進出を決めている。

翌日のアメリカ対メキシコで、アメリカが勝てば二勝一敗でアメリカの準決勝進出が決まる。

メキシコが勝った場合、日本、アメリカ、メキシコが一勝二敗で並び、失点率の勝負となる。

メキシコは日本に六失点を喫しており、一勝二敗となっても失点率で日本を上回ることができず、すでに準決勝進出の望みは絶たれていた。すでに三試合を終えた日本の失点率は〇・二八（一七回と三分の二で五失点）で確定していた。日本戦で三失点を喫しているアメリカがメキシコに負けて、なおかつ九回を戦って三失点以上を喫すれば、日本はアメリカを上回ることができた。

アメリカが二失点で敗れた場合は、メキシコ戦でのアメリカの先攻は決まっているため、九回表で終われば日本が進出、九回裏の途中でサヨナラ負けを喫した場合は、ノーアウト、ワンアウトからの場合はアメリカが日本を上回り、ツーアウトからの場合は、失点率も並んでしまう。こかし、その場合は直接対決でアメリカが日本を下しているため、日本が準決勝に進出する。延長に入った場合は……

いかにも難解なシステムではあるが、要するに、準決勝の望みを絶たれてディズニーランドへ観光に出掛けたメキシコが、最強の誉れ高きアメリカから二点以上を取ってサヨナラ以外の形で勝たなければ、日本は準決勝には進出できないということだ。

確率は、限りなくゼロに近いとしか思えなかった。

試合後のミックスゾーンを支配していたのは、まさに終戦ムード、そのものだった。

18

選手たちは、それぞれの夜を過ごしていた。

最後のバッターとなった多村は、金城と食事に出た。

「終わっちゃったね」

多村はポツリとそう呟いたのだという。

西岡は飲みに出掛けた。

「僕も、お酒は飲めないんですけど、飲みに行きましたね。むかついて、みんなが飲みに行くぞっていうから、なら行ってみようかなって、僕も飲みに行きました。でも、酔っ払うほどは飲んでないですけど。僕は飲みに行っても、焼酎やったら、薄い水割りを二杯も飲みきれないですから」

宮本は、和田一と相川とともに食事に出た。宮本は和田一に言った。

「お前みたいなヤツがたくさんいれば、たぶん、こんな結果になってなかったんだろうなあ」

和田一が改めて思いの丈を語る。

「二回負けたら、力負けです。アジアでは日本が一番だと思っていたのに、韓国に二度も負けて、これでひっくり返ったと思ったら、悔しくて……」

「本当だよな。東京ドームで負けた試合もそうだし、オリンピック予選のときもそうだけど、韓国とは何点差もつけて、完全に日本が強いっていう展開で勝ったことはないもんな」

「選手個々を見れば、日本の方が上だと思うんですよ。でも、チームとして戦う代表戦に関しては、そんなに差はないんですよね」

後悔や反省、愚痴も出た。よもやの敗戦に、語りたい思いは山ほどあった。

松坂はホテルの部屋で、パソコンのゲームをやったり、タイピングの練習をしていた。インターネットのニュースには、『日本、絶望』の文字がいたるところに溢れていた。

松中は外へ食事に出て、すぐにホテルへ戻った。

「もう、負けたなと思いましたので、日本で叩かれるなあと思いながら、メシは食いに行きましたね。食事に出て、ホテルへ戻って、自分のホームページに何て書こうとか思いながら、ああ、ダメだったなぁって思って、知らないうちに寝ちゃいました」

青木、今江、川﨑の三人は、小林宏と連れだってホテルの宴会場で食事をとった。金城からの送球をこぼして決勝点を与えるきっかけを作ってしまった今江は最初、自分の部屋に閉じこもって出てこようとしなかった。

「僕、本当にホテルの部屋から一歩も出たくなかったんです。だから最初は『僕、やめときます』って言ったんですけど、青木さんが『そんなの、いいよ、やってしまったことだから考えても一緒だ』って。ムネさんも『行こう』って言ってくれたんで、行って、なんかちょっとだけ楽になりました。みんな、敢えてその話には触れないんですけど、青木さんだけは冗談で『お前のせいだよ』って言ったりして……（苦笑）」

今江、青木、川﨑の三人は、宮本に試合後、こんな話をされている。

「お前らは多分、来年のオリンピック予選に選ばれるだろう。最後には緊張感が出てたけど、もっと前からああいう緊張感を持ってやらないと、こういう試合は勝てないんだよ」

その川﨑は、ホテルに戻ってからも悔しさを抑えることができないでいた。

「けっこう、感情的になってましたね（苦笑）。あのときはホテルの選手用のメシ会場でご飯食べたんですけど、隣が韓国の選手たちだったんで、なおさらイライラして……メシの味も覚えてないくらいで、すぐに部屋へ帰ってきました」

王監督は、ホテルの食事会場に入ってくるなり、大きな声で一喝した。

「なんだ、この暗さは……お通夜じゃないんだぞ」

コーチと同じテーブルについて、試合展開を振り返り、反省会を開いていた。

アナハイムからほど近いところに自宅がある大塚は、車で戻ろうと思えば戻れたはずだったが、その日は自宅には戻らずにホテルに泊まった。

「絶望感がありましたし、これからチームの戻ってどうしようってことを考えてました。スプリング・トレーニングの途中で中途半端な形でチームに帰って、ちゃんとセットアッパーの場所を空けててくれてるのかなって思いましたね」

イチローは、食事に出た。

アナハイムのホテルから車で二〇分ほどの、シーズン中もアナハイムに来れば足を運ぶ寿司屋で食事をした。普段のイチローが二次会に行くとしたら、デザートを食べにいくときだけだ。ところがこの日は、それでは気持ちが収まらなかった。

「クラブへ行こうということになって、若い人が行く〝クラブ〟じゃないですよ、クラブですよ、オッサンが行くほうですよ（笑）。そこで愚痴を聞いてもらって、ベロンベロンに酔っぱらって、夜中の三時になっていたかなぁ。ホテルに帰って、歯も磨かないで、ベッドカバーの上に倒れ込んで、そのままの形で寝てました（笑）」

日本のＷＢＣは終わった——誰もがそう思った。

19

三月一六日。

午前一一時半を回った頃。選手たちが、アナハイムのホテルで三々五々、チェックアウトのために姿を見せ始めた。アメリカとメキシコの試合は午後四時半から行われることになっていた。可能性のある限り、次に向けて動かなければならない。日本代表の選手たちは、バスで準決勝が行われるサンディエゴに向かうことになっていた。

李承燁がホテルのロビーにいた日本代表の選手に向かって、何の気なしにこう言った。

「あれっ、どこ行くの」

誰もが、返す言葉を失った。

ただでさえ重苦しい空気は、いっそう重くなった。

準決勝が行われるサンディエゴへ、いったい何のために行かなければならないのか——。

一二時、バスが出発する。

日本代表のマネージャーが、最後の確認をする。

「みなさん、忘れ物はないですか。財布とか、大丈夫ですか」

その瞬間、あっ、ちょっと待てよ、と焦って、手を挙げた輩がいた。

「ハイ、財布、忘れました……」

バスを降りて、財布を取りに部屋へダッシュをしたのは、松坂だった。

「財布って言われたとき、あれっ、そういえばセーフティボックスに入れっぱなしだ、やべえって思って……ドルとかカードとか、パスポートも全部、その中に入れてあったんで（苦笑）」

松坂は財布とか腕時計とか、貴重品をよくその辺に忘れてくる。そのたびに一応は焦った顔をしてみせながらも、どこかで、ま、いっか、と余裕をみせる。普段はあまりセーフティボックスなど使わず、貴重品は自分で持っているかバッグの片隅に入れておくのだが、異国の地で不安に駆られたのか、珍しくホテルに着いてすぐ、財布をセーフティボックスに入れたのだ。

　大慌てで走る松坂のお茶目な姿に、バスの中の空気がかすかに和んだ。

「ダイスケ、大物だなぁ」

「お前、狙いかよ」

　狙いじゃないですと言って、照れくさそうな松坂は、「ありました、すみません」と言って、バスに戻ってきた。

「本気で焦りましたよ、ホテルの掃除が始まってましたからね、いやぁ、危なかったです。珍しくセーフティーボックスなんかに入れたんで、そのまま頭の中からなくなってしまって……使う分のドルはポッケに入ってたんですよ。あと、小銭がジャラジャラっと入ってるくらいで十分だったんです」

　バスは一〇分遅れで出発した。

　アナハイムから、サンディエゴ・フリーウエイと呼ばれる五号線を南に下る。

　和田毅は、ＤＶＤを見ていた。話題の『24』を日本から持ってきていた。

　松中と宮本は小声で話していた。

「宮本さん、どうしますかねぇ」

「まあ、負けたからしゃあないな、ハラ括って帰らないとな」

「そういえば帰ったら、神宮でヤクルト戦ですよ。帰ったら、すぐに会いますね」

「久々に試合、出たいな。毎日、出たくてウズウズしてたよ」

ＷＢＣの決勝が行われる三月二〇日。神宮ではスワローズとホークスのオープン戦が組まれていた。誰もが、絶望の中で気持ちは来るべきシーズンに向いていた。致し方ないことだった。

午後一時半、バスはサンディエゴに着いた。

その日、南カリフォルニアには、爽快な青空が広がっていた。

パドレスのホームグラウンド、ペトコ・パークでは午後三時から、希望者だけの練習が行われていた。

今江はあの日、サンディエゴで見た光景が忘れられないと言った。

「バスでずっと寝ていて、パッと目が覚めたんです。その瞬間、サンディエゴの街が目の前にパーッと広がっていたんですね。海が見えて、日本にはないような、映画とか写真で見るような綺麗な街並で、すごい綺麗やなあって思って、それから球場に行ったんです。天気もよくて、すごく気持ちがよくて……やっぱり僕、韓国戦でエラーして、負けて、落ち込んで、もう野球、やりたくないとまで思ったりしてね。何かモヤモヤしたものがあったんですけど、練習したときに、なんだか、スッキリした感じがしたんです。もう一回、野球がやりたいって、もう一回、ここで試合がしたいって、そういう気持ちにさせてくれる球場でした」

練習のあと、青木と今江は近くのモールへ出掛けた。今江は古びた布地の靴を一足、買った。

午後四時半、アメリカとメキシコの試合が、アナハイムで始まった。

アメリカの先発は、ロジャー・クレメンス。四二歳でサイ・ヤング賞に輝き、四三歳になった二〇〇五年のシーズン、一・八七という数字で最優秀防御率のタイトルを獲得した、通算三四一勝の右腕である。スターティング・ラインアップには、相変わらずジーター、A―ROD、ケン・グリフィーJr.ら、メジャーのスーパースターが並ぶ。メキシコの勝利を信じるには、アメリカのメンバーはあまりに豪華すぎた。

三回裏。日本対アメリカの試合で西岡のタッチアップが早すぎたという不可解な判定を下したボブ・デイビッドソンが、この日の一塁塁審を務めていたのだが、またもメキシコの八番バッター、マリオ・バレンズエラのライトポールを直撃した明らかなホームランを、なんと二塁打と判定。メキシコの選手たちが怒りを顕わにし、騒然とした雰囲気の中、メキシコのホルへ・カントゥが先制タイムリーを放って、一点を先制した。

川﨑は、ホテルでテレビを見ていた。

「最初は一人で見てたんですけど、見てるにはあまりにもきつい試合で、もうイライラ、イライラしてたんです。あの、ポールに打球が当たったときもまた同じ審判で、『ちっ、またかよ』って思ったら、なおさらイライラ、イライラして（笑）。これはイカンと思って、西岡と『ちょっと散歩でも行こう』って買い物へ出掛けたんです」

西岡も言う。

「僕、もう日本に帰るつもりでした。アメリカが負けるとは思ってなかったし、だから川﨑さんと二人でガンガン買い物してました」

川﨑は、モールでTシャツを買って、ゴディバのカフェでチョコレートパフェを食べた。

「うわっ、甘えーっ、甘すぎるーっ」

この展開でメキシコの勝利を願うなんて、甘すぎる話だと誰でも思う。四回、アメリカがやはり追いついた。

王監督は、サンディエゴの市内を散歩した後、市内の中華料理店で番記者との食事会を開いていた。

「そのときはね、明日で帰っちゃうんだから、ご苦労さん、中華でも食おうかって。どうせアメリカではろくなもん食ってなかったんだろって記者連中を招待してね。僕はビールを二本くらいしか飲まなかったけど、若い連中がぐいぐい飲んでね。みんなで二七本、空けたのかな。誰かがそう言ってたよ」

空けたビールはアメリカのバドワイザー。アメリカから二七のアウトを取ったとなぞらえたものがいたらしい。食事の席にはテレビがなく、少し離れたバーカウンターのテレビのところから途中経過を伝えるために誰かが走る。

「店にいたアメリカ人のお客さんが、お前たち、何を騒いでるんだって不思議がってね。みんながその都度、よーし、よーしとか、がんばれとか、大声で奇声を上げるから。いや、実は我々の運命を決する試合を今、やってるんだって説明したら、彼ら、アメリカ人なのに、だったら、アメリカが負けるようにオレ達も応援するって（笑）。袖振り合うも他生の縁ってヤツかな」

宮本は、買い物に出ていた。

「ベンちゃん（和田一）、相川、多村と知り合いの人の車で買い物に連れてってもらったんです。ちょうどスーパーマーケットの横にあったファストフードの店にテレビが置いてあって、アメリカとメキシコの試合をやっててまして、見たら、一―一の同点じゃないですか」

和田一が叫ぶ。

「メキシコ、がんばってるぞ」

「おい、こりゃあ、帰って見るか」

宮本は、他の三人とともにあわててホテルに戻り、部屋でテレビをつけた。

「そのときはもう七回まで進んでて、二―一でメキシコが勝ってたんですよ。『えっ、これはもしかして……』ってやっと思いましたね。実は僕、完全に気持ちを切っちゃってましたから（苦笑）。帰ってすぐ、神宮のオープン戦に出ようなんて思ってましたからね」

今江、岩村、川﨑、西岡の四人は寿司屋にいた。

内野手の間で、エラーをしたらお金を出し合ってご飯を食べに行く約束をしていたのだ。ちなみにもっとも出費がかさんだのは川﨑だったのだという。

途中経過は聞いていた。メキシコのホームランが二塁打にされたことも知っていた。

「あれがホームランやったら、俺ら確定やったな」

「やっぱ、アメリカ勝つな、運、あるもんな」

「アメリカが負ける訳ないよなぁ」

大塚はアナハイムからサンディエゴ近郊の自宅まで自分で車を運転していた。

「韓国との試合で負けて、国対国の敗北感を味わったんで、三年後にもし僕がＷＢＣに出るんであれば、そのときまでに日本代表の力というものを、日本の野球界全体で考えて、次の大会では絶対にリベンジしたいって気持ちがあったし、そういうことを考えながらずーっとサンディエゴまで運転して帰ったんです」

和田毅は部屋で一人、テレビを見ていた。

「試合が終わるまではどうなるかわかりませんから、試合を見なくちゃと思って。でも、後から知ったんですけど、食事会場にテレビがあったらしいんですよ。それならみんなで見ればよかったですねぇ」

松坂は、テレビのない店で食事をしながら知人の携帯に電話をかけて、途中経過を聞きながら「あぁ、ドキドキしてきた、こんなにドキドキするのは生まれて初めてです」と興奮を抑え切れずにいた。

あり得ないはずのことが、現実となりつつあった。

イチローは、まだサンディエゴに着いていなかった。

アナハイムからのバスには乗らず、別行動をとっていたのだ。その頃はサンディエゴに向かう車の中にいた。

一緒にいたスタッフが、携帯で試合の速報を確認していたため、メキシコがリードしていることは知っていた。できることはもうないと口にしたイチローだったが、二つのことに希望を託していた。

一つは、メキシコへの期待だった。

「アメリカの選手たちばかりがメジャー、メジャーと言われますが、メキシコにもメジャーの選手はたくさんいましたからね。彼らも同じメジャーリーガーであるということ、僕は彼らのプライドだけに期待をしていました」

そしてもう一つは、屈辱的な敗戦を喫した直後から、何事も前向きに行動しようという信念を貫いたことだった。

イチローはこの日、チームから一人離れてロサンゼルスのロデオドライブまで買い物に出掛けた。そこで、ラッキーアイテムに出会ってしまったのである。

イチローは、すぐに妻の弓子さんに電話をかけた。買っていいかどうか、許可を得るためである。どれだけ稼ぎがあろうとも、思い切った買い物をするときに男は誰しも同じ行動をとるものだと思って、可笑しくなった。

それは明るい水色のベルトが鮮やかな、限定モデルの美しい腕時計だった。

その腕時計が、奇跡を呼んでくれたのだろうか。イチローは言った。

「何かを呼び込むかもしれないでしょ。いじいじしてるよりも、思い切り遊んだ方が、運を呼び込んでいい方に回って行くんじゃないかっていう……あれはすごく明るい水色でしたからね。ビックリしましたよ、アッチャーって（笑）。あれは呼んでましたよ、僕を。あれから始まりましたから、すべてがね」

負けた夜、イチローは飲んで、酔っぱらって、荒れた。朝、目を覚ますと、コーヒーだけを飲んで、買い物に出掛けた。イチロー曰く、「何事も前向きに行動することが可能性を生むんだな」ということらしい。テレビでアメリカとメキシコのゲームを見ることだけはやめようと決めていた。

「普段、メジャーリーグのグラウンドの上で一緒にプレーしている選手たちが失敗するのを期待したりしながらゲームを見るというのは、気分のいいものではないですからね」

ロサンゼルスからサンディエゴまで、フリーウエイの五号線を南へ下る。携帯で途中経過を確認してくれていたスタッフが、途中、アメリカとメキシコのゲームが放送されているかもしれないからと、ラジオのスイッチを入れようとした。しかし、イチローはそれを遮った。

「このままの流れで行きましょう、このままの流れで……」

流れを変えて、せっかく掴みかけていたツキを逃したくなかったのだ。

やがてあたりは暗くなり、サンディエゴに向かう車のヘッドライトが連なって眩い光を放っていた。少し眠りかけていたイチローの携帯が突然、鳴った。

「おめでとう」

まさかの準決勝進出。

嬉しい知らせを最初にもたらしてくれたのは、イチローの妻、弓子さんだった。

メキシコ（一勝二敗）　二―一　アメリカ（一勝二敗）

アメリカの攻撃が九回のワンアウトになっても、テレビの前の宮本は自分に言い聞かせていた。

「ランナーが一、二塁で、日本戦で三安打していたバーノン・ウエルズですから、打つかもしれないなあなんて思って、まだ喜ぶな、まだ喜ぶなよって思っていたら……」

ウエルズは初球を打って、ショートゴロ。六、四、三と渡って、あっという間のダブルプレーで試合終了。しかし、宮本はまだ興奮して喜ぶ気持ちになれなかった。

「もしかして、これは準決勝に行くよな……でも、イヤ、待てよ。まだわからんぞ、ルールを変えるかもしれないからな」

笑い話でも冗談でもない。

宮本は、マネージャーに確認した。

「変わりませんよ」

「これ、ルール、変わらへんやろな」

「本当か？　失点率が得点率になりました、なんてことはないんやろな」

「イヤ、間違いないです」

「本当に行けるんか、本当か」

日本、アメリカ、メキシコが一勝二敗で並んだ。ＷＢＣのルールによって、まず失点率で順位が争われることになっていた。失点率とは、失点の数を、守備に就いたイニング数で割った数字である。

日本の失点率は二次リーグを終えて〇・二八で確定。メキシコに敗れたアメリカは、九回で一失点なら〇・二四で準決勝へ進出できたのだが、二失点の敗戦だったことで〇・二九となって日本をわずか〇・〇一、下回った。もしアメリカが先攻でなければ、敗れても九回の守備についており、失点率は〇・二七八で、日本の準決勝進出は阻まれるところだった。

つまり、アメリカ戦で上原が一失点に踏ん張ったこと、メキシコ戦でも松坂、和田毅が二人で七回をゼロに抑えたこと、さらにはアメリカにサヨナラ負けを喫した試合でも、藤川がツーアウトまで取っていたことが、ここに来て薄氷の差での準決勝進出をもたらしたのである。

寿司屋で食事をしていた西岡、今江、岩村、川﨑の四人がホテルに戻ると、異様な空気が漂っていた。ホテルの前に詰めかけた報道陣が殺気立っている。

「なんやろ」

そこへ思わぬ言葉が聞こえてきた。

「メキシコ、勝ったよ」

川﨑はおどけた。

「帰ってきたら、ワーって雰囲気になってたから、あらら、きたのかな、こりゃって。見ないでよかったなと思いましたよ、僕的には、あのチョコレートパフェです。うわあ、甘えー、甘すぎるーってヤツ。あれが効いた（笑）」

西岡はスイッチをオフからオンに切り替えた。

「明日が試合やったら、気持ち高ぶらせて集中しないとダメですから、買い物の仕方も変わるし、飯食って、はよ帰ろって感じですけど、あのときはガンガン、買い物してたし、メシも、もう試合ないんやぁ〜ってダラッと美味しく食べてたし、それがまた試合やって聞いて、パッと切り替えました。切り替えられんとダメですよね」

王監督が食事をしていた中華料理店の円卓では歓喜の声が渦巻いた。たまたま居合わせたメキシコ人の客が王監督とハイタッチを交わす。「九九パーセントないと思っていたのに一番の番狂わせだろう、神風が吹いた」と驚いた王監督は、周囲と感激を分かち合った。

自宅でテレビを見ていた大塚は、あわてて体を動かした。

「最後のアウトを取った瞬間、僕自身もよっしゃあって。そういえば今日、体動かしてないや、体、動かさなきゃと思って、家のランニングのマシーンで走って、キャッチボールしたんです」

集合は、午後九時。

誰もが喜びを爆発させていた。

試合に出ていないホームランキング、新井の喜びように胸を熱くしていた者がいた。

寡黙な小笠原のはしゃぎように驚いたという者もいた。

自宅で練習をしていた大塚は、時間ギリギリに汗だくで到着した。

「リベンジは三年後だと思っていたのに、たったの二日後にまたリベンジできるっていう最高のチャンスを頂いたんですから、そういうみんなのパワーがあふれてましたね。二回負けてたし、三回目は負けられないっていうのが強かったと思うんです。逆に韓国は、三回も日本に勝てるかなって思ったはずです。選手だけじゃなくて、裏方さんも、みんながよっしゃあって感じで、ホント、一度は死んだチーム・ジャパンが、生き返りましたね」

誰彼となく、みんながハグして、喜びをわかちあっていた。和田毅が言う。

「印象的だったのは、里崎さんですね。もう、満面の笑みでしたよ。メッチャ笑顔で、『おいおいおいおいおい、やったよお』って（笑）。イチローさんもノリノリで、『やったぁ、アイツら、負けよった』って」

しかし、今江だけがまだ喜べていなかった。

「自分がエラーしてるんで、責任感じて、みんなにも気ぃ遣ってしまって……」

そんな今江がやっと救われたのは、イチローの底抜けの笑顔を見たからだった。

「イチローさんの機嫌がよかったんで、それでやっと……」

川﨑が今江に握手を求めた。

「アイツも、よかった、また野球ができるって感じで……一回、気持ちが切れていたようで、実は切れてなかったんでしょうね。まだまだやれるんだっていう雰囲気がありましたからね。だから僕もミーティングで、よし、いけるって。一回、死んだ身なんだから、絶対に行けるって。みんな、自分たちの力を出し切ってない、まだまだできるんだっていう気持ちがあったんだと思います」

イチローは晴れやかな仲間たちの表情を眺めていた。

「苦しい戦いを三つしてきましたから、僕らには何かがあるんだ、自分たちは何かを持っているという、そんな想いをみんなから感じましたね」

王監督は言った。

「オレはあきらめていなかった。これはみんなが頑張った結果なんだ。我々がもっと失点していればチャンスはなかった。みんなが頑張ったからこういう結果になったんだ。胸張っていこうじゃないか。後は怖いものなしなんだから、全力でやろうっ」

王監督はみんなと握手を交わした。

「がんばろう」

「がんばりましょう」

このとき、松中は背中にゾクゾクとしたものを感じていた。

「あれで一つになれたのかなあって思ったんです。もう、後がない。これが開き直りなんだって思いました。一回、死んだ身ですから、もう出られないと思った選手たちが、メキシコのがんばりのおかげで準決勝に出られるんですから。僕、開き直るって言葉、好きじゃないんですけど、これを開き直りっていうのかなっていうのを感じてましたね」


サンディエゴの日本代表が宿泊しているホテルに設けられた会見場。だだっ広い部屋の片隅に、日本の報道陣が集まった。照明が煌々と炊かれ、テレビ、スチールのカメラマンと、記者、アナウンサーがグルリと輪を作る。そこへ、イチローが颯爽と現れた。

「前向きに飲みに行って、前向きに買い物をして、本当によかったなと思っています（笑）」

イチローは穏やかに、しかし力強く、そう言って報道陣の笑いを取った。

「（韓国とは）三回目の対戦ですけど、日本が三回も同じ相手に負けることは決して許されないと僕は思っています。昨日も向かっていく立場で行ったんですけど、もっと強い気持ちを持って、あさってはみんなでまとまっていきます。こんなに興奮してグラウンドに立つことは、正直言って、今までなかったし、プロ野球選手になって、こんなにチームとして一つになってやっていきたいとここまで強く思ったことはなかったんです。ですからそんなチームをしっかりと見届けていただきたい、そんな気持ちです」

続けて、王監督が会見場に入ってきた。

「我々としては、他力本願でこういうときを迎えるしかありませんでした。メキシコが頑張ってくれて、首の皮一枚つながったわけですけど、もうそこを抜けてきたわけですから、あとは何も怖いものはない。一丸となってがんばるのみです」

会見を終えた王監督は、部屋を出ようとする直前、なぜかクルッと振り返って、スタスタと一人のベースボールライターのもとへ歩み寄り、突然、無言で、その男の出っ張った腹を二度、三度と撫でた。そしてニヤッと笑って、また無言でスタスタと去っていった。

あのＷＢＣの白い手帳には、手前味噌ながら、そのときのことがこう書き残してある。

『監督、腹をさわりに来た、なんだ？　縁起でも担いでるのかな～なんて、まさかね……』

吉報が届いた中華料理店では、最後にフォーチュン・クッキーが出された。焼き菓子の中に御神籤のような紙片を入れて運勢や未来を占う、アメリカのチャイニーズレストランならではのサービスなのだが、王監督のフォーチュン・クッキーから出てきた紙片には、こう書かれていた。

〝Your perspective will shift〟

（やがてあなたの周りの景色は変わるでしょう）

風向きは、変わった。

日本代表に、追い風が吹き始めていた。

そして王監督の中でも、何かが変わろうとしていた。

20

三月一八日。

サンディエゴは朝から青空が出て陽射しは暖かかったものの、頬を刺す風が冷たく、ナイトゲームではかなり寒くなることが予想されていた。

準決勝の韓国戦を控え、イチローはいつものようにチームよりも早く、ホテルを出た。サンディエゴのホテルからペトコ・パークまでは、車を走らせれば二、三分の距離だ。しかし球場周辺のあちこちで工事が行われ、道路は規制だらけ。しかも日本代表のゲームはこの日の第二試合。ちょうどイチローの球場入りの時間が、準決勝の第一試合、ドミニカとキューバの一戦が終わる頃とぶつかってしまったこともあって、イチローを乗せた車はまったく動かなくなってしまった。あまりの渋滞に苛ついたイチローは車を降り、球場まで歩いていくことにした。否応なく、イチローのテンションは上がっていた。

球場に着いたイチローを待っていたのは、打順の変更だった。

王監督が、ついに決断を下したのである。

〝Ｙｏｕｒ ｐｅｒｓｐｅｃｔｉｖｅ ｗｉｌｌ ｓｈｉｆｔ〟

今までそうだと思い込んでいた価値観から解き放たれ、何かが変わると、それまでに思いもしなかったことが見えてくる――そんな意味のフォーチュン・クッキーに書かれていたことが、現実となった。

三番、イチロー。

王監督は、ずっとイチローの一番、松中の四番だけは動かさないと言い続けてきた。それは世界でナンバーワンのトップバッターであるイチローと、日本でナンバーワンの四番バッターである松中のプライドを尊重していたからだった。

しかし大一番を前に、王監督は決断した。

「今日は三番で行くからな」

監督から直々にそう告げられたイチローは「わかりました」とだけ言って、三番に入ることを受け入れた。

「監督は、そう言えば僕がその意図を理解するだろうと判断したんでしょう。もちろん、そんなことは説明してもらわなくてもわかりますよ。一番と三番では状況が変わってきますから、それによって仕事も変わるということです」

一（中）青木宣親
二（二）西岡　剛
三（右）イチロー
四（指）松中信彦
五（左）多村　仁
六（三）今江敏晃
七（一）小笠原道大
八（捕）里崎智也
九（遊）川崎宗則
（投）上原浩治

イチローを三番に入れて、一番には青木を起用。スターティング・ラインアップから外れたのは、福留だった。

二次リーグまでの六試合で一九打数二安打、打率・一〇五。その二安打も中国戦でのホームランと、メキシコ戦での内野安打のみと、らしさがまったく見られなかったここまでの福留のバッティングに、指揮官は決断を下さざるを得なかった。

「プレッシャーもあるだろうし、三月の時期で本来の調子じゃない部分もあるんで、ここまで来たら待ったなしの勝負ですから、調子のいいものを優先的に使っていきたいと考えています」

福留は、王監督からスタメン落ちを伝えられた。

「最初からずっといい感じではなかったので、それまでよく使ってくれたなと思いましたね。僕が監督だったら、こんな状態の選手、絶対に外すって思ってましたから（苦笑）」

王監督は、福留に言った。

「大事なところでいくからな」

不振の福留に代わって青木が、ケガの岩村に代わって今江が、準決勝に先発する。和田一が、青木と今江に声をかける。

「補欠の星として、何か、仕事してこい。がんばれよ」

今江は和田一の粋な一言に、「よし、やったろう」と気持ちを奮い立たせた。


絶対に負けられないと誰もが口を揃えた、韓国との対決。

ＷＢＣの準決勝というより、三度目の韓国戦。

崖っぷちからの、他力本願による奇跡的な生還。

陽が傾くにつれて、サンディエゴの冷え込みはいっそう厳しくなっていた。しかも試合開始前、かなりの雨が降って、試合開始は予定よりも遅れた。

先発の上原は、一塁側のファウルゾーンにあるブルペンで投げていた。日本が三塁側、韓国が一塁側のベンチに陣取っていたのだが、日本のブルペンは一塁側、韓国のブルペンはレフトの後方に用意されていた。つまり、上原は、韓国側に陣取った観客の前で最後の調整を行っていた。

「そんなの、気になりませんでしたよ。それよりお客さんの近くにあるブルペンが新鮮でしたね。アメリカのブルペンは、必ずお客さんから見える場所にあるって、イチローさんが言ってました」

午後七時二〇分、予定よりも遅れてプレイボールがかかった。

先頭の青木が、徐在応の初球から打って出るも、ピッチャーゴロ。二番の西岡も、追い込まれてから外角のチェンジアップに空振りを喫して三球三振。韓国への大声援が、すぐに大ブーイングに変わった。三番のイチローが打席に入る。

イチローのアドレナリンがいかに激しく噴き出ていたかは、ゲームが始まってすぐの、この打席で十分に見て取れた。初球がボールになった後の二球目、イチローは外角高めのストレートを引っ張って、ライト前へヒットを放った。

そして四番の松中への初球、いきなり二塁への盗塁を決める。

一番バッターとしてノーアウトで出塁した場合は後続のバッターとの呼吸を合わせながらじっくり盗塁のタイミングを窺うことが可能だが、三番としてツーアウトから出塁した場合はそういうわけにはいかない。四番バッターのカウントを悪くする前に勝負を急がなければならないからだ。これがイチローが言うところの「仕事が変わる」所以である。そんな、はやる気持ちを抑えられない状況でも、きちんと結果を出すところがイチローの凄みだ。

ここで四番の松中が徐在応のチェンジアップが外角低めへ逃げていくのをうまく拾って左へ弾き返したものの、サードゴロとなって無得点に終わる。

一回裏、上原がマウンドに上がった。

初回こそ李鍾範にツーベースを打たれ、三番の李承燁に粘られて、トータルで二二球を要したものの、このピンチをゼロで凌ぐと、二回からは圧巻のピッチング。絶対に負けられない大舞台で、ジャイアンツのエースは韓国を相手に完璧なピッチングを見せた。

抜群のキレと球の出所が見えにくいフォームに加え、抜群のコントロールが備わっているとあっては、バッターにしてみれば上原の投げるボールは球速以上に速く感じるだろう。一次リーグの中国戦、二次リーグのアメリカ戦で上原は一つのフォアボールも出していない。

この日も徹底してストライクを先行させる。四回には多村が守備で上原を助ける。フェンス際へ飛んだファウルフライを、多村は身を挺してジャンプしながらつかみ取った。上原は中盤、韓国に対して二塁を踏ませないピッチングを続ける。

一方、日本の攻撃はあと一本が出ない。

三回、川﨑がツーベースを放つも、西岡のサードライナーがダブルプレーとなって無得点。四回にはイチローがセカンド前へ内野安打を放ち、出塁。松中への初球を投じる前に二度牽制されるなど、韓国バッテリーに警戒される中で、イチローはまたも盗塁を成功させた。

しかし、ここで松中は転がしてイチローを三塁に進めることができなかった。痛恨のサードファウルフライ。続く多村、今江の二人もポップフライを打ち上げ、得点には結びつけることができなかった。

上原はこの日、スライダーを多投した。フォークを意識した韓国のバッターは、スライダーに意表を突かれ、フォークを捉えるタイミングもズレていた。サンディエゴに降った雨も適度な湿り気となって、滑りやすいボールも気にならず、上原はテンポよく、ストライクを投げ込んだ。

「僕にはフォークのイメージが強いでしょうから、スライダーを多めに投げて、忘れた頃にフォークを（笑）。内角、外角へ大胆に、遊びながら投げようと思っていました」

実は上原は、今年のキャンプからスライダーの練習に取り組んできた。そもそも、上原にとってのスライダーは大学時代までのウイニングショットだった。しかし、プロに入ってからの上原はスライダーを封印していた。それはなぜだったのか。

「いや、プロに入ってフォークを覚えて、スライダーの投げ方がわかんなくなっちゃったからですよ（苦笑）。もちろん、簡単には思い出せません。その分、今、苦労してますよ。もちろんWBCのためにというわけじゃありません。僕のこれからの野球人生のためです。だって、あまりにもしんどいでしょう、フォークだけじゃ（笑）」

六回、徐在応に代わってマウンドに上がった左腕の全炳斗が、日本のトップから始まる攻撃を断ち切る。青木、西岡を打ち取って、ツーアウト、ランナーなしでイチロー。

初球、イチローが一発狙いのスイングを見せて、ファウル。ここでもイチローの猛々しさは消えない。二球目、低めのボールくさい球をストライクとコールされ、追い込まれてからの四球目。アウトコース低めに逃げていく変化球にうまくバットを合わせてショートの右へ運んだものの、朴鎮萬（サムスン・ライオンズ）が素早く捌いて一塁へ。イチローの足をもってしても間に合わず、スリーアウト。度重なる巧守に、韓国のムードは盛り上がる。

その流れを、上原が断ち切る。六回裏、ワンアウトからトップの李炳圭、二番の李鍾範を立て続けにフォークで打ち取って、この回もゼロ。三回以降の九、七、一一、九という投球数を見ても、上原のピッチングがいかに芸術的だったかが窺える。

ますます冷え込むサンディエゴの夜。三度目の日韓決戦は、互いに無得点の緊迫した展開が続いていた。


ちょうど同じ頃、日本は三月一九日、日曜日。三連休の真っ只中だった。

ほとんどの人がボクシングか格闘技のイベントだと思っていたはずの〝だぶる・びー・しー〟は、今や国民的イベント〝ＷＢＣ〟として日本中の注目を浴びていたらしい。アメリカにいるとその温度はハッキリとは体感できないのだが、その注目度を物語るのが、日本から届くメールの数と、送ってくる相手である。

そういえば年中、野球を追いかけ回しているベールボールライターがいたな、もしかしてＷＢＣにも取材に行ってるのかな――そんなご機嫌伺いのメールがアメリカ戦の誤審騒動、二度目の韓国戦での敗退、奇跡の準決勝進出と、物語が劇的に進んでいくに連れて、どんどん増えていた。おそらくはこの日の準決勝、日本時間が日曜日の昼間だということもあって、かなりの数の日本人がテレビの前で試合を見ているのだろうということは、なんとなくイメージできた。

ミスター・アマチュア、日本生命の杉浦正則も、千葉にある自宅のテレビで、妻の涼子さんと一緒にこの試合の生中継を見ていた。

杉浦が気にしていたのは、この試合、スターティング・ラインアップから外れた福留のことだった。アトランタ五輪で問題児だった当時の一九歳は、実は日本生命の後輩でもある。杉浦はテレビの画面に映った福留を見て安心していた。

「ウインドブレーカーを着た孝介がベンチの最前列で声を出しているところが見えたんです。国際試合の重みはわかってると思いましたけど、プロになってからの国際試合はまた別のプレッシャーがあるんでしょうね。ベンチにいてもチームを盛り上げていこう、引っ張っていこうという姿が見えて、日の丸を背負って野球をする姿勢は受け継がれているんだなと思いました」

日の丸を背負って野球をする姿勢——つまり〝日本代表のDNA〟の伝道師としてもっとも象徴的な存在だったのが杉浦だった。彼はプロにも行けたのにアマチュアに留まり、国際舞台の第一線で戦い続けた。

「オリンピックって、派手に見えて、すごくしんどいところなんですよ。よく言うじゃないですか、〝参加することに意義がある〟とか〝オリンピックを楽しんで〟とか。でも、そんなことあり得ない。野球は勝たなければ意味がないんです。勝つためにみんなで悩んで、苦しんで、しんどい思いをするから、勝った時の喜びがあるんです。楽しかったというのは、終わってから初めて言えることで、やる前に楽しむなんて気持ちは、日の丸を背負う重みを知っていれば、絶対に出てこない。WBCをテレビで見ていたら、ベンチの中には大きなお祭りを楽しんでる選手はいないように思いました。（宮本）慎也がベンチにいたことも大きかったでしょうね」

実はこのWBCに、井口、荒木の辞退による〝代役の代役〟だったにもかかわらず、宮本が素直に参加を決めたのは、杉浦のおかげでもあった。

あれは二〇〇〇年のシドニー五輪のときのことだ。初めてプロが参加したオリンピックである。

その前年、一九九九年に韓国のソウルで行われたアジア予選を、日本はプロ一年目の松坂と、古田敦也（東京ヤクルトスワローズ）のバッテリーで勝ち抜いた。日本がソウルで事実上のシドニー行きを決定づけた台湾との一戦、松坂の好投を引き出したのが、古田の存在だった。球史に残るキャッチャーは、わずか二イニングスで国際大会のストライクゾーンをほぼ把握した。そのゾーンを最大限に生かしたリードが松坂をリズムに乗せた。外に広く、高めに甘い——その傾向を生かして、外角へのスライダーを振らせ、高めのストレートで勝負する。古田のしたたかなリードは、松坂の持ち味を完璧に引き出していた。

しかし、その古田はシドニーにはいなかった。

シドニー五輪に参加したプロ選手は、二〇人のメンバーのうちの八人。パ・リーグの六球団から一人ずつ、あとはセの中日、広島から一人ずつに限られた。シーズン中に行われたオリンピックに対して、各球団の協力体制に温度差があったためだった。

それにしても、シドニーへ向けた日本の野球界の迷走は、あまりにもお粗末だった。プロからの協力を得るという結論には達したものの、セ・パの足並みが揃わないプロ野球、しがらみに囚われたままの社会人野球、唯我独尊の学生野球、それぞれの利害が絡み合い、なかなかメンバーは固まらなかった。ところがその余波を受けて、杉浦がメンバーから外れることが一度は内々で決まったのである。アマチュア側が、古田にこだわりすぎたせいだった。

しかもその情報が外部に漏れ、あるスポーツ紙がそのニュースをスッパ抜いた。その時の杉浦の様子を、妻の涼子さんはこう話していた。

「……あの時ばかりは隣で部屋を真っ暗にして、布団の中で鼻をすすって泣いてました。線路を突然、遮断されたようなものですからね。そりゃ、ショックだったと思います」

最後まで古田のメンバー入りに固執したため、固まらなかった日本代表の布陣。いったん外れた杉浦の名前が再び挙がったのは、最後に断念した古田の代わりに、精神的支柱としての役割を期待されたからだった。

三大会連続出場は話題にもなるからだとか、日本選手団の主将候補だからだとも言われた。日本を率いた太田垣耕造監督（東芝）は九人の投手は誰も外せないと主張し、野手を一人外してまで杉浦を入れることになったのだという噂も、杉浦の耳に届いていた。いくらやっぱり選ばれたよと言われても、いまさらという気持ちになっても不思議はない。連盟からは一切の説明はなく、くすぶった思いから最初は素直にメンバー入りを受け止めることは出来なかった。

しかし、そんな杉浦にたくさんの励ましが届いた。中でも心が動いたのは、同志社大時代の後輩でもある宮本慎也からのこんな一言だった。

「スギさん、何をごちゃごちゃ、言ってるんですか。古田さんが入らないから入れた？　それが何ですか。いいじゃないですか、代表ですよ。日の丸でしょう。しかも、三回目のオリンピックですよ。過程はどうあれ、選ばれたんですから、胸を張って行ってきて下さいよ」

そうだ、選ばれればこっちのものだ、つまらないことにこだわってオリンピックの舞台に立てなければ何もならない……杉浦はようやくモヤモヤを吹っ切った。宮本が今回のＷＢＣに代役の代役でも快く出場を受諾したのは、当時の杉浦への言葉を、自らに投げ掛けたからでもあった。

「そうですね。僕、あのとき二つ年上の杉浦さんに、グチグチ言わずに胸張っていけと言っちゃってますからね（笑）。杉浦さんはプロへ行けたのに世界と戦うことを選んだ人でしょう。僕は冗談で杉浦さんに『プロに入らなかった根性なし』とか言うんですけど（笑）。でも、あの人のオリンピックに対する思いは身近で見てましたし、その後、僕も社会人野球に進んで合宿で一緒にやりましたけど、杉浦さんは日本代表として世界と戦うことを一番、体験されてる方ですから、そういう人に話を聞くと日の丸の重みがすごくわかりやすく伝わってくるんですよ。特にアテネ五輪は、プロがオリンピックを目指していた社会人選手の目標を奪ってしまったわけですから、そういうことを考えたら、僕ら、その人たちのためにも恥ずかしい試合はできないっていう気持ちは強まりましたね」

宮本が、チームリーダーとして振る舞うために、杉浦から教わったことは二つあった。

「お前が思ってることを素直にちゃんと話をしろ」

「あとから後悔するようなことだけはするな」

ＷＢＣでの宮本は黒子に徹し、イチローにそのことを実践させている。そして、その関係をよく理解してサポートしていた〝杉浦から日本代表のＤＮＡを受け継いでいる〟選手は、ＷＢＣに何人もいた。

七回表。

この回の先頭は、そんな〝日本代表のＤＮＡ〟を受け継ぐ一人、四番の松中からだった。

「その前の打席でノーアウト二塁からランナーを進められなかったので、何としても塁に出るんだという気持ちでいました」

しかし全炳斗の左腕から繰り出される外いっぱいのまっすぐに松中は手を出すことができない。あっという間に追い込まれて、ツーストライクの後、一球、外角に大きく外れるボール球を挟んでの四球目。インサイドに入ってきたボールに、内角打ちの天才のバットが反応する。

「内角打ちで一番難しいのはファウルにしないことなんですけど、それを左手で押し込んでフェアにする……僕にしかできない内角の打ち方があるんです」

松中の捉えた打球は、ライト線に弾んでフェンスの前で落ちた。一塁を回った松中は、セカンドに頭から突っ込んで、両腕で抱え込んだベースを左の拳で殴りつけた。

「もう無我夢中でしたね。体が自然に反応してああなったんですけど、僕のヘッドスライディングは社会人だったアマチュアのときから日の丸を背負った試合ではずっとやってることなんで、あれが僕のプレースタイルなんですよ。イチローがヘッドスライディングしたら『おいおい、どうしたんだ』ってなると思いますけど（笑）、僕はあのヘッドスライディングにガッツポーズというイチローとはまったく違うスタイルで、それぞれチームを引っ張っていけたと思うんです」

ノーアウト二塁で、五番の多村。

韓国は、サイドハンドの金炳賢をマウンドに送る。

多村はバントの構えを見せるものの、またも決めることができない。バントを失敗して追い込まれた後、外のボール球に手を出して、三振。松中を三塁に送れなかった。

この試合、日本はランナーを得点圏に置いて六度目の凡退である。

バッターは、六番の今江。しかし、ここで王監督がベンチを出る。

「よし、いったろかと思ったときに呼ばれて、止められて……僕は、ああ、交代やなって、流れからいってもわかりますからね。そりゃ、悔しかったですよ。でも、仕方ないっていうか、自分の実力も自分でわかるじゃないですか。もちろん、その前の試合では自分でエラーして負けてますから、自分で取り返したいっていう気持ちはありましたよ。でも状態はよくないし、後から思えば打てる確率は低かったと思うんです。代打って言われたんで、そこは本当に福留さんを応援してました」

代打、福留――。

テレビの前の杉浦はそのときの福留の表情を見て、確信していた。

「孝介はアトランタ五輪のときには打てないと自分のことだけを考えていたんですけど、戦いながらそれを切り替えて、決まった期間の一発勝負ではチームを勝たせるために自分なりのベストを尽くすということを学んでくれたと思うんです。その経験が、あの日の一打席に賭ける思いから感じられたんですよ。ベンチでもふてくされるでもなく、みんなを応援している孝介が見えましたから、それは嬉しかったですね」

ベンチの宮本も、福留の成長を感じていた。

「アイツとはアテネでも一緒にやってますし、ＰＬの後輩でもありますから、結果は出ていなくても孝介がチームのためにプレーしているのを僕は感じてました。たとえば最初の韓国戦、ワンアウト二塁の場面で、何とか右方向のゴロを打とうという気持ちは彼から出てましたから。ヒットは打てなくても、コイツはチームのためにやろうとしている、たまたま結果がでなかっただけで方向性としては間違ってない。一生懸命に一、二塁間にゴロを打とうとしていた姿を見ていましたから、ベンチでも慰めるでもなく、気にするなとも言ってません。とくに何も言わなくても大丈夫だと思ってました。アイツ、マイペースでわがままに見えますけど（笑）、本当にチームのこと考えてプレーするヤツなんですよ」

セカンドベースに立っていた松中もまた、福留の変化を感じていた。

「孝介はものすごく苦しんだと思いますよ。あれだけ結果が出なくて、最後にはスタメンを外されて、それでも気持ちを切らずに、ずっと何とかしたろうと思っていたと思います。彼も成長をしてると思うんですよ。アトランタのときの気持ちだったら、あの場面、絶対に打てないでしょう。きっとベンチでふて腐れてね、『なんでオレを外すんだ』って感覚であの打席を迎えていたと思います（笑）。でも、あの日の孝介はベンチで声も出てましたし、ベンチで体が前に出てましたよ。前のめりになってね、声を出してましたよ。代打を言われて、ネクストバッターズサークルでバットを振る姿からも、雰囲気を感じたんですよね。気持ちが切れていれば、わかるんです。ああ、もう切れてるなって……そういう雰囲気は孝介の素振りからはまったく感じられませんでした」

そして、福留は言った。

「もう、フォームがどうのとか、調子がどうのとか、そういうことは関係ないくらいガムシャラな気持ちっていうんですか。そういう中に、やっと合い出した、練習で打っていくうちに少しずついい感じになってきたという手応えもあったんですけど……」

打席に立つ福留、一方の韓国ベンチは左腕の具臺晟というカードを切らず、左には強くないサイドハンドの金炳賢を続投させる。

初球、インサイドにボール。アウトコースを要求していたキャッチャーの構えとは逆だ。

二球目、今度はキャッチャーの構えたアウトローに決まる。ベースの上は通っていないが、国際試合ではストライクになるアウトローのボールに、球審の右手が上がった。これでワンストライク、ワンボール。

三球目。キャッチャーはまた外に構える。

ところが金炳賢のリリースが一瞬だけ遅れて、ボールがやや内側に流れる。

ほぼ真ん中低めに入ってきたボールを、福留のしなるバットが完璧に捉えた——打球が舞い上がる。

その弾道は、飛び出しが低く、途中から風に乗ってグーンと伸びていく。

日本で見慣れた、福留孝介ならではの弾道だ。

値千金の代打ツーランホームラン——。

その瞬間、記者席でバンザイや絶叫は禁物だと誰もがわかっていて、それでもほとんどすべての日本人プレスは立ち上がって拳を握りしめた。日本人プレスだけではない。拳を握りしめ、叫んだのは福留も同じだった。

それほどまでに緊迫した中で飛び出した、まさに日本を救う一発。打球はライトスタンドに突き刺さり、ついに日本に二点をもたらしたのである。

ホームインする福留を、ヘッドスライディングで盛り上げた松中が頭を叩いて祝福する。絶叫する小笠原が、里崎が、殊勲の福留と手を合わせ、谷繁が、青木、宮本、新井が、そして上原が、イチローが、日本の選手たちが次々に福留と歓喜のハイタッチを交わした。

「ああいう場面に使ってもらえたことで、意気込んでいきました。自分にもチームにも勢いをつけたかったので、何とかしたかった。人生でもこんなにうれしいホームランはなかったですね」

ベンチのイチローは拳を何度も握りしめて、その喜びを表現した。

宮本が、福留に声をかけた。

「お前がすべてを助けてくれたと、そう言いました。あそこで点が取れなかったら、たぶん、やられていたかもしれません。それが野球のゲームの流れというものだと思います」

ついに均衡が破れた。

こうなったら一気呵成とばかり、日本は怒濤の攻撃を仕掛ける。

デッドボールで出た小笠原を迎える里崎のタイムリーツーベース、さらに青木の代打で出た宮本のタイムリー、さらにはイチローのタイムリーと、この回、一挙に五点。イチローは、五点目のタイムリーをこう振り返っている。

「ああいう流れになると自分で終わるわけにはいかないという気になりますが、今日もそうです。一点、欲しいのはもちろんですが、この回、この場面で、何としても自分の技術を見せたい、そんな気持ちが強かったですね」

七回裏。

上原が、韓国の息の根を止めた。

李承燁をアウトコースいっぱいのまっすぐで、見逃し三振。

崔熙渉（ロサンゼルス・ドジャース）をフォークで、空振りの三振。

ツーアウトからヒットを一本、許したものの最後は鄭成勲（現代ユニコーンズ）を、外角のまっすぐで見送りの三振。

まさに、練習の賜だった。

ジャイアンツの宮崎キャンプに行くと、上原のブルペンでのピッチングにはいつも惚れ惚れとさせられる。内角へ連続してストレートを何十球と投げ込み、続けて今度は外角へストレートを何十球と投げ続ける。まったくといっていいほど、コントロールミスがない。

内角へ正確に、外角へ寸分の狂いもなく射抜かれるストレート。そしてストライクゾーンからストライクゾーンへ落とすフォーク、ストライクゾーンからボールゾーンへ落とすフォークを使い分けられるとあって、高低の幻惑も可能だ。そこへ内角のボールゾーンからストライクゾーンへ入ってくる、外角のストライクゾーンからボールゾーンへ逃げていくスライダーが加われば、バッターは上下左右に揺さぶられ、手の打ちようがなくなる。

「いやぁ、練習をそんなに褒めていただいてもねぇ……だって試合しか放送してくれないんですから（笑）。結局はそこでいいピッチングをしなければ意味がないわけでしょ。だから僕は、ファンの方から『アイツが投げれば負けない』と思われるようなピッチャーになりたい。僕はこれからもずっと野球やりたいし、そのためにも野球界がもっとよくなっていかないと、ホント、野球界はつぶれますよ」

ジャイアンツの選手でありながらジャイアンツのブランドに媚びることなく、言うべきことを発言してきた上原は、人一倍、野球人気凋落への危機感を抱いている。そんな中で開催されたWBCで上原が果たした役割は、とてつもなく大きい。

上原もまた、体を張って、日本の野球を救ってくれた。拳を握りしめて雄叫びを挙げたピッチングには鬼気迫るものすらあった。

八回には多村のホームランで六点目。

「WBCのDVDにあのホームラン、入ってないんですよ」と口を尖らせていた多村だったが、ホームランの出にくいことで知られるペトコ・パークのもっとも深い左中間への一発は大いなる自信になったと、多村は胸を張っていた。

準決勝　日本　六—〇　韓国

三度目にしてようやく韓国を倒し、決勝進出を決めた試合後。取材に応じるために決められた場所に現れたイチローは、そこでも興奮を隠さない。ユニフォームを着たまま、台の上に置かれたイスに座ると、取り囲む記者に対してまくしたてるように一気にしゃべり始めた。

「勝つべくチームが勝たなくてはいけないと思うし、僕らが勝つのは当然……」

そこまでを流暢に話したところで、イチローは突然、マイクを持つように求められた。気持ちいい流れを止められたイチローは、インタビュアーにやり直しを求めた。

「もう一回行きましょう、もう一回、質問、お願いします」

そこで再び「イチローさんはこの前、人生最大の屈辱と仰いましたが……」とインタビュアーが切り出すと、イチローがすかさず「〝野球人生〟最大の、です」と訂正する。笑い声が響く中、イチローだけが笑わなかった。かといって、怒っていたわけではない。まだ体の芯に残っている、はち切れんばかりの充実感と高揚感に満ち溢れていたのだろう。興奮は、イチローの体の芯に残っていた。

「勝つべくチームが勝たなくてはいけない、そのチームは僕たちだと思っていましたから、本来、当然と言わなくてはいけないのですが、二回負けていましたから、今日、負けることというのは日本プロ野球にとって大きな汚点を残すことと同じですから、最高に気持ちいいですね」

イチローは「みんなが間違いなく同じ気持ちでいますから」とつけ加えて、さらに一気にまくし立てた。

「僕はこれ（ＷＢＣ）に出ると決めたときからあさって（決勝）のことをイメージしてやってき

ましたし、オフにやってきたすべてのこと、すべての準備はこの日（決勝）のためでしたから、それが実現できて本当によかった。ただもう一試合、ここまで来たら、自分のすべてを表現したいとみんなが思ってると思いますし、僕もそう強く思っています」

イチローの興奮は、取材を終えて、シャワーを浴びて着替え、さらに球場から車で一五分ほどの距離にあった鮨店に着いてからも、なかなか消えることなく残っていた。

カウンターに座ったイチローの目つきが、驚くほどに鋭かったのだ。

キッと正面を見据えたまま、しばらく動かない。それも、目の前にあるものを見ているのではなく、射抜いた先にある何かを見ているような、心ここにあらずの視線。やがて、イチローはハッキリした強い口調で、こう言った。

「……シマアジ、お願いします」

思わず、笑ってしまった。なんだ、やっぱり鮨のことを考えていたのか。それにしても、次に何を頼もうかを考えるのに、そんな厳しい目をしなくても――。

三度目にして、ついに韓国を撃破した。

勝った喜びに浸っているようには見えない。この夜のイチローは、いつまでも刺々しかった。いつも試合後には決まってリラックスしているイチローにしては、珍しい姿だ。おそらくは、まだゲームの興奮が体の中に残っていたのだろう。ライトを守っているときも、何度も右へ左へ行ったり来たりしていた。これもシーズン中にはあまり見られない仕草だった。

「さすがに今日は草食じゃなかったね」

そう声をかけると、イチローは当然といった感じでこう言った。

「そりゃ、そうでしょう。今日は感情に任せて、自分が思うままにプレーしましたからね。バリバリ、肉食でしたよ」

実はイチローと、以前にそんな話をしたことがあった。彼の本能はもともと、肉食動物のそれに近い。しかし彼は普段、そういう荒々しさを表に出すことなく、草食動物のように優雅でしなやかなプレーをするイメージを理想としている。

「草食と言ってもシマウマやキリンじゃないですよ。インパラなんかいいじゃないですか。角が優雅だし、あの飛び方なんかしなやかだしね。肉食もライオンやトラじゃなくて、チーター。インパラのように見えて、実はチーターだったというのが理想かな（笑）」

しかし、日の丸を背負ったイチローは肉食動物そのものだった。草食動物のふりなど、貫くことはできなかった。声を荒げ、貪欲に動き、オーラを発した。あらゆる状況に五感を総動員し、すべての動きを研ぎ澄ました。それほどまでに、この日のイチローは殺気立っていたのである。

「今日は、気持ちいいですよ。ホントに、この間はシャクにさわりましたから。野球というのはケンカではないんですけど、そんな気持ちでいましたから。（韓国を応援する観客のブーイングは）大好きだね。もう少し強いブーイングの方がよかったよ（笑）。みんな、頼もしい。素晴らしい選手ですね。完璧にはなり得ないけど、ただ（今日の試合の）後半、そういうものは表現できたんじゃないかな。力の差を見せつけるのは当然だし、容赦しないですよ」

日本は決勝へ進むことになった。

21

決勝の相手は、キューバに決まっていた。

キューバは準決勝で、アテネの金メダリスト、ヤデル・マルテ、ペドロ・ルイ・ラソのリレーで、ミゲル・テハダ（ボルティモア・オリオールズ）、アルバート・プホルス（セントルイス・カージナルス）、ディビッド・オルティス（ボストン・レッドソックス）、エイドリアン・ベルトレ（シアトル・マリナーズ）らを擁する強打のドミニカを、ミスによる一点だけに抑えた。

そして、一点ビハインドの七回、ノーアウト二、三塁のチャンスをつかみ、内野ゴロでまず同点。さらにオスマニー・ウルティアのタイムリー、アレクシー・ラミレスの犠牲フライで二点を加え、三―一で逆転勝ちを果たした。

ＭＬＢと、ＭＬＢ選手会の肝煎りで始まったこのＷＢＣ。決勝に進んだのは、メジャーリーガーをズラリと揃えたアメリカとドミニカではなく、日本とキューバだった。

目論見は脆くも外れたといえる。

開催場所の都合もあったとはいえ、中南米の各国とアメリカが決勝まで当たらないようになっている組み合わせは、アメリカの恣意的な意図を感じさせる要因となってしまっていた。だからこそ、皮肉な組み合わせの決勝戦だったといえる。

世界最強の称号に偽りはない。〝赤い稲妻〟のアマチュア軍団は、一次リーグでプエルトリコに敗れながら二次リーグではきっちりお返しし、二次リーグで敗れたドミニカを準決勝で下しての決勝進出。相変わらず、国際大会の勝ち方を知り尽くした試合巧者ぶりを発揮していた。

日本対キューバ。

メンバー六〇人のうち、メジャーリーガーはわずかに二人。イチローと大塚である。そのことを問われたイチローは、皮肉混じりにこう言った。

「そのことについて、僕と大塚さんはとても誇りに思っています。ただ、MLBにとっては痛いだろうなとは思ってますけど（笑）」

イチローが言う。

「僕は日本の『野球』で育って、それを基盤としてこっちで『ベースボール』をやってる、そんな感覚です。『野球』というものは極めるためのもので、すごく緻密。『ベースボール』というのは気晴らしのためのもので、すごくおおらか。僕はその両方を大事にしなければならないものだと思っています。だから野球はもっとおおらかでいいし、ベースボールはもっと緻密であって欲しい。今の日本の野球はおおらかにやろうという環境にはないし、メジャーの野球にも緻密さが欠けていると思うことは多い。流れに逆らいたいというのが僕の基本ですから（笑）、日本にいたときはおおらかに、アメリカでは緻密に、という方向に傾きがちなのかもしれません」

では、イチローのいう緻密さとは、具体的には何を指しているのか。

「それは、本能以外の部分でしょうね。メジャーのトップの選手には本能ではとても敵わなくても、先を読むこととか、匂いを感じ取ることとか……」

イチローというプレイヤーがメジャーで勝負している武器はそれなのか、と問うと、イチローは即座に「うん」と頷いた。そういう日本の野球を礎にしている〝イチロー〟という作品を、イチローはアメリカだけではなく、世界という舞台で紹介していく責任があると考えた。

だから、イチローはWBCに馳せ参じた。

そして、WBCで出逢った若い日本代表の選手の緻密さにイチローが改めて驚かされたこともあった。川﨑や西岡に対して、イチローはさまざまな問いかけをしてみた。たとえば、一塁ランナーとしてリードをするとき、シャッフル（リードをとるために体を左右に振ること）するタイミングをどのように考えるか——イチローのこの問いかけに対して、川﨑も西岡も、「バッターがボールをミートする瞬間、宙に浮いているタイミングでシャッフルしている」と、即答したのだという。イチローは驚いていた。

「みんな、いろんな野球の話をきちんと言葉で説明できることに驚きました。まだ空回りしているヤツもいましたけど（笑）、それでも何とか言葉にしようとしてましたからね。頭を使って、野球を考えようとしているということなんでしょう」

そんな野球に対する技術も意識も高いプロに、日の丸への想いを受け継ぐ役割を果たしたのが、杉浦だったのだ。

22

ポイントは、二〇〇〇年のシドニー五輪だった。

アマチュアとプロが一緒になって戦った唯一のオリンピックである。

宮本の一言でメンバー入りを承諾した杉浦だったが、彼はシドニーであやうくピエロになりかけた。それでも彼は、マウンドに立てない悔しさや無念さを、いっさい表に出すことはなかった。いつもベンチの最前列で声を出し、守り切ったナインを真っ先に出迎えて、手を差し出し、ケツを叩いて、励まし続けた。

シドニーに来て一週間。予選リーグも七試合のうちの四試合が終わったというのに、杉浦だけがマウンドに立っていなかった。「精神的支柱」と言われ、いつまでも登板の機会が与えられなかった、背番号一九は自嘲気味にこう言っていた。

「知ってました？　メンバーに入ってシドニーまで来ても、もし最後まで一度も試合に出られんかったら、勝ってもメダルをもらえないんですよ。もう、代走でもいいから、早く出たいんですけどね（苦笑）」

二〇歳になった松坂大輔、二七歳の黒木知宏という旬のエース二人を軸に据えた日本の投手陣の中にあって、三二歳だった杉浦の球の勢いは確かに少しばかり見劣りした。しかしたとえ練習中であっても、杉浦はベルトよりも高いところには決して投げ損なわなかった。それが杉浦の真骨頂だった。低く投げ損なう分にはボール球になるだけだが、高く浮けば、それはホームランになり得る。一点が重い国際舞台では投げ損なっても低めへ、という鉄則を体が覚えている。これが杉浦の持つ経験の重みだった。

「オリンピックでは、次の回からいくぞって言われると急にゾクゾクっとして、体が動き出すんですよ。ブルペンでは全然いい球がいってなくても、いくぞ、と言われた瞬間にアドレナリンが出る。あの日もそうでした……」

杉浦が言う、あの日――二〇〇〇年九月二二日の夜、シドニー郊外の田舎町、ブラックタウンにある小さな野球場で行われた、予選リーグの日本対南アフリカ戦。およそオリンピックの会場とは思えない仮設スタンドでは、杉浦の妻、涼子さんのビデオカメラが、三脚の上で夫の出番を待っていた。そして、五―〇と日本がリードした五回裏、ついにビデオカメラの赤いランプが灯る。シドニーで初めてファインダーが捉えた、夫の雄姿。マウンドの杉浦は硬い笑みを浮かべて、大きく息を一つ、ついた。

杉浦の、シドニー五輪、初登板。相手は格下の南アフリカではあったが、杉浦はブルペンとは見違えるような力のある球を投げていた。

「国際ストライクゾーンのアウトローいっぱいに放ったら、きっちり放れたんです。初球、ストレート。それで、あ、いけるやんか、と昔の感覚を思い出しました。ええ、初球です」

杉浦がどれほど緊張していたのか、この言葉が物語っている。わずか二イニングス、二二球の初登板。その初球を、杉浦は記憶違いしていた。杉浦が初球に投げたのはカーブで、二球目はスライダー。国際ストライクゾーンのアウトローいっぱいに決まったのは三球目、一四〇キロのストレートだった。

「うーん、確かに緊張してましたねぇ（苦笑）。あの日は、その年一番の内容でした。オリンピックでそれが出て、ホンマ、よかったですよ。出番は必ず来ると思ってましたし、出番が来たら、今まで自分がエラそうなことばっか言ってきてたんで、それなりの姿を見せなきゃ、というのはありましたね。ただ単に投げるんじゃなくて、どんな相手に対しても、どう転ぶかわからないという緊張感を持って、全力で投げるんだという、そういう姿をね」

ベンチに戻ってきた杉浦を真っ先に迎えた黒木は、開口一番、こう言った。

「スギさん、やっぱり違いますね。このピッチング、若い選手はよーく見な、アカン」

実は、プロの選手たちの間ではひそかにこんな会話が交わされていた。明かしてくれたのは、キャッチャーの鈴木郁洋だ。

「僕らで話していたのはね、決勝でキューバとやって、僕らがリードして、九回のマウンドに杉浦さんを送る。それこそ、集大成ですよね。やっぱり日本の胴上げ投手にふさわしいのは、杉浦さん以外にはいませんからね」

杉浦の存在は、このプロ・アマ合同チームにあっても大きかった。日本の精神的支柱――シドニー五輪の前、いったい何度このフレーズに出会ったことだろう。三度目のオリンピックに出る杉浦を描く時に必ず使われた、この美辞麗句。しかし杉浦自身は、この言葉に抵抗を感じていた。精神的支柱である前に一人の投手でありたい、という日本のエースとしてのプライドは、そう簡単に捨て去れるものではなかった。

過去、二度のオリンピックで銅メダルと銀メダルを獲得した杉浦は、残ったもう一つの色のメダルを手にするためにシドニーを目指してきた。杉浦がアマチュアの世界に魅せられたのは、抑えたい、打ちたいという個人の欲求よりも、チームとして勝ちたいという欲求の方がはるかに強かったからだ。負けたら終わりの一発勝負、そこへ向かうチームの一体感。みんなで勝って一緒に泣ける、そんな思いを分かち合いたい、そういう価値観を大事にしてきた杉浦には、オリンピックが最高の舞台だった。しかしプロ参加の流れは野球にも及んできた。杉浦は、そんな動きを複雑な思いでずっと見つめていた。

「正直なところ、プロが入ってくると聞いて残念なところもありますよ。僕にとって、オリンピックはアマチュアの最高の舞台だ、という認識がありましたからね」

アトランタで銀メダルを獲得した後、杉浦は、プロへ行こうと思えば行けた。日本のプロ野球だけではない。メジャーリーグのチームも、杉浦獲得の可能性を探っていた。だからこそ、彼だけが胸を張って言えるのだ。アマチュアは、プロの下なんかじゃない、と。

オレたちはプロだから、アマチュアと一緒にしてもらっちゃ困る。どうせオレたちはアマチュアだから所詮、プロとは違いますよ——そういう傲慢な、あるいは卑屈な雰囲気があるチームで、勝てるはずがない。

しかし、当時の日本を率いていた太田垣耕造監督は、プロに頼った。

バルセロナ五輪で銅メダル、アトランタ五輪で銀メダルを獲得、オリンピックで勝つためにはチームの一体感が何よりも大事だと考えていた杉浦に対し、指揮官はもっと割り切った戦術を選択した。非情なまでに力のある者に頼った太田垣采配。プロには「どうぞホームランを打って下さい」「どうぞ完封して下さい」と言っているかのような起用に徹していた。太田垣監督は「このチームはあくまでもプロが中心」だと言い続けた。

だから、杉浦は登板できなかった。編成上の戦略ミスのツケを回された太田垣監督は、プロとアマを一つにするのではなく、プロはプロ、アマはアマという明確な差別化を図る、いわば開き直った戦術に打って出た。投手陣は松坂、黒木の二人だけに頼り切った起用に徹し、打線も中軸にプロを並べて一点突破を図る、プロに偏ったオーダーを組んだ。

グラウンド以外でも、そのコンセプトは徹底されていた。例えば移動も、プロがビジネスクラス、アマチュアはエコノミークラス。そのためにわざわざ移動の日をプロとアマでずらした。選手村に入らなかったのも、プロに対する配慮からだ。もちろんプロは一人部屋、アマは二人部屋。洗濯だって、アマチュアの選手は自分たちでやっていた。

さらに言えば、遠目からでも誰がプロで、誰がアマなのかは一目でわかった。彼らのユニフォームの着こなしが違っていたからだ。最近のプロは、ユニフォームのズボンの裾を下げてストッキングの黒い部分を隠す。しかし太田垣監督はアマの選手に対して、裾を下げるなとわざわざ指示を出していた。アマの選手に対して、勘違いするなという自覚を促すためである。しかし、一歩間違えば不協和音が続出しそうな、そんなゆがんだ空気を浄化してくれたのは、プロの選手たちだった。杉浦は言う。

「社会人を経験してるジョニー（黒木）と松ちゃん（松中）が、僕らの思いを、シドニーに向かう飛行機の中で話してくれたらしいんです。一発勝負の怖さとか、勝つことに集中する雰囲気とか、アマの連中はこういう思いで賭けてるからなって……だから、みんな違いましたもん、来た時の顔つきが。ノリ（中村）なんか、ここには勝つために、杉浦さんを胴上げするために来たんですって言ってくれたんですよ。あれは嬉しかったですね」

ホテルではプロの選手とアマの選手たちが一緒に酒を酌み交わした。

「カツカレーッ」

〃お疲れ〃、と〃カツ（勝つ）カレー〃をもじった、このチームでお馴染みの、乾杯の発声。発案者は黒木だった。この言葉は、日本に不思議な一体感を生み出した。プロもアマもなく、ジャパンのユニフォームを着ているものだけが分かち合える共通語となった。

しかし、一体感だけでは勝てなかった。

シドニーでの日本は、金メダルのアメリカ、銀メダルのキューバ、銅メダルの韓国に対して、○勝五敗と惨敗。この結果は力不足以外の何ものでもないと酷評された。

「何かが足りないから日本は負けたんだと思うんですけど……確かに力の差はありますよ、だからみんなアマなんです（苦笑）。でも、結果は紙一重。アマで勝った試合もあったし、どこかで流れを引き寄せればどの試合も勝てたと思います。だからこそ、メダルを獲りたかった。プロとアマには力の差があったとだけは言わせたくなかったから……」

シドニー五輪の準決勝。

日本はキューバと対戦した。その試合で、日本はプロとアマのアンバランスさを露呈してしまう。四回、キューバに先制されたのは、セカンドの平馬淳（東芝）がライナーを好捕したあと、一塁に悪送球をして走者を二塁に進めたことがきっかけとなったからだった。六回には、プロの捕手、鈴木が黒木のワンバウンドを後逸して走者を二、三塁に進めてしまい、それが直後の決定的な二点タイムリーにつながってしまった。

打線はもっと象徴的だった。スターティング・ラインアップに名を連ねた九人のうち、三番から始まる田口壮（当時、オリックス・ブルーウェーブ）、中村紀洋、松中、田中幸雄（日本ハムファイターズ）のプロ四人で五安打を放ちながら、残る五人はノーヒット。これだけ打てる選手が限られてきては、試合運びが思うに任せないのも当然だった。

これはキューバとの試合に限ったことではなかった。初戦のアメリカ戦では、練習を重ねてきたはずのアマチュア選手が、二つの目に見えないミスを犯している。

ひとつは平馬。七回、松坂が一点の先制を許してしまった直後の無死一、三塁の場面。ピッチャーゴロを捕った松坂が、素早く二塁へ送球、それを見た三塁ランナーがホームを突く。当然、予想された三塁ランナーの動きに、セカンドの平馬が対応してバックホーム、しかし、間に合わない。松坂の判断がとやかく言われたが、あのシーン、問題だったのはむしろ平馬の動きだった。捕ってから遅いし、返球も緩い。松井稼頭央（当時、西武ライオンズ）と比べるのは酷だろうが、普段、西武ではそのレベルで野球をやっている松坂の皮膚感覚と、アマチュアの選手の実際の動きに差があったのは間違いない。

もうひとつは廣瀬純（当時、法政大）の走塁だ。九回、逆転のチャンスだった二死一、三塁で、一塁走者の平馬が飛び出す。セカンド送球の間に三塁走者がホームを突く、まさに練習通り、というプレーだ。ところが三塁走者の廣瀬はサインを見落としたのか、躊躇したのか、ホームへのスタートが切れない。壮行試合でも見せていたこのサインプレーは、逆転を賭けた太田垣監督の博打だった。しかし、こともあろうにサインプレーを再三に渡って練習してきたはずのアマチュア選手が、一番大事なところでミスを犯した。

チームにいくらかの一体感が生まれようと、杉浦をのぞくアマチュアの選手の中にはどうしてもプロに対する引け目がある。また、プロの選手もアマチュア選手のオリンピックに賭ける想いは感じ取ってはいても、やはり一流の目で見た場合に物足りないプレーが多すぎた。

シドニーの日本代表には、松坂、黒木、中村、松中ら今が旬の一流のプロ選手、河野昌人(当時、広島東洋カープ)、鈴木といったレギュラーに定着できないプロ選手、杉浦のようにプロに行けたのに行かなかったアマ選手、平馬のようにプロに行けなかったアマ選手、そして杉内俊哉や渡辺俊介、赤星憲広、阿部慎之助のようにこれからプロに行くであろうアマ選手と、いわば五層の選手によって成り立っていた。これでは力とワザを認めあった上での真の一体感をもたらすのは難しい。

日本は、準決勝でキューバに〇―三で敗れ、決勝進出を逃した。この瞬間、金メダルへの夢は潰えた。そして三位決定戦でも、松坂が土壇場で踏ん張り切れずに一―三で韓国に屈した。

選手たちは必死で戦った。一体感を生み出そうと、みんながベンチの中でバカをやった。それでも金メダルを逃したのは、〝必然〟だった。メダルなしの惨敗――試合後、選手たちは泣きじゃくった。

「涙の理由？　そりゃ、負けた悔しさが一番ですけど、他にもありますよね。僕にはみんながベンチの前に立って声援してる姿が強烈に残ってるんです。なんか、ああ、やってきてよかったなぁと思える、みんなのすごい声援。しかも後ろからじゃなくて、真横からその声が聞こえてくる……ふと見たら、キャッチャー道具を外し忘れた鈴木が横で声を張り上げているんですよ。そういうみんなの姿を思い出して、あの涙が出てきたと思うんです」

実は杉浦は、三位決定戦では一度としてブルペンに行くことはなかった。銅メダルのかかった試合で温情もあるまいが、それでもどちらかが大量リードでもすれば、これまでの流れから「杉浦さんを最後のマウンドへ」という声があがってもおかしくはなかった。そのためには一度でもブルペンで投げておかなければならなかったはずだった。しかし、杉浦はその試合、なぜかずっとベンチにいた。

予選リーグが始まってから準決勝まで、杉浦はしばしばブルペンにいた。しかし悲しいかな、彼はそこで誰もがそうするようにマウンドに上がるための準備をしていたわけではなかった。ブルペンとベンチの連絡係として、電話のやりとりから、次に出ていくピッチャーにアドバイスを送っていたのである。しかし、それはベンチから託された役割ではなかった。杉浦自身が買って出たものだったのだ。

「あそこに僕がおれば、次に行くピッチャーに対していろいろなアドバイスもできるし、そうすれば少しは若いピッチャーを安心させられる、というのも自分に課せられた仕事かなと思って、誰にも言われてはいなかったんですけど、準決勝でも、『今日は誰を作りますか』っていろいろ聞いてたんです。でもね、自分の名前だけは出ないんですよ。とうとう『スギ、作っといてくれよ』という言葉は、最後まで言ってもらえませんでしたね（苦笑）」

杉浦は悟った。やはり、投手としての自分は首脳陣の構想には入っていないのだ、と。だから三位決定戦では、杉浦は一度もブルペンに行かなかった。今までも、橋渡し役を頼まれたわけではなかった。自らその役を買って出ただけだった。それなら最後くらい自分の思い通りにやりたい、どうせ使われないのなら、ブルペンにいるよりベンチでみんなと一緒に戦いたい……これは杉浦が見せた、ささやかな抵抗だったのかもしれない。

「ブルペンってベンチから離れてるし、どうしてもベンチにいたかったんです。僕も、ベンチでみんなと一緒に戦いたかった……」

試合後、スタンドで、涼子さんは号泣していた。九回、最後の反撃の最中、ベンチの前に並んで声を出すナインの中で、夫の背中だけが微動だにしない。一九番が、泣いているように見えた。その背中が、涼子さんにとっては、あまりにもせつなかった。

「まるで羽をもがれた鳥が、飛び上がりたくても飛び上がれないように見えて……でもあの人は、最後までベンチを守ってました……」

シドニーに着いた日、杉浦は空港で「勝って、笑って終わりたい」と話していた。しかし、最後は負けて、泣いて終わった三度目のオリンピック――。

「今回は、今までとは全然違うオリンピックでした。でも、僕にとってのオリンピックは成功だったと思うんです。急に作ったチームでもここまでできたってことに対して、すごく達成感がありましたからね。僕、野球というのは一人でできない、というところだけはわかってほしかったんです。でも、みんな、それをわかってくれたからこそ、ベンチの前に出て、声を出せたんじゃないかなと……それに、プロの選手がみんな、四年後もまたって言ってくれたことも嬉しかった。経験した人間が言う『四年後』って、軽々しい言葉じゃないんですよ。その言葉が他のみんなからは自然に出てきただけで、僕が目指してきたものが間違いじゃなかったって思わせてくれたんです。だからね、今回、涙を流してくれたプロの選手たち、ジョニーや松中、ノリ、松坂もみんな、四年後にはぜひ、僕がしてきた橋渡しの役割を担って欲しいんです」

四年後のアテネ五輪。

杉浦から受け継いだ〝日本代表のＤＮＡ〟は、アテネのチームにも脈々と流れていた。黒木と松中はいなかったものの、中村、松坂、福留が、そして宮本が、プロだけの日本代表に、日の丸への想いを染み込ませた。

その原点が、杉浦ののめりこんだアマチュアの野球だった。

プロとともに戦ったシドニーで、杉浦はこれまでのオリンピックとはまったく違う価値観に出会った。バルセロナで銅、アトランタで銀、そして三度目のシドニーでは違う色のメダルを獲るんだと金メダルにこだわってきた杉浦。涼子さんが群馬の館林で買ってきた、小さな金色のダルマに最初の目を入れたのは、日本代表の最終選考の合宿前のことだった。選ばれたらまず片方の目を入れて、金メダルを獲ったらもう片方の目を入れよう……二人で誓った思いは叶うことはなかった。

「でもね、家に帰って、嫁さんと二人でダルマには目を入れましたよ。これ、ウィンクさそうかな、とか言いながら（笑）」

杉浦はシドニーから、銅メダルでも銀メダルでもない、まったく違う色のメダルを持ち帰ってきたのである。ベンチの前に出てきて張り上げたみんなの声と、一緒に泣くことができた涙で出来た、形には残らないピカピカのメダル、心の中の金メダルを——。

ピエロにされるどころか、このチームがまとまったのは、杉浦がいたおかげだった。

精神的支柱という仕事は、実は力のあるものにしか務まらない。力がなければ、誰も認めてくれないからだ。プロ、アマ合同チームは、古田をあきらめて初めて、杉浦を選んだ。しかし、古田は優秀なキャッチャーではあっても、プロとアマの橋渡し役は彼には務まらなかっただろう。このチームは、アマからもプロからも認められた杉浦がいて初めて、ギリギリのバランスを保っていた。

そのバランスをWBCで保っていたのが、宮本だったのだ。西岡が言っていた。

「僕の中では、宮本慎也さんを、試合に出る、出ないはもう関係なしに、代表にはずっと選んで欲しいですね。その時は現役かどうかも、ヤクルトの選手かどうかもわからないですけど、選手でいたとしても、引退していたとしても、世界中どこにいても、宮本さんを日本代表にまず選んで、試合に出なくても、日本代表には選手か、コーチか、とにかくそこにいてもらうべきだと思いますね」

その話を聞いた宮本は、苦笑いを浮かべて、こう言った。

「西岡はね、僕、最後まで全然わかんなかったです。でも、そうやって言ってくれるってことは、少しはわかってくれてたのかな（笑）」

23

決勝の前夜、三月一九日。

日本代表は、初めて首脳陣、選手、チームスタッフの全員、八〇名での決起集会を開催した。王監督のポケットマネーで出掛けたステーキハウス。盛り上がるはずの宴が、どこか空虚に感じられたのは気のせいだったろうか。

三度目の正直で韓国を倒しての決勝進出。

日本でのテレビ中継は瞬間最高で五〇パーセントを超える数字を叩き出すという盛り上がり。しらける要素はないはずなのに、このチームがまだ一つになったという実感を得ることはできなかった。それは、準決勝進出が決まってからも、いくつかの摩訶不思議な出来事を耳にしていたからだった。

準決勝の前夜。

ホテルでの日本代表のミーティングは、バッテリーと野手に分かれて行われていた。そのバッテリーミーティングで用意されていたビデオが、二次リーグのドミニカとキューバの一戦だったというのである。目の前の敵が韓国だというのに、すでにその先の相手を見据えてビデオを見せようとしていた首脳陣の意図が理解できなかった選手たちは、実力行使に出た。自らの判断で、韓国戦のビデオを見始めたのである。

野手のミーティングには、イチローと松中が出ていなかった。

イチローは打ち込むための早出特打ちをしていたし、松中はデッドボールで痛めた足首の治療をしていた。合理的に考えれば、二人とも試合で結果を出すために必要な準備をしていたに過ぎない。それでも、アマチュアだけで戦っていた頃から脈々と流れる〝日本代表のＤＮＡ〟は、常にチームが一体となることを求めていた。

ＷＢＣを通して感じたチームの雰囲気を訊ねたとき、和田一がこんな話をしていた。

「大人扱いしてもらったのはいいことだと思いますが、あまりにも大人扱いされてしまったという気はしました。やっぱり、こうだとしっかり指示してもらえた方が選手としては、みんなでこれをやるんだっていう雰囲気になったと思うんですけど、ちょっと自由が多すぎたかなっていうところは感じました」

また相川も、こんなことを話していた。

「アテネ五輪のときは缶詰め状態だったじゃないですか。でも、今回のＷＢＣは好き放題で、外に行ってメシを食べたり、すごく自由だったんで、僕は逆に拍子抜けしちゃったんです。日本代表っていうのは全員でずっと一緒に暮らして、試合をするものだっていう感覚がありましたからね。でも、今回はそういう雰囲気がまったくなくて……もちろん、その方がプレーに集中できる人もいるだろうし、人それぞれなんですけど、僕は、アテネの雰囲気の方が熱い思いを感じられたんじゃないかと思ってます」

試合に出ている者と、試合に出られない者——試合に出られない選手の中に、アテネ五輪に出て日の丸の重みを重々、承知している選手が多かったことで、どうしても彼らの中に比較する気持ちが芽生えてしまっていた。

もちろん、彼らは試合に出られないことを不満に思っているのではない。試合に出られない選手へのちょっとした気遣いが、このチームには足りていなかったのだ。言うまでもなく、その仕事は首脳陣に課せられた仕事である。

しかし残念ながら、今回のコーチたちにその気配りは望むべくもなかった。

準決勝の試合開始前、上原がペトコ・パークのブルペンで投げ込んでいたとき——つまり上原が韓国側に陣取った観客の前で、肌寒い風が頬を刺す中、最後の調整を行っていたとき、ブルペン担当の武田コーチは、その時間、ブルペンにはいなかった。タバコを吸いながら、携帯電話で誰かと話している。いったい、何時だと思ってるんだと、そう思った選手は一人や二人ではない。

試合前のミーティングでも、コーチは選手に狙い球を指示するでもなく「さあ、行こう」と檄を飛ばすだけ。挙げ句の果てに、「盗塁はアウトになることを恐れてはできないぞ」などと言われてしまっては、選手との温度差は埋められるはずがない。短期決戦の国際試合では、アウト一つで流れが変わる。アウトになってはいけないのだ。一〇〇パーセントの確信では走ってはいけない、一二〇パーセントでなければ走るべきではないのが、国際試合の戦い方だ。選手の方が、ワンプレーの重みを知っていた。

準決勝の韓国戦が雨で中断している間、ベンチ裏で金城と新井がバットを振っていた。雨が小降りになって、そろそろ試合が始まろうかと言うとき、大島コーチが金城と新井に言った。

「おい、始まるから、そろそろ動かせよ」

とっくに動かしてるのに、と怪訝そうな顔をした二人に、大島コーチはつけ加えた。

「新井、キンちゃん（金城）、動かしておけよ、口を」

二人はバットを振るのをやめて、ベンチに戻っていったのだという。

また決勝当日、ホテルに戻ると突っ伏してしまうほどに疲れの見えていた川﨑、今江の代わりに先発があるかもしれないと密かに準備をしていた宮本にも、大島コーチはこう言った。

「慎也、今日、BPできるか」

BP、つまりバッティングピッチャーのことだ。

野中をはじめとするバッティングピッチャーに疲れが出てきたせいか、コントロールに難を来して練習に支障を来すようになっていた時期から、宮本や谷繁はBPを買って出ていた。しかし、彼らは言うまでもなく、選手だ。試合に出る準備が優先して当然だろう。まして、決勝戦での宮本起用は、勝つためにも、十分、あり得る戦術だったはずだ。大島コーチの言葉を聞いた宮本の失望は、想像に難くない。

キューバ戦では、試合開始前、和田一、谷繁、相川、新井の四人が、最後の組としてバッティング練習を行っていた。これだって言うまでもなく、決勝戦での出番に備えた準備の一環である。

しかし、王監督は四人に対してこう声をかけた。

「帰ったらシーズンが始まるから、しっかり調整しておいてくれよ」

おそらくは、最大限、気を遣ったつもりだったのだろう。

しかし、試合前にかける言葉が、『もう一試合、がんばってくれ』ではなく、『シーズンに向けてしっかり調整しておいてくれ』では、彼らが『何をしに来ているんだ、だったら早く帰りたいよ』と思ったとしても、不思議ではない。

一七人の野手のうち、出場が二試合以下だったのは、この四人だけだった。しかも和田一と相川は、アメリカに来てから出場した試合は一試合もなかったのだ。

投げ込みたい、打ち込みたいはずの時期に十分な練習ができない環境に晒された上、集まったのはレギュラークラスだったとはいえ、試合に出ない選手がわがままを言えるはずもない。すべての選手が十分な練習をこなせるだけの場所と時間を確保することは難しかっただろうし、バッティングピッチャー、ブルペンキャッチャーなど、裏方さんの数も足りていなかった。はせ参じてくれた選手にとっては、決勝の舞台に立ったことがせめてもの救いではあったが、それはあくまでも結果論。出場を拒む選手が相次いだ中、結局は出なかった選手が得をしかねない劣悪な環境を、出場した選手に強いることになってしまっていた。キューバとの決勝を前にしたバッティング練習でも最後の組として打っていたのが、この四人だったというわけだ。

彼らは、各球団の主力である。試合に出たいと思うのは当然だろう。ただ試合に出られなくてもチームの中での役割が明確ならば、モチベーションは保てる。ところが残念なことに、今回の日本代表というチームの中ではそのあたりは明確ではなく、試合に出られない選手へのベンチからのフォローは不十分だった。それでも和田一も新井も腐ることなく出番に備えた。谷繁は宮本とともに経験を生かしてベンチワークに徹し、相川はアテネ五輪のときと同じようにブルペンで投手陣を支えた。

どのコーチの振る舞いも、王監督が言うように、ベンチのムードを和らげる効果を狙っていたのかもしれない。それにしても、各球団の主力が揃う日本代表でベンチを温めている選手たちに対して、あまりにデリカシーのない言葉が多すぎたことは否めない。しかも決勝戦の試合前には、イチローのもとへ、スタッフが次から次へとサインをねだりに来ていた。その中にコーチも含まれていたものだから、選手の一人はキレかかって『文句を言ってやる』と息巻いていたほどだった。

韓国に勝って、決勝に出て、それがこのチームでの最後の試合だったにせよ、優勝を賭けた大一番だ。ファンじゃあるまいし、コーチがサインをねだるなんて、緊張感がなさ過ぎると言われても反論できないだろう。試合開始の一時間前を切っている段階で、緊張感を高めるための準備に入っている選手にサインをねだる行為は、それをした何人かのスタッフと選手との間に共通の意識がなかったことになる。

要は、このチームでは、本来はコーチがかけるべき言葉を、谷繁が、和田一が、そして宮本が代行していたのだ。野手の一七人のうち、イチローよりも年上だったのはこの三人だけだ。試合にはほとんど出ていない三人が裏方に徹することで、日本代表を支えていた。そのことに対する感謝、気遣いの言葉が、早い段階で一言だけでも首脳陣からあれば、このチームはずいぶん変わっていたように思う。とはいえ、皮肉なことにコーチたちへの反発が、日本代表の選手たちの間に蔓延っていたカルチャーギャップを解消し、選手たちを一つにまとめあげてくれたようにも見えた。宮本は決勝を前にしたチームの雰囲気を、こう説明した。

「確かに福岡からいろんなことがありましたけど（苦笑）、準決勝のときにはさすがに三回は負けられないって雰囲気になってましたね。僕はアメリカ戦で誤審があって、あれでアメリカに対しての憧れとかメジャーへの気後れとか、そういうものは消えたと思うんで大丈夫だろうと思ってたんです。メキシコにも韓国にも勝てるだろうって。ところが二つ目の韓国戦に負けて、もう一度、奇跡的にチャンスをもらえて、あの辺からやっと緊張感が高まってきましたね。チームとして一つになるという気持ちがグッと出てきたというか……」

谷繁は、「多村は一生懸命やってるし、素直に聞くヤツだから心配ない、岩村は好きにやらせておけば結果は残す」と、試合に出ていたメンバーに気を配り続けた。

和田一は、この日も一番で先発する青木に「何を避けてんだよ、日本のために当たれぇ」と、ベンチから声を張り上げていた。

松中は、決勝の試合前、二番手での登板が予定されていた渡辺俊介に、「潰れてもいいくらいのつもりでやり抜け」と気合いを入れた。

「俊介は会社（新日鐵君津）の後輩でしたし、ここは絶対に勝つんだ、間違ってもこの場をシーズンに向けての調整だなんて思うなよ、ということだけはどうしても伝えておきたかったんです」

日本にとって打倒キューバはアトランタ以来の悲願だ。しかも、キューバの選手は、全員がアマチュアだ。

「だから負けられないんです」

宮本はそう言った。

「メジャーリーガーを揃えたアメリカやドミニカには、負けてもどこかで言い訳を探す余地がありましたけど、キューバにはそれがないんです。だって、僕ら全員、プロですから。プロがアマチュアに負けるわけにはいかんのです」

キューバと戦ったアトランタ五輪の決勝で、起死回生の同点満塁ホームランを放ったことがある松中は、キューバとの再戦をこう受け止めていた。

「僕は一度も勝ってないんですけど、キューバと戦って成長できた自分がいますので……でも、強いです。がっぷり四つでは負けると思います。キューバは勝つためには何でもやってくるチームですから、キューバとやるときは強い気持ちでやらないと、ケガしますよ」

イチローはキューバのことを「まったくわかりません」と前置きした上で、こう話した。

「ものすごいポテンシャルを秘めたチームだと思いますね。アマチュアで何度も世界一になってるわけですから、短期決戦の戦い方を知り尽くしたチームだと思います」

そして、王監督は言った。

「過去にキューバと対戦したどのチームよりも、今回の日本代表は強いチームだと思います」

日本とキューバの過去——それは、日本代表がアマチュアのものだったときに培われてきたものだ。そして、日本代表はかつてはアマチュアのものであり、日の丸への想いは、オリンピックに賭けるアマチュアの選手たちの想いに象徴されていた。

日の丸への想い。

ところが、今のそれは、プロとして日本野球の誇りを守らなければならないという想いと重なっている。

そして、決勝の先発はプロの中でもトップクラスのピッチャー、松坂――。

「決勝の先発は、準決勝が終わってすぐ、鹿取さんから言われました。『大輔、決勝は……』って言われたんで、『本当に僕でいいんですか』って（笑）。誰かが一番のエースは渡辺俊介さんだって言ってたから……でも、僕、本当に俊介さんじゃないかなって思ってたんですよ。もちろん、僕が投げたかったですけどね。やっぱり、決勝で投げて優勝投手になりたいっていうのはあったし、僕は国際試合の決勝で投げたこと、なかったんです。シドニーの時は決勝に備えて待機していて、準決勝で負けて三位決定戦になったし、アテネのときは準決勝だったし……」

松坂は、準決勝の第一試合、キューバ対ドミニカ戦はホテルのテレビで観ていた。

「そのときは決勝の先発はまだ言われてなかったんですけど、本当はドミニカに来て欲しかったんです。マニー・ラミレスは出ていなかったけど、オルティスもいたし、プホルスもね。僕の中ではプホルスは一番ですね、やってみたかった。とてもそうは見えないけど、彼、僕と同い年なんですよ（笑）」

しかし、アテネで戦って、激闘の末にねじ伏せたキューバの底力を知るだけに、赤い軍団の試合巧者ぶりを、松坂はテレビの画面からだけでも十分に感じさせられていた。

「あぁ、やっぱりコイツら、強いやって思いました。すごいですよ。アマチュアには見えないし」

松坂の力がキューバを上回ることは、アテネで実証済みだった。

唯一の不安を挙げるとすれば、キューバを倒したのがアテネ五輪の予選リーグだったということだった。バルセロナ、アトランタ、アテネと三度もオリンピックで金メダルを獲得しているキューバは、国際試合での勝ち方を熟知していると言われる。それは、一試合の中で勝つために何でもやってくる狡猾さのことをいう場合もあるし、大会序盤の負けてもいい試合と大会終盤の絶対に負けられない試合とのメリハリのつけ方を指す場合もある。

実際、WBCでもキューバは一次リーグで苦杯を喫したプエルトリコに二次リーグではリベンジを果たし、二次リーグで敗れたドミニカを準決勝で撃破している。その二つの黒星がWBCでのキューバの下馬評を下げていたのだが、「国際大会の大事な試合になると目が血走ってくるし、一回から九回まで、集中力が途切れなくなる」(杉浦)というキューバの底力を評価する声は、日本代表の関係者の間では根強かった。

24

三月二〇日。

WBCファイナル、日本対キューバ。

一（遊）川﨑宗則
二（二）西岡　剛
三（右）イチロー
四（指）松中信彦
五（左）多村　仁
六（捕）里崎智也
七（一）小笠原道大
八（三）今江敏晃
九（中）青木宣親
（投）松坂大輔

一（遊）エドゥアルド・パレ
二（三）ミハエル・エンリケ
三（二）ユリエスキ・グリエル
四（一）アリエル・ボレロ
五（左）フレデリック・セペダ
六（右）オスマニ・ウルティア
七（指）ヨアンディ・ガルロボ

八（捕）アリエル・ペスタノ
九（中）アレクセイ・ラミレス
（投）オルマリ・ロメロ

キューバのスターティング・ラインアップに並ぶメンバーは、四番のボレロ、七番のガルロボを除く七人が、アテネ五輪の日本戦でも先発していた。アテネで松坂からヒットを打ったのは、グリエルとペスタノの二人だけ。アテネでも一、二番を打っていたパレ、エンリケはともに四打数ノーヒット、アテネの五番、セペダは、松坂に四連続三振を喫している。

どんよりと曇った空には、南カリフォルニアの太陽は見えない。傾いた陽光も差し込まない、寒いサンディエゴのペトコ・パークには、肌寒さを募らせる風が吹き抜ける。

試合開始前のセレモニー。

王監督と、この日のスターティング・ラインアップ、さらにはベンチに控える選手たちを引き連れて先頭を歩いてきたのは、宮本だった。手に日の丸の旗を握りしめ、たくさんの観客が詰めかけたペトコ・パークのフィールドへ、堂々の入場である。

内野の中央には地球をかたどったオブジェが置かれている。一六ヶ国の国旗が広げられ、中央に日の丸と、キューバの国旗。両国合わせても、メジャーリーガーは二人だけ。おそらくは、アメリカとドミニカの決勝を期待してチケットを買ったであろう多くのアメリカ人にとって、この光景はどのように映っているのかと穿った見方もしたくなる。

しかし、それは杞憂に過ぎなかった。

プレイボール直後の初球、ペトコ・パークはフラッシュの光に包まれた。野球のふるさと、アメリカで行われた国別対抗戦、ＷＢＣの第一回大会。そのファイナルの初球を、この国の野球好きがどれほど大事にしていたかを物語る光の放列だった。日本人が詰めかけているわけではない。まして、キューバからの移民がスタンドを埋め尽くせるはずもない。それでも、野球の世界一を決める最高のゲームを純粋に楽しもうとしている雰囲気が、そこには確かに漂っていた。

決勝戦が始まった。

いきなり、日本の打線に火がついた。

初回、二番の西岡が内野安打で一塁に出ると、三番のイチローがバントの構えで、ＷＢＣ二戦二勝の先発、オルマリ・ロメロを揺さぶる。すかさず西岡がセカンドへ盗塁を決め、イチローは結局、フォアボール。四番の松中が内野安打で続く。足首が痛むはずなのに、松中はスピードを緩めようとはしない。

「いや、結構、痛かったんですよ（苦笑）。ずっと動けなくてね。ちょうど神経がすごく痛いっていう場所だったんで……でも、そこでも何とかね。四番に代理はいないし、四番を任せてもらって、自分も『出せ』って言ったわけだし、骨が折れてない限りは大丈夫だって思ってました。そういう姿こそが、日の丸をつけて戦う選手だということは僕も教わってきたことだし、そういう選手が集まって何とかして勝とうとするチームが日本代表なんだということは、アトランタからずっと変わらないと思ってますから。あれでみんなに何かを感じてもらえればよかったと思うし、感じてもらえなかったとしても、それは自分が教わってきたことなんで、絶対に最後までやり続けようとは思ってました」

ワンアウト満塁のチャンスに、キューバは早くも先発のロメロをあきらめ、二番手のビチョハンドリー・オデリンにつなぐ。

しかしオデリンは、五番の多村にいきなり押し出しのデッドボールを与えてしまう。日本がまず一点を先制した。

なおもツーアウト満塁から七番の小笠原が押し出しのフォアボールを選び、さらに一点を追加すると、バッターは八番の今江。

試合前、宮本は今江にこう囁いていた。

「センター返しを意識しろ。センター返しをしていれば、きっといいことがあるぞ」

追い込まれてからの四球目、スライダーが真ん中高めのストライクゾーンに入ってくる。

「ずっと自分のバッティングが崩れてダメだったんで、どうにかしてバットに当てようと……追い込まれてから、最後、甘いスライダーが入ってきました。嬉しかったですよ。ものすごく嬉しかった。僕、（韓国戦で）エラーして、どん底に落ちて、でも決勝でタイムリー打てて、本当に宮本さんの言った通り、いいことがありました。もう、最後はオレ、何でもしちゃうよくらいの勢いでしたね（笑）」

今江がセンター前に弾き返した二点タイムリー。日本は早くも四点をリード、二番手のオデリンもマウンドから引きずり下ろし、キューバは早くも三番手、ノルベルト・ゴンザレスにスイッチせざるを得なくなった。ゲームの主導権は、まず日本が握った。

その裏、キューバの攻撃。

マウンドには松坂、ブルペンには早くも渡辺俊が準備を始めている。実は試合開始前、ピッチング練習をしていた松坂にアクシデントが発生していた。ブルペンで最後の一球を投げたとき、首を痛めてしまったのである。

「アリゾナで投げたとき、時間がなくて国歌が流れてる間もピッチングしてたじゃないですか。あれをダメだって言われてたんで、その間は体を冷やさないように気をつけてたんですけど、やっぱり寒かったんでしょうね。いい感じで投げてて、国歌が終わるのを待って、また投げたら、ラストの一球で首がバキッて……右に曲がらなくなってしまったんです」

オーケストラを揃えたこの日の国歌演奏は、いつになく長かった。日本の『君が代』、キューバの『バヤモの歌』、さらにはアメリカの『星条旗』も最後のタメをゆったりと演奏して盛り上げたため、この夜のサンディエゴの寒さが松坂にはひときわ堪えたようだった。

それでも平然とマウンドに上がるところが、いかにも松坂らしい。

一番のパレ。

松坂のストレートが初球から定まらない。まるで抑えの利かない暴れ馬の如く、ボールが高くいってしまい、言うことを聞いてくれない。

四球目、スライダーが真ん中高めに入る。パレがその球を思い切り叩くと、打球はレフトに伸びて、フェンスを越えてしまった。先頭打者ホームラン――。

「あれは、ナメてました（苦笑）。体が楽をして投げてしまったというか、ギリギリまで自分を追い詰めたフォームじゃなかったですね。たぶん、アテネでも抑えていたし、どうせ打たれないだろ、みたいな悪いクセが出ちゃいました」

松坂はケロッとそう振り返ったが、初回の一五球を見る限り、苦心の跡は十分に窺えた。初回のストレートは九球、すべてが高めに浮き、スライダーは四球あったが、ほとんどが抜けて逆球になっている。

そもそも、スライダーの握りだと曲がりすぎるメジャー球に対応するために、WBCでの松坂はカットボールの握りでスライダーを投げていた。そのため、カットボールが投げられず、ストレート、スライダー、チェンジアップの三種類で組み立てようとしていた。

アテネで右腕に打球を当てられた因縁の相手、キューバの若き主砲、三番のグリエルに対しては、松坂はガムシャラに腕を振って、三球、すべてストレートを投げた。グリエルはアウトコースの高めに浮き上がった九五マイルのストレートを強振して、ショートゴロ。四番のボレロには、チェンジアップがうまく低めに抜けてくれて、最後は三振。

松坂は不安な立ち上がりをパレのホームランだけで切り抜けると、四回まで毎回ランナーを出しながらも、キューバに点を与えない。

日本が三点をリードしたまま迎えた五回表。

ツーベースで出塁したイチローは、四番の松中が放ったライト前へのヒットで三塁に進んだ。バッターは五番の多村。ここで多村は強い当たりの三塁線へのゴロを放つ。サードのエンリケが反応、三塁線に飛び込んで逆シングルでキャッチした。躊躇なくホームへ突っ込んだイチローは、全速力で走りながら首を左へ捻ってキューバのサードの動きを確認した。

「サードがどうするのかを見たかったんです。サードを見ないままホームに突っ込めば、キャッチャーを避けて回り込むしかなくなります。それでホームへ投げられたら、送球がよければアウトになるかもしれません。でも、サードを見ることによって、僕はキャッチャーに向かって突っ込んでいけるんです。サードは一瞬、ホームへ投げようとしましたけど、僕が邪魔になってホームには投げにくくなったはずなんですよ。だから、走りながらわざわざ後ろを見たんです」

ホームへ投げようとして投げられず、エンリケはあわてて一塁へ投げたものの、こちらも間に合わず、オールセーフ。多村のサードへのゴロは内野安打となって、日本に貴重な一点が加わった。さらに小笠原の犠牲フライで、日本は六——一とリードを五点に広げる。

アトランタ五輪以来、一〇年ぶりとなる、日本とキューバの決勝戦。

一〇年前の先発を務めた杉浦は、この日も自宅でテレビ観戦をしていた。杉浦は、一〇年前に比べて、ずいぶん若返った選手たちをしみじみ眺めていた。

「あの頃のキューバの選手たちはメンバーも固定されていて、マウンドでの姿もバッターボックスでの雰囲気も自信満々でしたけど、今の選手たちはかなりのプレッシャーを感じている様子が態度に出てしまっていましたね。相手がプロだということで萎縮してるのか、以前の集中力があまり感じられないし、経験が不足してるような印象は受けました。でもね、これで安心したら、やられますよ。ホッとしたら、次の回には必ず痛い目に遭う。このままじゃ終わらない。それが国際試合でのキューバですから……」

日本は五回から渡辺俊につなぐ。二枚看板を惜しげもなくつぎ込む、必勝の継投策だった。

キューバは、渡辺俊にタイミングが合わせづらいと見るや、バントで揺さぶろうとする。しかし渡辺俊の投げる独特の軌道は、バントもままならない。すると、今度はワンテンポ、タイミングを遅らせて踏みとどまり、渡辺俊のボールに対応しようとしてきた。

六回裏、二番のエンリケがボールをしっかり引きつけて右へ弾き返す。それを小笠原が横っ飛びで掴み、ワンアウト。しかし、三番グリエルが打ったバウンドの大きいショートゴロを川﨑が掴み損ねて、ランナー一塁。ここからボレロ、セペダ、ウルティアと、渡辺俊の投げるファーストストライクをすべて捉える。

キューバのバッターは、遅いボールに頭は突っ込んでも、グリップを残して、しっかりと振り抜いていた。ヒット、ツーベース、ヒットと続いて、あっという間に二点が入り、キューバの追撃が始まった。

八回裏、なおも続投する渡辺俊に対し、キューバは三番のグリエル。叩きつけた打球は渡辺俊の頭の上を越えて、セカンド西岡の前へ転がる。これが間一髪、間に合わずに内野安打となって、ノーアウト一塁。

ここで日本のベンチは左腕の藤田にスイッチ。ランナーがいる場面では、藤田が決まってマウンドに上がってきた。

藤田は四番のボレロを浅いレフトフライに打ち取るも、続くバッターはWBC絶好調、すべての試合でヒットを放ってきた五番のセペダ。スイッチヒッターのセペダは、左腕の藤田に対して右バッターボックスに入る。その四球目、アウトコース高めに浮いたスライダー。

セペダの打球は漆黒の闇に高々と舞い上がり、レフトスタンドに届いた。

ついに、一点差。

恐るべしキューバの底力。

日本のリードはわずかに一点。

そのときペトコ・パークに鐘の音が響き渡った。

その鐘の音とともにブルペンからやってきたのは、背番号四〇だった。

日本のクローザー、大塚晶則である。

「マウンドに上がる前、走っていくときに『ヘルズ・ベルズ』が流れて、初めて球場の雰囲気が変わったのを感じました」

オーストラリアのロックバンド、AC/DCの『ヘルズ・ベルズ』。

パドレスで一〇年以上もクローザーを務め、四〇〇を越えるセーブを記録してきた絶対的守護神、トレバー・ホフマンの登場曲として、サンディエゴのファンにはお馴染みの名曲だ。

キューバの追撃に盛り上がっていたサンディエゴのファンが、彼らにとって特別な意味を持つこの鐘の音を味方につけた日本の応援に、突如として寝返る。

大塚は決勝の朝、パドレスのときにチームメイトだったホフマンに電話をして、この曲を使っていいかどうかを訊ねた。〝トレバー・タイム〟ならぬ、〝アキ・タイム〟――大塚はその瞬間をこう振り返った。

「僕が出てね、『ヘルズ・ベルズ』って曲がお客さんをヒートアップさせたし、あれでいけると思いましたね。不思議なパワーが宿ったというか……」

決勝トーナメントにはいる前、王監督は大塚にこう言っている。

「大塚、八回の途中からいくぞ」

大塚は、この言葉に奮い立っていた。

「あの言葉を聞いて、抑えを任せてくれてるんだと思いました。八回の途中から行くっていうのは、抑えにとって最高の褒め言葉なんです。八回のピンチから出ていって、イニングをまたいで九回も抑えるのが本当の抑えですよ。九回の一イニングだけじゃなくて、八回のピンチから出ていくのが一番、信頼されているクローザーだと思ってましたから、王監督のあの言葉は本当に嬉しかったですね」

大塚は、六番のウルティアのピッチャーゴロを、身を挺してキャッチ。六番のガルボロをライトフライに打ち取って、八回を切り抜けた。

試合は最終回に入った。

最大五点差あったリードは、わずか一点差。五回途中からマウンドに上がったキューバのサウスポー、アリエル・パルマが打者一一人をノーヒットに抑え、ゲームを作っていた。

九回表、先頭の金城が、サードへの内野安打で出塁するも、一番の川崎が三塁前への送りバントを失敗し、金城が二塁で刺される。

川崎は、いわゆる〝イチロー・チルドレン〟の象徴的存在でもあった。

クラブハウスのロッカーでは、他のチルドレンとイチローの隣を争い続けた。イチローに鮨を食べに連れていってもらえば、ことごとくイチローと同じネタを注文した。メンバー全員でサインをするような時には、こっそりイチローのすぐ下にサインをした。さらにシーズンが始まればユニフォームの裾を上げてストッキングを出していたイチローのスタイルを、ホークスで真似るつもりなのだと言った。一から十まで、川崎はイチローを追いかけ続けた。

「今回の相手はメジャーリーガーが多かったけど、それでも本気で勝ちにいっている自分がいました。そういう雰囲気を作ってくれたのはイチローさんでした。野球というスポーツがこんなに楽しかったのかと教えてもらいましたし、初めて野球をしているような気持ちに戻れました。もっともっとうまくなりたいし、早く明日が来てくれないかな、早くボールを握りたいなって感じです」

決勝で三番に入ったイチローに代わって、川崎はジャパンのトップバッターを務めた。

しかし、川崎はこのバント失敗で五打数ノーヒット。二つのエラーを喫した。

「決勝はホントに気持ちいい感じで、イチローさんの打っていた一番を僕が打てて、幸せを感じながら野球をやりました。特に緊張もしてなかったんですけど、でも、ああいうミスをしてどん底に叩き込まれたりもしましたね。切り替えるしかないって思っても、なかなか切り替えられないんです。しかも、ミスを機にキューバにガッと来られたんで、野球の流れは一つのミスから変わってくるものなんだと改めて思い知らされた感じがしました……」

バントを失敗した川﨑がランナーとして残ったワンアウト一塁から、西岡がすかさずセカンドの前にプッシュバント。グリエルは捕るだけで精一杯の、鮮やかなセーフティバントが決まって、ワンアウト一塁、二塁。

バッターは三番、イチロー。

イチローはパルマの二球目、低めに曲がっていくカーブを捉えて、ライト前へ運んだ。川﨑がサードを回る。ライトのウルティアからボールがホームへ返ってきた。川﨑は足から滑って、左手でホームベースを触りにいこうとした。

ところが、キャッチャーのペスタノの左足がベースをブロックする。

川﨑はその場面をこう振り返った。

「最初は回り込んで左手でいこうとしていたんですけど、あのキャッチャー、ボールを捕る前から体を僕の方へ寄せてきていたんで、思ったよりもブロックされてるのが見えたんです。で、これは左手じゃ入らない、しかもこのまま左手でいったら潰される、ヤバいって直感的に思って、それでも足から滑っていたからもう止められなくて……ああ、どうしようと思って咄嗟に体をねじったら、ベースがキャッチャーの股の間からパッと見えたんですよね。それで、『見えた、ここだっ』というところへ右手をグッと入れていったんです」

神の右手――そう賞賛された川﨑のプレーは、右ヒジの痛みと引き替えに、日本の優勝を手元に引き寄せる貴重な一点をもたらした。

日本が、キューバを七―五と突き放す

試合後の川﨑はこう言った。

「点を取るために、必死こいていきました。ホントにこのチームは最高です。その中で野球をやらせてもらって、ホント、いい経験になりました。すごく楽しかったし、刺激になった。上には上がいますけど、欲は出ます。もちろん、もっとうまくなりたいですからね。日本の野球というものは、世界で通用するというレベルではなく、世界を引っ張るレベルだとも思うし、野球はパワーだけじゃなくて点を取るためにいろんな作戦があって、体がちっちゃい人でもできるという夢を子どもたちに与えられたと思います。だから、僕にも可能性はあると信じて、もっと精進します」

ヒジの痛みに耐えながらベンチに戻っていく川﨑の姿を、イチローはセカンドベースから心配そうに見つめていた。

「僕は、この素晴らしい仲間から何かを学びたかったくらいです。ムネ（川﨑）なんか特にそうでしたけど、野球に対する純粋な思いっていうのはいいなぁと思いましたね。何をやるにも一生懸命ですし、どこへ向かうにしても、あの気持ちが失われなかったら強いですよ。もちろん、僕も失ってはいないつもりだったんですけど、ムネのああいうエネルギーが漲った動きを見ていると、今の自分はどうなのかなぁと思ったりもしますね」

イチローの背中。

象徴的だったのは、日本が韓国に二度目の敗退を喫して、準決勝進出が絶望的になったあの日のワンプレーだった。イチローは、〇―〇で迎えた六回裏の攻撃で、送りバントを決めた。先頭の九番川﨑がフォアボールで歩いたノーアウト一塁。初球をサード前に転がしたこのバントは、もちろんサインではなく、イチロー自身の判断だった。

「躊躇なんかしませんでしたよ。だって、僕がバントをすれば他の選手にもサインを出しやすくなるでしょう。これだけのメンバーが揃っていれば王監督にも遠慮があっただろうし、バントのサインを出しづらい面もあったと思います。気を遣ってくれているなというのも僕は感じていましたからね。監督には言いましたよ、気を遣わないで下さいって……」

守りでも、なんでもないように見えるライトフライがチームメイトをしばしば驚かせた。ピッチャーが投げる直前、何歩か守る位置をずらしているため、ヒットになるかもしれない当たりをいとも簡単に捕ってしまうからだ。

「キューバのバッターに関してはスイングの軌道とかクセといった情報が僕の中にないのでそこは絶対ではありませんけど、それでもキャッチャーの動きとカウントを見て動きますね。たとえばツーナッシングから外角に要求したケースでは、普段よりもさらにボール一個、外角にはずしてくるはずですから、まず右中間には来ない。だから、何歩かはライン寄りに動けるんです」

打って、走って、守って、ときにはバントもして――すべてのプレーに意図があり、しかも結果を伴わせるイチローの背中を、日本代表の仲間たちは見てくれていた。それがイチローにはたまらなく嬉しかった。

「やるべきこともわかってない人についていきたいなんて絶対に思わないし、それができなかったらチームを引っ張るなんて無理ですから。ただ難しいのは、やるべきことをやっていたとしても、それを周りが理解しているかどうかというのがまた別の問題だということです。僕も周りに示すためにプレーしてるわけじゃないし、みんながどう感じてくれているかなんてわかりませんし……もちろん、そうでありたいとは思っていますよ。WBCで、僕は今まで自分の中にはなかった新しい自分を感じました。それが消えることはありません。だって、それは僕の幅ですから。すぐに役に立つ、役に立たないというものではないんです。何に反映されるかはわからない。でも、確実に今までと違う何かを得たんですから」

さらに、ワンアウト満塁の場面で福留が多村の代打で登場。初球から積極的に振りにいった福留は、三スイング目で左方向へ綺麗に運び、これが二点タイムリーとなる。

「韓国戦のときは来た球を一発で仕留めたって感じだったんですけど、あの打席は、相手の配球を読みながら、最後に仕留めたっていうヒットでしたね」

西岡が還り、イチローもペスタノの狡猾なブロックをかわして、ホームイン。さらに小笠原の犠牲フライで松中も還って、日本は一〇点目。キューバを最後の突き放して、試合は決した。


九回裏。

いよいよ野球の世界一が決する、最後のイニングである。

里崎がランナーとして塁上に残っていたため、ウインドブレーカーを着たままの谷繁が、大塚のピッチング練習のボールを受けるため、すかさずグラウンドに駆け出す。大塚が、マウンドに上がる。小笠原が、西岡が、今江が、青木が、そしてイチローが、歓喜の瞬間を分かち合うために最後となるはずのフィールドに散っていった。

そして、レフトには代打に出た福留が入り、宮本は右ヒジを痛めた川崎に代わってショートに入った。日本代表、陰の立て役者は、優勝の瞬間をフィールドで迎えようとしていた。

キューバの最後の攻撃は、八番のペスタノから。

大塚の初球が高く浮いたところを見逃さず、左中間にツーベースヒットを放つ。五点差をつけて日本の楽勝ムードが漂い掛けていたフィールドに、ふたたび緊張感が漲ってきた。すかさず大塚のもとへ宮本が駆け寄る。

試合に出ていない日本の選手たちは、思わずグラウンドの土のところへ出て、ダグアウトの前に一列に並んでしまっていた。球審のハリオンに厳しく注意されて、ほとんどの選手はダグアウトの中に戻ったが、それでも意地を張って足を下げない選手がいた。

上原である。

王監督直々に足を叩かれてようやく足を引っ込めたのだが、アメリカ戦の誤審から、いや、もっと前から続いていたWBCの運営に対する不信感は、上原に限らず、日本の選手たちにとっては最後まで拭い去ることはできなかったようだ。

殺気立つペトコ・パーク。

五点差の九回裏だとは、とても思えない。チアホーンが鳴り響く。急激に冷え込んできたサンディエゴの夜は、最後まで熱気に包まれていた。

九番のラミレスがライト線にライナー性の打球を飛ばす。

イチローが軽やかにステップを刻んで追いつき、クルッと正面を向いて、片手でキャッチ。ペスタノは三塁に進んだものの、ワンアウトを取った。

一番のパレが、三遊間の深いところに痛烈なゴロを放つ。宮本が逆シングルで抑えるも、これが内野安打となって、ペスタノがホームを駆け抜けた。

これで一〇—六。

キューバの粘りは最後まで日本を苦しめる。

二番のエンリケが、ホームベースに覆い被さるように構えて大塚を睨む。日本のクローザーも負けてはいない。眼光鋭く、里崎のサインを見据える。高めのスライダーをファウルさせて、最後は得意のタテスラを、ワンバウンドで低めに落とす。エンリケのバットが空を切り、大塚が両の拳を握りしめて、叫んだ。

「ヨッシャーッ」

ツーアウト、ランナー一塁。

あと一人となって、王監督がマウンドへ歩み寄る。両手で内野手を集め、里崎にウインクをしてもちろん大塚の続投であることを伝え、最後の檄を飛ばした。

「あと一人、あと一人だからな」

宮本が、小笠原が力強く頷く。今江と西岡はグラブを二度、激しく叩いた。

それをライトから見つめていたイチローは、一度だけ、天を仰いだ。

大塚は、キューバの若き主砲、三番のグリエルをツーナッシングと追い込む。

これがラストボールになるのか。

里崎のサインに首を振った大塚は全身全霊を込めて、ストレートを投げ込んだ。しかし、これは力みすぎたせいか外角に大きく外れて、ツーストライク、ワンボール。

今度はサインにすんなり頷いた大塚は、日の丸のついたグラブを掲げて、セットポジションから足を上げる。

最後は伝家の宝刀、タテのスライダーが、真ん中低めにギュンと落ちていった。

空振り三振、ゲームセット――。

決　勝　日　本　一〇―六　キューバ

WBCの第一回優勝は、日本。

日本が、野球の世界一に輝いたのだ。

一本の指を立てた選手たちの歓喜の輪ができた。誰彼となく、抱きつく。

里崎が右手に持ったウイニングボールを高々と掲げる。そのボールを手渡された王監督の周りにV戦士たちが集まってきた。

やがて、王監督の胴上げが始まった。

アメリカでは見慣れない光景だったはずだ。三度、両手を広げた王監督が、南カリフォルニアの夜空に舞った。右肩を支えたのは松中、背中を支えたのはイチローだった。

「ムチャクチャ重たかったですよ。みんながあの場所に僕を入れてくれたんですかね。気がついたら、一番いい場所にいたんです」

松中は安堵感に包まれていた。

「重かったですよ。両手を高々と上げて、あの綺麗な姿、監督にしかできませんよね。ああ、よかった、監督を何年ぶりに胴上げしたかなぁって思ったら、本当にホッとしました。ちょうど監督の肩と背中、絶対にそこやっていう一番いいところを胴上げできたんで、それも嬉しかったですね」

王監督は松中に言った。

「マツ、よくやったなあ」

松中はその言葉に、ほんの少しだけ王監督に恩返しができたと思っていた。

「二年続けて、プレーオフで打てなくて、負けて、それでも監督は僕を守ってくれた。だから監督を世界一にできたという満足感は大きかったですよ」

サンディエゴの夜に、紙吹雪が舞う。

日の丸が、フィールドに広げられた。

王監督が、マイクに向かって、こう言った。

「日本の野球をこういう最高の形でアピールできたことを本当に嬉しく思っています」

優勝トロフィーをみんなで掲げた。

「獲ったぞぉ」

当初、WBCでは行われないはずだった個人表彰が急遽、行われることになり、松坂、里崎、イチローがベストナインに、そして第一回のMVPには松坂が選ばれた。

和田毅が、松坂をからかう。

「おい、それはちょっとおかしいんじゃないの。裏取引でもあったんだろ（笑）」

しかし、松坂の三勝は大会の最多勝であり、防御率も上原を上回っていた。

「じゃ、ま、いいか、それもご愛嬌だ（笑）」


シャンパンファイトはかなり荒れたらしい。

「諸君は素晴らしい、今日は思い切ってやろうぜっ」

王監督の号令とともにコルクが抜かれ、無礼講の宴が始まった。

イチローが集中砲火を浴びる。絶叫するイチローが、上原に激怒していた。

「上原はダメだ、人間的にできてない（笑）」

口に含んだシャンパンを上原に吹きかけられ、「お前ら、先輩を敬え」と一喝するイチローの映像が、日本中に繰り返し流された。

クラブハウスのテーブルには並べられた一〇〇本を越えるシャンパンが用意されていたが、またたく間に、ボトルは空になっていった。

「イ・チ・ロ、イ・チ・ロ……」

選手たちの大合唱がクラブハウスの外にまで響き渡ってきた。

「イチローさん、靴、靴、靴、くださいっ」

松坂は、シャンパンまみれになったイチローのスパイクをゲットした。

「水虫だからな、気をつけろよ。水虫だから履くなよ（笑）」

二〇〇四年の秋、イチローがメジャー最多安打の記録を樹立したとき、その試合で使ったボールを、イチローが上原と松坂に届けたことがあった。メジャーの舞台で待ってるぞ――おそらくはそんな想いを込めていたのだろう。そんな二人にとっては、イチローと一緒にプレーできることのチャンスをどう生かそうと考えていたのだろうか。

「バッター心理を盗みたいですね。ピッチャーはそれがわかれば相手を抑えられますからね。でも……何を見たらいいんですかね。イチローさんの何を見たらバッター心理がわかるのか、それがわかんない（笑）」（上原）

「普段から何を考えているのか知りたいですね。生活の中でどういうふうに考えて行動しているのかを知りたいです。でも、イチローさんにあんまりひっついて歩いて、うざいって顔されたら困りますけど（笑）」（松坂）

イチローは初めてチームメイトとしてプレーした上原と松坂について、こんな言葉を残した。

「上原も大輔も、僕寄りの性格ですよ。何ごとにも向かっていくタイプですからね。でも、それだけじゃダメだってこともわかってるだろうし、否定されることも受け入れられるようになっていましたよ。否定されて、それに反発してばかりじゃ、成長できないこともありますし、彼らもそこからも何かを学ぼうとしている、そんなふうに感じました」

優勝した直後、大塚は日本にいる黒田に電話を入れた。

「勝ったよ」

黒田は、申し訳ない気持ちと同時に、辞退した自分のことを忘れずにいてくれた大塚に感謝の気持ちでいっぱいになった。黒田は言った。

「あと、帰国する時には上原とナオ（清水）も電話くれたんですけど、出られなかったんですよ。そしたら留守電の第一声が、『無視かよ〜』って（笑）」

黒田は、新井にかけた言葉──『もし裏方に回ることになっても、帰ってきたらカープのみんなにそういう経験を話してやってくれ。そうやってお前が外で見てきたものを伝えていけば、カープも自然と強くなっていくと思うよ』──を思い出していた。

新井は試合後、「自分のチームに帰ってこの経験を伝えられたらいいですね」と話していた。それを知った黒田は、日本代表のDNAがチームの後輩に受け継がれていたことを嬉しく思っていた。日本にいた黒田、そして石井弘寿、さらには代役として渡米し、結局は登板機会のなかった久保田も馬原も、日本代表の一員として最後までともに戦っていたのである。黒田は言った。

「僕がアテネで経験したことをアイツに伝えただけなんです。負けられない戦いで、みんなが集中してベンチにいると、試合に出ていなくても熱くなるものがある。新井は帰ってきて、『黒田さんの言う通りでした』と言ってくれましたからね。外でそういう経験を積んでくることはカープにとっても大事だし、裏方に回ることは勉強になったと思います」

福留は、帰国してから胃カメラを飲んだのだという。

「（WBCのプレッシャーは）何てことないと思ってたけど、帰ってからペナントの開幕まで少し間がありましたから、少し緩めたんですよね。そうしたら次の日から何も食えなくなって……やっぱりストレス、あったんでしょうね」

サンディエゴに着いた日、自主練習が行われていたペトコ・パークに福留が現れた。

「実は、準決勝に備えていたわけではなかったんです（苦笑）。日本に戻るとしたら、どこで試合に出て、そうすると、その日まで四日休むことになるからこれはまずいと逆算したりして、それで練習をやったんですよ」

川崎はイチローとの別れ際に言われた言葉が耳から離れないのだと言った。

「見てるから、いつも見てるからな。頑張ってこいよ。いつも話は聞くから、手を抜くなよ」

「はい」

「すぐわかるからな」

シーズン中も川﨑はアメリカのイチローに電話をしていた。時差の関係でなかなかつながらず、留守番電話になってしまう。

「イチローさん、実は僕、悩んでいるんです……」

川﨑がメッセージを残す。イチローはそのメッセージを聞いて、日本の川﨑に電話をかける。

やはり時差がうまくあわず、こちらも留守番電話になってしまう。

「ムネ、何、悩んでんだよ」

今度はイチローがメッセージを残す。そんなやりとりが、シーズンが始まってからも続いていた。

「きっと、一番寂しかったのはイチローさんだと思います（笑）。シーズン中もゴリ（今江）と試合で会えば、すぐイチローさんの話ですよ。僕とゴリとはね、会うといつもイチローさんのポーズをマネするんです。指をこう立ててね、『オレら、これから会うときの挨拶はイチローポーズだからな』って（笑）」

今江は、打率で三割を超えるまではイチローには電話をしないと決めていた。二〇〇六年のシーズンは、ついにイチローの電話番号は宝の持ち腐れになってしまったようだ。

25

ＷＢＣで披露した、日本の野球。

しかし、日本の緻密な野球が世界を制したという安直な図式に、イチローは与さない。

彼は、勝ったから〝日本の野球〟が世界一なのだ、と言った。アメリカ、ドミニカ、キューバ、日本……世界のトップクラスに居並ぶ国々の中で、日本がＷＢＣに勝てたという結果は紙一重であって、何をもって日本が勝てたのかと問われれば「運があったから」としか言えないのだという。

「実際に勝ったんですから、目に見えない何かがあったんだと思いますけど、それが何なのかなんてことは絶対にわからない。だいたい、野球なんてわからないことだらけですから。みんな答を探そうとしますけど、野球に明らかなことなんて何にもないでしょう」

緻密さを基盤にした日本の野球は、確かに世界のトップクラスに並び立っている。そして日本のプレイヤーは、世界のトップに立てることを、イチローが示した。しかし、だからといって日本の野球が安泰かと言えば、そうではない。

「結果的に一番になったものが、『オレたちは一番だ』と思うことがマズいんです。だから、本当の理由はわかりませんけど、(二〇〇六年秋の)日米野球で日本の選手に辞退者が続出したっていう話を聞くと、アメリカとかメジャーリーグというものをあまりに安易に考えてしまっているんじゃないかと……こんなもんなんだと思っていたとしたら、そうじゃない。そこを肝に銘じておかないと、足元をすくわれる結果になるでしょうね。見ている人はね、ファンの人はいいんです。オレたちは世界一なんだと。でも実際に関わった人が、『オレたちは世界一だ』と浮かれているとしたら、大問題でしょう。だってそんなふうに考えたら、自分たちが前に進むためのきっかけを失ってしまいますから。それが一番怖いと思うし、だから僕は今回の日米野球の結果を興味深く見ていたんです。あれだけの辞退者が出たことについて、どうしてなんだろうと……だって、どう考えたって出たいですよ。メジャーからあれだけのメンバーが来てるんですから。彼らにとって、もしそれがお遊びだったとしても、日本でプレーしていたら、普通は出たいでしょう。日本選手のそういう意識が変わってきてるとしたら、大間違いなんじゃないかなぁ」

メジャーでプレーする選手が増えてはいても、日本でプレーしていたときと同じ立場でプレーできている選手は、そうはいない。『日本の選手がメジャーで通用する』という言葉が、何をもって通用すると言えるのか、今もってまだ、曖昧なままだ。


イチローは、世界一を決めたグラウンドの上で、ふと、恩師の顔を思い浮かべていたのだという。それは亡き仰木彬さんのことだった。

「王監督の胴上げが終わってまもなくしたら、仰木さんのことを考えていました」

最後に会ったのは二〇〇五年の一一月、WBCへの出場を決める直前のことだった。仰木さんは、福岡まで見舞いに来てくれたイチローの顔を見て涙を流した。亡くなったのは二〇〇五年一二月一五日。イチローが帰ってきたらうどんすきを食いに行こうと約束していた日の、わずか五日前。元気になっているとイチローが思っていた矢先の、訃報だった。

二〇〇五年一二月一九日。

イチローはアメリカから帰国してすぐ、仰木さんの持っていた携帯に電話を入れてみた。もちろん、すでにこの世にいないことは承知の上で、それを実感できなかったイチローは、メモリーの中にあった恩師の番号を呼び出し、発信してみたのである。

すると、電話が鳴った。

イチローは驚いた。もちろん、運命を変えられるはずもない。電話がつながったのは、故人の携帯がそのままになっているからだろう。しかし、イチローはどこかで仰木さんが生きているのではないかという錯覚に陥った。

「監督がいなければ、今の僕はありませんから……。（キューバに勝った）あの日はずっと自分の感情に任せていたんですけど、そうしたら監督の顔が自然と湧いてきたんです」

フィールドの上で、イチローは選手全員とハグをすると決めていた。一人一人、ハグしたかどうかを確かめるようにして、抱き合っていた。

「金城とはどうだったかなと思って、『おい、金城、ハグしたかな』って聞いたら、『しましたよ』って言われて（苦笑）。……もともと、もし世界一になったらみんなとハグしたいというイメージは持っていましたが、本当にそうしたいと思ったのは決勝戦のグラウンドでみんなが同じ気持ちになれたからですよ。本当に気持ちが一緒になったと感じたのは、最後の何試合かでしたから」

世界一のシャンパンに酔いしれた翌日の、二〇〇六年三月二一日。

日本代表は解散した。

福岡に集まったあの日から一ヶ月が経っていた。半分の選手の顔さえわからなかったイチローは、キューバに勝って世界一を勝ち取ったフィールドで、全員と抱き合った。日本へ帰る仲間たちとは握手を交わして別れを惜しんだ。

「彼らとは同じような悔しさを味わって、同じように喜びも味わった。でも、チームが一つになれていたかどうかと聞かれれば、それはわからない。でも、あのチームだったら（一つに）なっていたんじゃないのかなぁ。だからね、今でも思いますよ、あのチームでメジャーのシーズンを戦ってもいいかなって。そうですよ、まぁ、戦いたいってほどじゃない。やってもいいかなって感じですけどね（笑）」

その言葉は、やっと孤高でなくなったイチローの、精一杯の強がりに聞こえた。

26

その夜。

サンディエゴからアリゾナにある自宅へ戻ったイチローを待っていたのは、妻の弓子さんが用意していた世界一を祝うケーキと、とっておきのワインだった。

「昨日は、どれくらいの人が観てくれたのかなぁ、テレビで……」

その数字が瞬間的に五六パーセントにまで達していたと聞いて、イチローは嬉しそうに笑った。和やかな空気が漂っていた。

特製のケースに収められた金メダルが台の上に置かれていた。その傍らに、もう使うことのない選手用のＩＤカードが置いてある。

満足感と、開放感——。

スーツケースの上には、決勝戦で着た日本代表のビジター用のユニフォームがかけられていた。グレーのズボンの左ヒザには、ホームに滑り込んだとき、キューバのキャッチャー、ペスタノがつけていた青いレガースと激突したことを示す青い色がこびりついていた。

まさに、激戦の痕だった。

イチローに改めて、前夜のどの瞬間が浮かんでくるかと訊ねたら、彼は「どのシーンも出てくるなぁ」と言いながら記憶の中に刻まれた歓喜のシーンを巻き戻し始めた。やがて、イチローはライトのポジションから目に焼き付けたある光景のことを話し始めた。

「最初に浮かんでくるのは、最後、大塚さんが三振を取った瞬間ですね。みんなが喜んでる姿が、なんだか子どもの集まりに見えましたよ。一つの結果に対して、大の大人が恥ずかし気もなくあんなに喜んで……僕もそうだったんでしょうけど（笑）。そういうのって、年齢を重ねれば重ねるほど失っていくものじゃないですか。恥ずかしくてできないっていうのはまだいいですよ。本当になくしてしまう人って結構いると思いますし、だからこそスポーツっていいなと思うでしょう」

ゲームセットの瞬間、イチローは拳を握りしめた。そして、一時間近くも続いた歓喜のグラウンドから姿を消す直前、彼は両手で指揮者のマネをしてスタンドからのイチローコールを盛り上げてみせた。その間、仲間と抱き合い、世界の王を胴上げして、メダルをかけてもらい、日の丸を手に高々と掲げた。

「終わったあとの日の丸は、僕が持つしか絵にならないだろうと思っていたので（笑）、願ったり叶ったりでした。監督は、重かったですねぇ……僕は、世界の王選手を世界の王監督にしたかった。それがすべての始まりでしたから、その充足感はありましたよ」

例の、ＷＢＣの白い手帳の最後のページには、こんな言葉が殴り書きされている。

『風のイタズラ』

日の丸を手にしたまま、王監督のもとへ歩み寄ったイチロー。

その時、風がイタズラをしたのだ。

二人を、日の丸がふわっと包み込んだのである。

ほんの一瞬、日の丸に包まれたその中で、イチローは王監督の言葉を耳にした。

『ありがとう、君のおかげだ』

「最後にそう言ってもらったことが僕は何よりも嬉しかったんです。日本であれほどのスーパースターでありながら、それでも選手を立ててくれる。本当に凄いと思いました」

君のおかげだ――。

イチローは王監督のこの一言で、すべてが報われた気がしたのだという。

あとがき

歴史は繰り返すとはよく言ったものだ。

野球の日本代表には、常に同じ疑問がつきまとう。それは、勝つためにはドリームチームがベストなのかということだ。

一九九六年のアトランタは、全員がアマチュアのチームだった。しかし、国際舞台の難しさと責任を熟知し、オリンピックに勝つことを野球人生の目標にしてきたベテランの選手と、オリンピックをあくまでもプロへの通過点だと考えていた若い選手との間にギャップが生じていた。その結果、チームはなかなか一つにまとまることができなかった。

二〇〇〇年のシドニーは、史上初のプロ・アマ混合チームで挑んだのだが、結果的には三位決定戦で敗れてメダルを獲得することができなかった。パ・リーグ全球団から主力を一人ずつ、セ・リーグからはカープとドラゴンズのみが選手を供出するという中途半端な編成が行われ、プロとアマを一つにするのではなく、プロはプロ、アマはアマで区別するという戦略をとった結果、区別というよりは明確な差別化が図られてしまった。選手たちは敗戦に涙することができたとはいえ、一つになれるはずのない環境の中で戦わなければならなかったシドニーの日本代表は、まさに悲劇のチームだった。

二〇〇四年のアテネは、メンバー全員をプロで固めたドリームチームだった。とはいえメジャーリーガーは不出場、ペナントレースの中断も叶わなかったため、一球団二名という制約の中で選ばれた選手たちの顔ぶれは、ドリームチームからは程遠いという声もあった。それでも選手たちは日の丸の重みを感じ、懸命に戦った。金メダルを獲得できなかった理由を敢えて探すとすれば、国際大会の戦い方を熟知していなかった首脳陣の戦術と戦略が万全でなかったということになるのだろうか。

そして二〇〇六年のWBCでも、さまざまなカルチャーギャップが存在していた。それでも、日本代表は勝った。だからといって、問題がなかったわけではない。勝ったからよしとするのではなく、勝ったからこそ、WBCでの日本代表のあり方をきちんと記しておくべきだと考えた。

そもそも、野球における日本代表は何のために存在しているのか。

これまでの日本代表にまつわる国際舞台で生じてきたさまざまな問題について突き詰めてみると、結局はそこに行き着く。

野球の日本代表は、果たして勝たなければならないのか。WBCでもオリンピックでも、何のために勝とうとするのか。たとえば興行としてのプロ野球が、日本代表のためにわざわざ掻き入れどきにペナントレースを中断しなければならないようなことなのか。日本代表が勝つことは、本当に日本の野球のためになるのか。

WBCがMLB主導で行われたことで、振り回される形となったNPBは続出する予想外の事態に懸命に対応していた。しかし限られた予算と、限られた権限の中では、できることに限りがある。ＭＬＢの思惑が見え隠れする中、一二球団の日本代表への位置づけはバラバラで、選手の中にも日の丸を背負うことに対する温度差があった。

日本代表は何のために存在し、なぜ強化しなければならないのか——その存在意義と目的を球界内で統一した上で、財源をどう確保し、どんな組織で運営していくのかをきちんと方向付けしなければ、日本代表というチームはいつもその場凌ぎの、場当たり的な存在になってしまう。ＷＢＣで盛り上がった世の中の流れを見れば、日本代表が野球人気に影響を及ぼすことは明らかだ。選手にも、日本代表入りがプロの先の目標になるようなステイタスを持たせなければならない。そのためにも、日本代表の流れを一回ごとに区切ってはならないのだ。

北京五輪や次のＷＢＣへ向けて、アテネで得た教訓、今回のＷＢＣで得たノウハウを次の日本代表に継承していかなければ、世界一を勝ち取った選手たちが浮かばれない。日本代表をいかにして線でつなぐかということが、これまでにもっとも欠けていることであり、もっとも肝要なことなのだ。

北京五輪の監督に就任したばかりの星野仙一に、日本球界は日本代表に対するコンセンサスを取れてきたと思うかと訊いてみたことがある。星野監督はこう言った。

「取れてないよ、（コンセンサスは）取れてない。そもそもオリンピックが商業主義に形を変えていった頃から、アマチュアでは銭が稼げない競技がいくつも出てきて、オリンピックは最高のアスリートが集まる祭典でなければならないという流れができてしまった。最高のアスリートとは、つまりプロのことだろう。だから日本もプロ野球の選手を派遣しようというふうになっていったんだよな。ならば日本球界ではそのための準備がどうだったのかとなると、まだ疑問を感じるし、温度差もあった。それでも北京に向けては、アテネの反省を踏まえて温度差がなくなってきたことは感じるよ。だからこそオレが監督として言いたいのは、選手たちに頭を下げてまで出てもらわなくてけっこうだということなんだよ。『よし、野球界のために日の丸を背負って、子どもたちに夢を与えるんだ』というプロの選手たちに集まってもらうことが、いろんな温度差をなくすことにもなるし、そういうチームが勝つことで、やがて日本の野球界にも日本代表というものに対するコンセンサスができあがっていくんじゃないかな」

星野監督は明言したのだ。

アマチュアからは選ばない、プロだけで行く。それも、日の丸の重みを感じてくれるものだけで戦うんだと――これだけでも、今までの国際大会で生じた選手間のカルチャーギャップをかなり解消しうる戦略である。

さらに星野監督は、スタッフに大野豊コーチを選んだ。結果的にアテネでは金メダルを逃したが、ピッチングコーチとしての大野の手腕は傑出していたように思う。各球団のエース級を預かりながら、それぞれのメンタリティと個性を生かしたバランスのいい布陣を組み、投手陣の一体感を生み出した手腕と経験は、何にも代え難い星野ジャパンの財産だろう。大野コーチの就任は、日本代表を線でつなぎ、過去の失敗を繰り返さないための、もっとも有効な手段だと言える。

しかし、それだけでは足りない。

星野監督には、日本代表を線でつなぐための〝星野の後継者〟の発掘、育成を意識して欲しいのだ。一〇歳年上の長嶋、五歳年上の王の後を受け継いだという自覚があるのならば、五歳下、一〇歳下の、現時点でユニフォームを着ていない野球人の中から誰かをピックアップして、星野ジャパンに帯同させることはできないものなのだろうか。彼らを、コーチでなくともいいから、一スタッフとして北京五輪に参加させ、やがては第二回のWBCにコーチとして加わるための国際舞台でのノウハウを身につけさせることは、代表監督の重要な仕事の一つだろう。

とりわけ、ポスト星野を担うべき五〇歳前後の野球人は、国際試合の経験が極端に乏しい世代でもある。日本代表を一回限りで考えることなく、オリンピックとWBCを連動させながら国際舞台でのノウハウを次代に継承していくことは、重要なテーマだと思う。

印象的だったのは、アテネ五輪の取材に訪れた星野監督を、ミラノのマルペンサ空港で見かけたときのことだ。ダンディな真っ白い帽子をかぶって、星野監督はアテネ行きの搭乗ゲートにやってきた。もちろんテレビの仕事を兼ねていたためお付きの人はいたが、それでも移動は肉体的にも相当、堪えるだろう。体力に不安を抱えながら、あの歳で、よくぞ世界を旅しているものだと感服した。星野監督はアテネだけではなく、WBCのときも福岡やアメリカに実際に足を運んでいた。

実際に日本代表の試合が行われている現場に直に足を運ぶことは思うほど容易なことではなく、また足を運んだことで実感できた情報量は計り知れなかったはずだ。だからこそ、星野監督に何よりも求めたいのは、金メダルよりもむしろ、野球における日本代表を線でつなごうとする意識を日本球界に共有させることなのである。

野球における日の丸は馴染み深いものではなかったのだから、それが容易でないことは当然だ。だから仕方がない、というふうには括りたくないのだ。野球における日本代表がプロの先にある、もう一つレベルの高い目標になり得るような、そんなステイタスを持たせなければならない。

WBCのために集い、ジャパンのユニフォームを身に纏う選手たちを見て、それぞれのチームのユニフォーム姿とはまた違った魅力を感じたファンも多かったのではないか。日本代表の練習や試合は、美しい連携プレーや自覚に溢れた個別の練習など、すべての野球少年やアマチュアの指導者にぜひ見てもらいたいと思うような素晴らしい内容の野球だった。日の丸を背負える選手になることが、子どもたちだけではなく、プロの選手にとってもモチベーションとなり得るような——日本代表というチームにはそんな存在になっていって欲しいと思う。

王貞治監督は言った。

「国際試合が少ないから難しいとは思うけど、それでもできる範囲で国際試合を増やして、日本代表というチームがいつもあるという状況を作っていけば、選手たちの日本代表に対するステイタスも上がっていくんじゃないかな」

たとえば四月、七月、一〇月の年三回、NPBと選手会、OBクラブなどが協力してホームページ上でファンとプロOBの投票による日本代表スコッドを常に選んでおき、選ばれた選手は、所属チームのユニフォームに日の丸をつけてプレーできる権利を有するというのはどうだろう。「あの選手は今、ジャパンの選手なんだよ」という付加価値がつけば選手の励みにもなり、ファンへの印象も違ってくるのではないだろうか。そこで選ばれたメンバーによる日本代表の試合を、オールスターの時期に一試合、開催してもいいだろうし、秋の国際試合を日本代表の強化試合にしてもいいではないか。

日本は確かに、ＷＢＣで勝った。

しかし、その礎になっていたのは、間違いなく、オリンピックを始めとする数多くの国際舞台を戦ってきた、縦縞のオールジャパン（全日本）である。

ＷＢＣで日本代表が身に纏った〝ＪＡＰＡＮ〟の斬新なユニフォームは、概ね、選手たちには好評だったようだ。しかし、縦縞のオールジャパンのユニフォームに対する思い入れはそれとは別物だと言い切る選手は少なくなかった。ＷＢＣの商標権の絡みもあって、オリンピックで使用したユニフォームをＷＢＣで着ることは困難だったのだが、そのおかげで守られたものもある。

宮本慎也はこう言った。

「もちろん、ＷＢＣのジャパンのユニフォームには思い入れはありますよ。でも、縦縞のジャパンのユニフォームには歴史がありますから。ロサンゼルスから始まって北京で終わるかもしれない（二〇一二年のロンドン五輪では野球が競技種目から除外されることが決まっている）という、オリンピックにおける野球の歴史があるんです。アマチュアだけで参加した最初のオリンピック（ロサンゼルス五輪）で金メダルを獲って、最後のオリンピック（北京五輪）にはプロだけで参加して、もう一度、金メダルを獲る。その間、ずっと縦縞で戦ってきているわけですし、そこには何十人、何百人の、オリンピックを経験してきた人の想いがいっぱい詰まってると思うんです」

オリンピックとＷＢＣ。

同じ日本代表であっても、性格の違いは認識されるべきだし、どう区別するかは今後の検討課題だと思う。それでも、縦縞の歴史によって培われた〝日本代表のＤＮＡ〟は、このＷＢＣにもしっかりと受け継がれていた。

だからこそ、ＷＢＣとオリンピックは同じ線の上で捉えていく必要があるのだ。プロとアマの両側から日本代表に関わってきた山中正竹さんはこう訴える。

「今、日本の球界の中で一番、やらなきゃいけない大事な仕事は、オリンピックの競技種目に野球を復活させることだと思うんです。オリンピックに野球を復活させることと、ＷＢＣの一刻も早い成熟化。この二本柱を実現させることが、野球をワールドワイドにしてくれる早道だと思うし、日本の野球界のためにも必要なことですよ。そのためには、いつまでもプロだのアマだの言ってる場合じゃない。プロとアマに役割の違いはあるし、区別はしてもいいと思う。だけど、それはプロの仕事でしょう、それはアマの仕事でしょうって押しつけあうような考え方は、おかしいですよ。これは野球界の仕事であって、プロとアマがお互いに役割を担って動くべきなんです」

最後に、今回の取材でもっとも印象に残った、ある選手の言葉でこの稿を締めくくりたい。

「ＷＢＣで勝って、日本の野球は世界一になったんです。日本の野球は世界一の野球だったんですよ。そういう誇りを胸に日本に帰ってきたら、世界一の野球はこんな粗末な皿に盛られていたのかとビックリして、悲しくなってしまいました。世界一の料理は世界一の皿に盛りつけられるべきでしょう。球場の環境、試合の演出、選手の意識や観客のマナー……野球そのものだけでなく、そういう周りの環境も含めて、日本の野球はすべての面で世界一でなくちゃ、おかしいじゃないですか」

＊＊＊

ＷＢＣが行われた一ヶ月、主に雑誌『Ｎｕｍｂｅｒ』の取材で、福岡、東京、アリゾナ、アナハイム、サンディエゴを転戦した。その間、ご一緒させていただいたスポーツライターの先輩諸氏、永谷脩さん、吉井妙子さん、阿部珠樹さん、鷲田康さんにさまざまな薫陶を受けたことが、この一冊を書かせてくれたと思っている。改めて、感謝申し上げたい。

とりわけ吉井さんから頂いたこの言葉は、野球を観るだけで幸福感に浸ってしまう怠け者のベースボールライターにとって、心の奥深いところに突き刺さってきた。

「アンタ、いつも偉そうなこと書いてるけど、まずやることやってから、つべこべ言いなさいよ」

吉井さんが笑いながら仰った「やるべきこと」というのは、ＷＢＣで取材したことを一冊の本に書き残すべきだ、ということだった。王監督をはじめ、何人もの選手からさんざんおいしい言葉を聞いておきながら、それを自分だけの胸に留めてどうするのか、世の中に伝えるべきではないのか――確かに、球界に対する生意気な提言を、野球への愛があるからと正当化してきたベースボールライターにとって、まずなすべきことは取材したことをきちんと書き残し、世に伝えることなのかもしれない。その作業を怠って球界に何を提言しても説得力はないというのは、この仕事を始めて以来、初めて触れた価値観だった。

選手への取材は、ＷＢＣが終わった直後から始めていた。本来なら昨年のうちに敢行すべき性質の本だったが、追い詰められるまで書き始められない性質と、秋以降のさまざまな取材が多忙を極めたせいで原稿はなかなか書き上がらず、担当のぴあ書籍編集部の部長、大澤直樹氏ならびに編集協力の元永知宏氏を悩ませたに違いない。

それでも大澤氏は催促の連絡をほとんどしてこなかった。おそらくは、そういう催促が嫌いな書き手のキャラを見抜き、我慢して下さったのだろう。もちろんできる範囲の中で取り組んでいることへの信頼もして頂いていたのかもしれない。こうして最後まで書き上げることができたのは、大澤氏のおおらかな接し方に助けられたところが大きいと、改めて感謝している。

今回の取材にご協力いただいた人は、数え切れない。コミッショナー事務局の関係者、メジャーリーガーのマネージメント担当者、一二球団の広報担当者、王貞治監督をはじめすべての選手、関係者には、心より御礼を申し上げたい。また、この稿の礎となっている数々の作品に関わって下さった担当者の方々にも改めて御礼申し上げる。

そして、年末年始の浮かれたいときにも原稿執筆に追われた怠け者の夫に対して、文句も言わずに協力してくれた妻の佳代子、まもなく五歳になる息子の想太朗、家族、友人にも感謝して——。

二〇〇七年二月、立春の朝に

石田　雄太

■ WBC 日本代表戦績

日本代表メンバー

※2006年3月10日発表

位置	背番号	名前	所属	生年月日
監　督	89	王　貞治	ソフトバンク	1940／05／20
打撃コーチ	87	大島　康徳		1950／10／16
投手コーチ	86	鹿取　義隆		1957／03／10
投手コーチ	84	武田　一浩		1965／06／22
内野守備走塁コーチ	85	辻　発彦		1958／10／28
外野守備走塁コーチ	88	弘田　澄男		1949／05／13

	背番号	名前	所属	生年月日	身長／体重	投打
投手	11	清水　直行	ロッテ	1975／11／24	180／80	右右
	12	藤田　宗一	ロッテ	1972／10／17	175／80	左左
	15	久保田　智之	阪神	1981／01／30	181／97	右右
	18	松坂　大輔	西武	1980／09／13	182／85	右右
	19	上原　浩治	巨人	1975／04／03	186／85	右右
	20	薮田　安彦	ロッテ	1973／06／19	183／85	右右
	21	和田　毅	ソフトバンク	1981／02／21	179／75	左左
	24	藤川　球児	阪神	1980／07／21	184／73	右左
	31	渡辺　俊介	ロッテ	1976／08／27	177／70	右右
	40	大塚　晶則	レンジャーズ	1972／01／13	182／90	右右
	41	小林　宏之	ロッテ	1978／06／04	183／76	右右
	47	杉内　俊哉	ソフトバンク	1980／10／30	175／82	左左
	61	馬原　孝浩	ソフトバンク	1981／12／08	181／74	右右
捕手	22	里崎　智也	ロッテ	1976／05／20	175／80	右右
	27	谷繁　元信	中日	1970／12／21	177／81	右右
	59	相川　亮二	横浜	1976／07／11	182／82	右右
内野手	1	岩村　明憲	ヤクルト	1979／02／09	176／80	右左
	2	小笠原　道大	日本ハム	1973／10／25	178／84	右左
	3	松中　信彦	ソフトバンク	1973／12／26	183／96	左左
	7	西岡　剛	ロッテ	1984／07／27	180／75	右両
	8	今江　敏晃	ロッテ	1983／08／26	179／80	右右
	10	宮本　慎也	ヤクルト	1970／11／05	176／70	右右
	25	新井　貴浩	広島	1977／01／30	189／95	右右
	52	川﨑　宗則	ソフトバンク	1981／06／03	179／69	右左
外野手	5	和田　一浩	西武	1972／06／19	182／86	右右
	6	多村　仁	横浜	1977／03／28	179／72	右右
	9	金城　龍彦	横浜	1976／07／27	177／85	右両
	17	福留　孝介	中日	1977／04／26	182／85	右左
	23	青木　宣親	ヤクルト	1982／01／05	175／77	右左
	51	イチロー	マリナーズ	1973／10／22	180／71	右左

1次リーグA組成績	韓国	日本	台湾	中国	勝一敗
韓　国		○ 3 - 2	○ 2 - 0	○ 10 - 1	3−0
日　本	● 2 - 3		○ 14 - 3	○ 18 - 2	2−1
台　湾	● 0 - 2	● 3 - 14		○ 12 - 3	1−2
中　国	● 1 - 10	● 2 - 18	● 3 - 12		0−3

1次リーグA組（初日・第2試合）　2006年3月3日（金）東京ドーム

◇開始 18:38（3時間4分）　◇入場者 15,869人

日　本	0	1	1	0	4	3	2	7		18
中　国	0	0	0	2	0	0	0	0		2

（8回コールドゲーム）

【日本】○上原（1勝）、S清水（1S）
【中国】李晨浩、●趙全勝（1敗）、卜涛、徐錚、李師、李宏瑞、黄権
［本塁打］王偉1号（中）、西岡1号（日）、福留1号（日）、多村1号（日）

1次リーグA組（2日目・第2試合）　2006年3月4日（土）東京ドーム

◇開始 18:04（3時間10分）　◇入場者 31,047人

日　本	3	1	1	0	6	1	2			14
台　湾	0	1	0	0	0	2	0			3

（7回コールドゲーム）

【日本】○松坂（1勝）、薮田、小林宏、藤川
【台湾】●許竹見（1敗）、陽耀勲、蔡英峰、許文雄、増菘瑋、黄俊中、郭泓志、陽建福
［本塁打］多村2号（日）

1次リーグA組（3日目・第2試合）　2006年3月5日（日）東京ドーム

◇開始 18:08（3時間2分）　◇入場者 40,353人

韓　国	0	0	0	0	1	0	0	2	0	3
日　本	1	1	0	0	0	0	0	0	0	2

【韓国】金善宇、奉重根、裵英洙、○具臺晟（1勝）、S朴賛浩（2S）
【日本】渡辺、藤田、杉内、●石井（1敗）、藤川、大塚
［本塁打］川崎1号（日）、李承燁3号（韓）

2次リーグ1組成績	韓国	日本	米国	メキシコ	勝一敗
韓　国		○ 2-1	○ 7-3	○ 2-1	3−0
日　本	● 1-2		● 3-4	○ 6-1	1−2
アメリカ	● 3-7	○ 4-3		● 1-2	1−2
メキシコ	● 1-2	● 1-6	○ 2-1		1−2

2次リーグ1組（初日・第1試合）　2006年3月12日（日）　エンゼル・スタジアム

◇開始 13:00（3時間9分）　◇入場者 32,896人

日　本	1	2	0	0	0	0	0	0	0	3
アメリカ	0	1	0	0	0	2	0	0	1x	4

【日本】上原、清水、藤田、薮田、●藤川（1敗）
【アメリカ】J.ピービー、S.シールズ、T.ジョーンズ、B.フェンテス、J.ネイサン、○B.リッジ（1勝）
［本塁打］イチロー1号（日）、C.ジョーンズ2号（ア）、D.リー3号（ア）

2次リーグ1組（3日目）　2006年3月14日（火）　エンゼル・スタジアム

◇開始 16:00（2時間36分）　◇入場者 16,591人

日　本	0	0	0	4	1	0	0	0	1	6
メキシコ	0	0	0	0	0	0	0	1	0	1

【日本】○松坂（2勝）、和田毅、薮田、大塚
【メキシコ】●E.ロアイザ（1勝1敗）、D.レイエス、P.オルテガ、A.オスーナ、L.アヤラ
［本塁打］里崎1号（日）、M.オヘーダ1号（メ）

2次リーグ1組（4日目）　2006年3月15日（水）　エンゼル・スタジアム

◇開始 19:00（2時間44分）　◇入場者 39,679人

韓　国	0	0	0	0	0	0	0	2	0	2
日　本	0	0	0	0	0	0	0	0	1	1

【韓国】朴贊浩、全炳斗、○金炳賢（1勝）、具臺晟、S呉昇桓（1S）
【日本】渡辺、●杉内（1敗）、藤川、大塚
［本塁打］西岡2号（日）

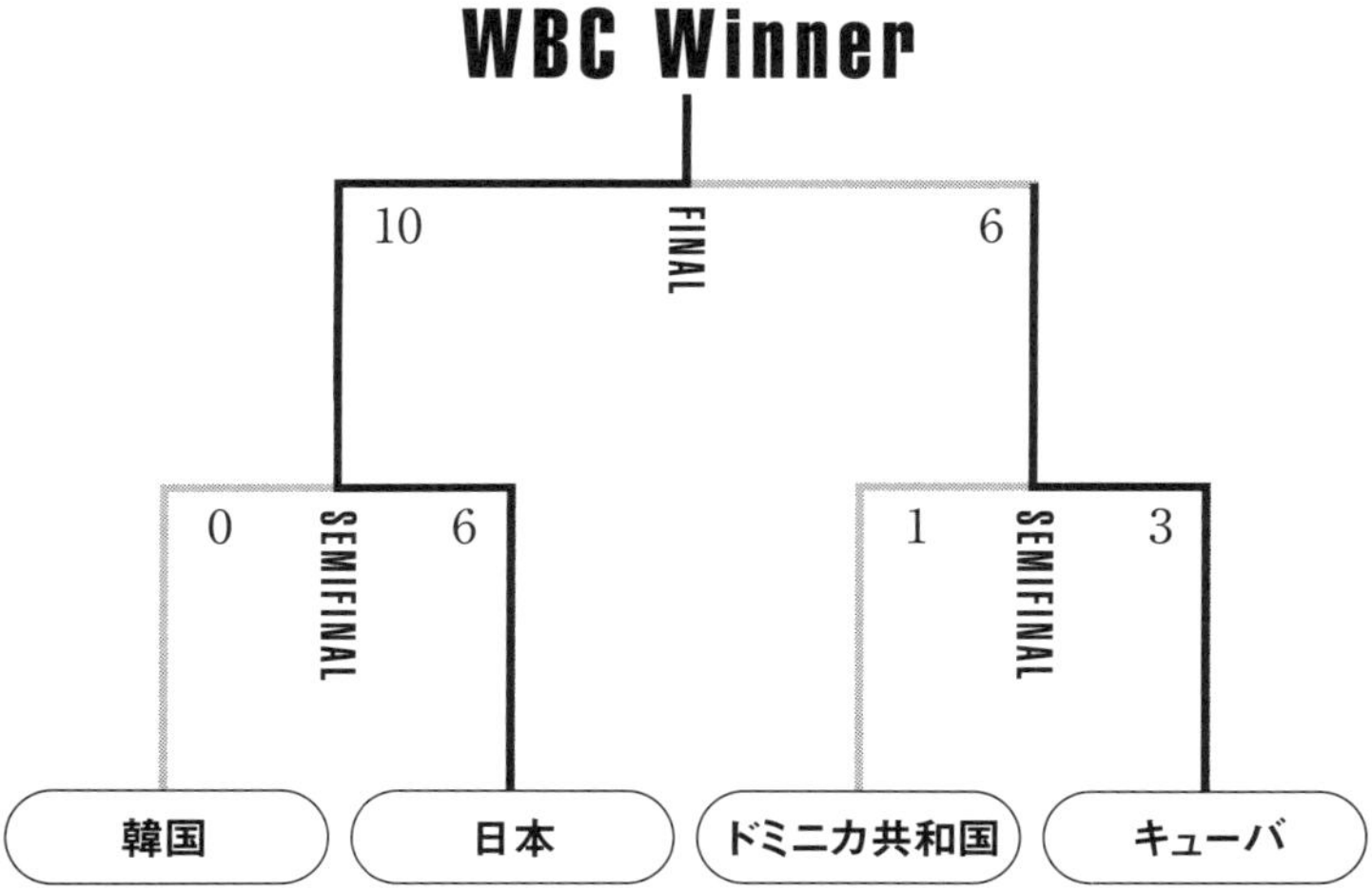

準決勝（第2試合） 2006年3月18日（土） ペトコパーク

◇開始 19:00（2時間40分・中断45分） ◇入場者 42,639人

日　本	0	0	0	0	0	0	5	1	0	6
韓　国	0	0	0	0	0	0	0	0	0	0

【日本】○上原（2勝）、薮田、大塚
【韓国】徐在応、●全炳斗（1敗）、金炳賢、奉重根、孫敏漢、裵英洙、鉅昇桓
［本塁打］福留2号（日）、多村3号（日）

決勝 2006年3月20日（月） ペトコパーク

◇開始 18:00（3時間40分） ◇入場者 42,696人

日　本	4	0	0	0	2	0	0	0	4	10
キューバ	1	0	0	0	0	2	0	2	1	6

【日本】○松坂（3勝）、渡辺、藤田、S大塚（1S）
【キューバ】●O.ロメロ（2勝1敗）、B.オデリン、N.ゴンザレス、Y.ペドロソ、A.パルマ、Y.マヤ、Y.ゴンザレス、B.マルティネス
［本塁打］E.パレ1号（キ）、F.セペダ2号（キ）

WBC 日本代表 個人成績 投手部門

選手名	防御率	試合数	勝利	敗戦	セーブ	投球回数	投球数	被安打	被本塁打	奪三振	与四球	与死球	失点	自責点
上原浩治	1.59	3	2	0	0	17	226	17	2	16	0	1	3	3
渡辺俊介	1.98	3	0	0	0	13 ⅔	163	8	0	6	2	3	4	3
松坂大輔	1.38	3	3	0	0	13	203	8	1	10	3	2	2	2
大塚晶則	1.59	5	0	0	1	5 ⅔	83	2	0	8	2	0	1	1
清水直行	4.15	2	0	0	1	4 ⅓	61	3	1	6	1	0	2	2
藪田安彦	2.08	4	0	0	0	4 ⅓	48	2	1	5	0	1	1	1
杉内俊哉	5.40	2	0	1	0	3 ⅓	54	1	0	2	2	0	2	2
藤川球児	0.00	4	0	1	0	2 ⅔	46	4	0	3	0	1	1	0
和田毅	0.00	1	0	0	0	2	26	1	0	1	0	0	0	0
藤田宗一	9.00	3	0	0	0	1	20	1	1	1	0	0	1	1
小林宏之	18.00	1	0	0	0	1	23	3	0	3	0	0	2	2
石井弘寿	27.00	1	0	1	0	0 ⅔	19	2	1	1	1	0	2	2
久保田智之	0.00	0	0	0	0	0	0	0	0	0	0	0	0	0
馬原孝浩	0.00	0	0	0	0	0	0	0	0	0	0	0	0	0
チーム通算	2.49	8	5	3	2	68 ⅔	972	52	7	62	11	8	21	19

WBC 日本代表 個人成績 野手部門

選手名	打率	試合数	打数	得点	安打	二塁打	三塁打	本塁打	打点	四球	死球	犠打	犠飛	盗塁
イチロー	.364	8	33	7	12	1	0	1	5	4	1	2	0	5
西岡剛	.355	8	31	7	11	0	1	2	8	6	1	0	1	4
松中信彦	.433	8	30	11	13	4	0	0	2	4	1	0	0	0
川﨑宗則	.259	8	27	6	7	1	0	1	5	2	1	2	0	2
多村 仁	.259	8	27	6	7	0	0	3	9	6	1	1	0	0
小笠原道大	.231	8	26	5	6	1	1	0	7	2	1	1	2	0
里崎智也	.409	8	22	6	9	1	0	1	5	2	0	2	0	0
福留孝介	.182	8	22	4	4	0	0	2	6	2	0	0	1	0
岩村明憲	.389	6	18	4	7	0	1	0	3	2	0	0	1	2
今江敏晃	.200	5	10	0	2	0	0	0	4	0	0	0	0	0
金城龍彦	.200	5	5	1	1	0	0	0	0	1	0	0	0	0
青木宣親	.200	6	5	1	1	0	0	0	1	1	0	1	0	0
谷繁元信	.000	2	4	0	0	0	0	0	0	0	0	0	0	0
宮本慎也	.667	3	3	1	2	1	0	0	2	0	0	0	0	0
新井貴浩	.333.	2	3	1	1	0	0	0	0	0	0	0	0	0
相川亮二	500	1	2	0	1	0	0	0	0	0	0	0	0	0
和田一浩	.000	2	2	0	0	0	0	0	0	0	0	0	0	0
チーム通算	.311	8	270	60	84	9	3	10	57	32	6	9	5	13

石田雄太【Ishida Yuta】
ベースボール・ライター。1964年、愛知県生まれ。名古屋市立菊里高等学校、青山学院大学文学部卒業後、NHK入局、「サンデースポーツ」などでディレクターを務める。92年に独立し、「Number」「週刊ベースボール」「週刊プレイボーイ」など、雑誌、専門誌、新聞などに多数執筆。数多くのスタジアムに足を運び続ける圧倒的なフィールドワークから培った深い洞察力、プレイヤーからの厚い信頼感、そして野球への限りない愛情、それらが紡ぎ出す文章は、多くの野球ファンから信頼と支持を得ている。また、執筆のほかにスポーツ番組の構成・演出なども手がけるなど、精力的に活動。著書に『イチローイズム―僕が考えたこと、感じたこと、信じること』(集英社 2003年)、『こんなプロ野球が見たい』(学陽書房 2003年)、『イチロー、聖地へ』(文藝春秋 2002年)、『世界を変えるハイテク五輪の勝者たち―企業戦士たちが獲ったもう一つの金メダル』(出版文化社 1999年)、『桑田真澄 ピッチャーズバイブル18 』(集英社 1998年)、『メダルへの伴走者―スポーツ用具開発に携わる者たちの熱きドラマ』(出版文化社 1998年)、『二子山勝治・相撲ルーツの旅』(NHK取材班と共著 日本放送出版協会 1993年)がある。また主な担当番組には『野茂英雄スペシャル』(TBS 1995年)、『イチローVS松井秀喜 夢バトルスペシャル』(TBS 2004年)など多数ある。

屈辱と歓喜と真実と

"報道されなかった"王ジャパン121日間の舞台裏

2007年3月12日　初版第1刷発行
2007年6月15日　初版第3刷発行

著　　者　石田雄太
編　　集　大澤直樹
編集協力　元永知宏
発 行 人　唐沢　徹
発行・発売　ぴあ株式会社
〒102-0075　東京都千代田区三番町5-19
編集:03-3265-1582
販売:03-3265-1424
印刷・製本　中央精版印刷株式会社

ISBN978-4-8356-1651-3